La eficiencia en el sector público.
Un enfoque sistémico.

El fracaso de las reformas y un
manifiesto para una alternativa mejor

John Seddon

Publicado en esta versión en español en 2012 por:

Triarchy Press
Station Offices
Station Yard
Axminster EX13 5PF
United Kingdom

+44(0)1297 631456

info@triarchypress.com
www.triarchypress.com

Primera impresión in May 2008.
Traducido por: The Language Room Ltd

Copyright © John Seddon
El derecho de John Seddon de ser identificado como el autor de este libro ha sido afirmado por él de acuerdo con la Copyright Designs and Patents Act 1988

Todos los derechos reservados.

Ninguna parte de esta publicación puede ser reproducida, guardada en ningún sistema de recuperación o transmitida en cualquier forma o por cualquier medio incluido fotocopias, electrónico, mecánico, grabado o de cualquier otra forma sin el consentimiento previo del editor.

Diseño de la cubierta e imagen por Heather Fallows
www.whitespacegallery.org.uk

ISBN: 978-1-908009-85-2

Prólogo a la edición española

Esta edición en español sale a la luz quizás en el mejor momento en que puede hacerlo. La drástica reducción de ingresos y la necesidad de suministrar a los ciudadanos los servicios por los que pagan con sus impuestos, llevan a las Administraciones Públicas a buscar soluciones. La gran mayoría de ellas, guiadas por la mentalidad del "command and control" (ordeno y controlo), recurren a políticas de recortes que sólo consiguen aumentar los costes y empeorar los servicios. Este libro expone claramente los errores de esta política y su alternativa desde un punto de vista sistémico

Aunque la edición en inglés es del 2008 y está escrita en el entorno del sector público en un país específico (U.K.), los principios y prácticas que se exponen en este libro continúan siendo más válidos que nunca y aplicables en todos los ámbitos de las Administraciones Públicas de todos los países.

La amplia experiencia del autor en intervenciones en mejoras del sector público reflejadas en dos libros publicados a continuación de este* son una demostración de que hay otra forma de gestionar, consiguiendo mejorar los servicios, reduciendo los costes, elevando la moral de los funcionarios y, sobre todo, ganando la confianza de los ciudadanos.

Delivering Public Services that Work
Vol.1 ISBN: 978-0-956263-16-2; *Vol.2* ISBN: 978-1-908009-68-5

Contents

Introducción vii

Capítulo 1: Al comienzo...
el nacimiento de una nueva ideología 1

Capítulo 2: ¿La gente quiere «libre elección»? 15

Capítulo 3: Lo particular deviene lo general: ministros gestionando subsidios 27

Capítulo 4: El actual estilo de management 47

Capítulo 5: El Pensamiento sistémico:
una alternativa mejor para que el trabajo funcione 67

Capítulo 6: Propósito – Mediciones – Método 83

Capítulo 7: Una creencia irracional en los objetivos 97

Capítulo 8: *Deliverology*: ¿la ciencia de los resultados o engaño dogmático? 109

Capítulo 9: Prescindir del valor en la policía 123

Capítulo 10: El fracaso frente a aquellos que necesitan los servicios 135

Capítulo 11: Una triste visión: las fábricas de servicios públicos 151

Capítulo 12: ¿Es el «valor público» la respuesta? 167

Capítulo 13: ¿La «participación ciudadana» es la respuesta? 177

Capítulo 14: El gobierno: la incapacidad sistémica de hacer lo correcto 183

Capítulo 15: La reforma de la Administración Pública 201

Apéndice 207

Introducción

«Él [Tony Blair] estaba decidido a reducir drásticamente la burocracia y el papeleo que, según sus palabras, eran una gran molestia para los funcionarios y constituían un talón de Aquiles político». [1]

El objeto de este libro es ilustrar la forma en que la *burocracia y el papeleo* han llevado a los servicios públicos en una dirección equivocada. El coste no solo se limita a lo meramente burocrático, sino que hay que añadir el coste de los cambios erróneos requeridos por dicha burocracia: la burocracia ha empeorado los servicios y ha minado la moral del sector público.

Si la inversión en el sector público no se ha traducido en mejores resultados, se debe a que hemos realizado malas inversiones. Invertimos basándonos en decisiones erróneas creyendo que son las correctas. Creemos que las inspecciones nos ayudan a mejorar, creemos en la noción de las economías de escala, creemos que la libre elección y los cuasi-mercados son palancas para conseguir mejores resultados, creemos que las personas pueden ser motivadas con incentivos, creemos que los líderes necesitan visiones, que los directivos necesitan objetivos y que la tecnología es un motor para el cambio. Todas estas ideas son erróneas. Sin embargo, han supuesto la base de la reforma del sector público.

Plausibles pero fundamentalmente erróneas, estas ideas han sido promulgadas a través de una «industria» que se caracteriza por las especificaciones y la supervisión. Miles de personas se dedican actualmente a ordenar a los demás lo que tienen que hacer y a supervisar su cumplimiento. Los servicios públicos hacen frente a una serie de especificaciones establecidas por una plétora de organismos, cuya máxima debilidad, común a todos ellos, es que se basan en opiniones en lugar de conocimiento. Ignorante de este defecto fundamental, el régimen de las Administraciones Públicas convierte en legítimo el papel de muchos prescriptores al otorgarles el poder de exigir el cumplimiento de sus especificaciones. Nos encontramos ante una disfunción de primer orden.

Para poder entender el nivel de disfuncionalidad de este régimen - y de su pensamiento asociado - es necesario aprender a examinarlo desde una perspectiva distinta. La *mejor alternativa* se basa en los principios y prácticas del pensamiento sistémico. Se trata de una poderosa forma de entender y mejorar el funcionamiento de los servicios al sacar a la luz los problemas del

---

1 Barber, M. Instruction to Deliver. Politico's Publishing: Londres, P205. 2007.

pensamiento convencional que son los que nos impiden mejorar. Tenemos que aprender en qué nos hemos equivocado y de esta manera, hacer lo correcto.

Admitir los errores es un tarea ardua para los políticos, pero es fundamental aceptarlos si queremos mejorar y cambiar la catástrofe que ha supuesto la reforma del sector público.

Todos los servicios públicos que conocemos aquí (en Vanguard) se han visto sobrecargados con especificaciones, normas, objetivos y similares que, sin embargo, están provocando peores resultados. Si quiere saber qué se ha hecho con su dinero, la mayor parte se ha gastado en socavar la moral y empeorar los resultados, consecuencias trágicas e involuntarias de la «reforma». Hablemos claramente. No se trata de un argumento para mejorar las especificaciones del régimen de la Administración Pública: es un argumento para cambiar el régimen de manera radical y deshacerse de todas las especificaciones.

Resumen del libro

Los orígenes del régimen de reformas se remontan a las teorías económicas. Los cuasi-mercados, la libre elección y los incentivos se consideran los medios para conseguir mejoras, pero ¿es la economía una ciencia basada en el conocimiento o una simple recopilación de ideas e ideologías? Las ideas verosímiles se han convertido en medidas políticas. A pesar de que los economistas están comenzando a tener sus dudas, los políticos continúan aplicando estas ideas de una manera imprudente. El capítulo 1 explica la aparición de esta nueva ideología.

El capítulo 2 ilustra como ejemplo un servicio que fue considerado de interés nacional porque incluye la palabra «elección», los alquileres de pisos de protección oficial basados en la «elección». La «elección» fue una obsesión ministerial, con un papel central en su ideología. Lo que descubrimos es que seguir las especificaciones nos lleva a recibir un peor servicio a unos costes mayores. Pero así es el imperativo político de encontrar pruebas de libre «elección», donde el régimen de reformas antepone el cumplimiento a la mejora.

El capítulo 3 facilita un segundo ejemplo práctico: las subvenciones a la vivienda, un servicio gestionado por las administraciones locales. Las subvenciones a la vivienda son un buen ejemplo del problema general: el diseño de un servicio centralizado y la supervisión a las administraciones locales para garantizar su cumplimiento. El problema radica en que el objetivo es erróneo: erróneo en el sentido de que facilita un servicio de mala calidad a los clientes (solicitantes) y aumenta los costes. Pondré más ejemplos del mismo caso en otros servicios a lo largo del libro. Lo particular se torna general; todos los servicios están sujetos a especificaciones, supervisión, objetivos e incentivos, fundados en una visión negativa implícita del funcionario y de la naturaleza humana. Son estos asuntos los que empeoran la calidad de los servicios.

El capítulo 4 trata del actual estilo de gestión: el pensamiento de mando y control (command and control). En el sector público, este punto hace referencia al convencimiento de los gestores en los beneficios de las economías de escalas, los centros de atención telefónica (call centers), los back-office, la subcontratación y los servicios compartidos. Descritas como *de cajón* o *de lógica elemental* por los pensadores de mando y control, estas ideas son, de hecho, peligrosas e inducen al error. Ilustraré cómo los diseños basados en la concepción de mando y control crean despilfarro y lo esconden - lo que explica lo que para los ministros es un fenómeno inexplicable: que los servicios públicos reciben *altas calificaciones* por parte de la burocracia y un sonoro abucheo por parte de la opinión pública.

El capítulo 5 hace un esbozo del enfoque sistémico para diseñar y administrar los servicios. En vez de crear unas jerarquías de mando y control funcionales, el enfoque sistémico trata de crear un diseño adaptado a la demanda - que permita a los clientes *obtener valor* en el sistema -. De esta manera, el coste se reduce mientras se optimiza el servicio, una propuesta que resulta completamente contraria al sentido común para una mentalidad de mando y control.

Una idea principal en el pensamiento sistémico es la relación entre propósito, mediciones y metodología. El capítulo 6 ilustra la relación con ejemplos extraídos de varios servicios. En resumen, al imponer objetivos numéricos la Administración central crea uno de facto (conseguir los números) y limita la metodología (la forma en que se diseñan los servicios).

Cuando las mediciones son relativas al propósito desde le punto de vista de los propios ciudadanos usuarios de los servicios, se libera la metodología. Entonces son posibles la innovación y la mejora.

Los objetivos numéricos han sido una característica principal del programa de reformas. El capítulo 7 explica la razón por la que los objetivos no funcionan - algo que los ministros todavía se resisten a comprender -. Tienen la percepción de que algo va mal, así que la solución que aportan es que debe haber menos objetivos. Sin embargo, hacer lo incorrecto en menor medida no significa hacer lo correcto. La creencia en objetivos es irracional, tal y como demuestro en el análisis de los argumentos que se utilizan en su defensa.

Para poder entender mejor el pensamiento que se esconde en el actual régimen de Administración pública, el capítulo 8 trata la llamada ciencia de la obtención de resultados o *deliverology*, según la invención de *Sir* Michael Barber. Barber estableció y gestionó la Unidad de Resultados (*PDMU, Prime Minister's Delivery Unit*) del Primer Ministro británico, con un nombre poco apropiado pues no consiguió los mencionados resultados, sino que estableció un régimen coercitivo que forzaba a otros actores a cumplir instrucciones. La cuestión sobre si se pueden producir resultados a través de esta ciencia está en el método. Argumentaré que dicha teoría carecía de método. Un servicio donde tenemos conocimiento de primera mano sobre el impacto de esta teoría es en la vigilancia policial. El capítulo 9 describe lo ocurrido en la vigilancia policial como consecuencia de la ciencia de los resultados o *deliverology*.

El capítulo 10 expone lo aprendido cuando estudiamos desde una perspectiva sistémica un servicio tan importante como la asistencia social (que ayuda a los ciudadanos a vivir con dignidad en sus hogares). Un producto del régimen, los servicios de asistencia social tienen todas las características que los ministros requieren: centros de atención telefónica, archivos electrónicos, objetivos, especificaciones, informes y subcontratación. Como consecuencia directa de este sistema industrial, los servicios de asistencia acarrean altos costes y la calidad del servicio que ofrecen puede calificarse como vergonzosa. Este capítulo pone de manifiesto que los servicios de asistencia no pueden mejorar si no se eliminan las especificaciones del régimen, ya que los baremos de calificación con estrellas y los sistemas de supervisión fracasan a la hora de reconocer la realidad del servicio desde el punto de vista de los usuarios.

El régimen de reformas se preocupa actualmente de crear más fábricas que produzcan servicios públicos en masa. El impulsor de este planteamiento es *Sir* David Varney, asesor del Primer Ministro durante la reforma del sector público. El capítulo 11 describe esta triste visión y explica la razón por la que las prácticas de gestión defendidas por él mismo deben evitarse a toda costa. Claramente, Varney no se ha molestado en estudiar las consecuencias de sus principios en las fábricas de servicios públicos que ha fomentado.

Un reto importante del régimen actual es lo que se llama «valor público». A pesar de que su autor, Mark Moore, reconoce que no tiene todas las respuestas prácticas, su filosofía representa una visión diferente y mejor de la naturaleza humana, el liderazgo y la reforma. El capítulo 12 trata del valor público y a dónde puede llevarnos en cuanto a método.

La última moda promovida por la Administración es la «participación ciudadana». Será una catástrofe. El capítulo 13 explica las razones.

En la raíz de la problemática en la reforma del sector público se encuentra la incapacidad de la Administración Pública de hacer lo correcto. El capítulo 14 sostiene que la propia Administración es incapaz en términos sistémicos, en el sentido de que es ella misma la que diseña esa incapacidad para hacer lo correcto. Se han centrado en hacer lo incorrecto y creen que el cumplimiento de las especificaciones prueba su éxito. Enfrentados a la evidencia de las causas de su fracaso y pese a conocer mejores alternativas que han demostrado resultados mucho mejores que los que ellos mismos esperan, las consideran inválidas puesto que escapan a su sistema de referencia. La incapacidad de actuar es sistémica.

La Administración pública necesita adoptar cambios fundamentales y radicales para crear un entorno en el que los servicios públicos puedan innovar, mejorar y prosperar. Los cambios en los objetivos y actividades de la industria de las especificaciones y la supervisión serán condiciones indispensables para llevar a cabo una reforma efectiva. Es el programa de reformas el que tiene que cambiar si queremos reformar los servicios públicos. El capítulo 15 es un compendio de las acciones que se deben tomar para pasar de una cultura de cumplimiento de especificaciones a una cultura de innovación.

Nota para el lector:

Taiichi Ohno, la persona que inspiró el Sistema de Producción Toyota (*TPS*) el cual ha conseguido un éxito duradero y al que haremos más de una mención en este libro, mostró que, en su forma más simple, el *TPS* se basaba en la incesante búsqueda de eliminar el despilfarro. Para poder eliminarlo, hace falta entender sus causas. Para esclarecer las causas del despilfarro en el sector público, necesito enseñar algunos trapos sucios. Si es usted un dirigente en el sector público u ocupa un lugar en la jerarquía de la Administración Pública por encima de los que prestan los servicios y se pregunta preocupado si su servicio o servicios prestados tienen los problemas que indico en este libro, no pida a nadie que le envíe un informe; vaya e investigue usted mismo, algo que Ohno también nos enseñó. Conforme vaya leyendo este libro, iré mostrándole cómo y dónde examinar.

Se trata de un objetivo dinámico.

En el momento de su publicación, algunos objetivos y especificaciones descritas en este libro habrán cambiado. Las normas de comercialización tendrán unos nuevos requisitos, se eliminará el número «101» para avisar sobre alteraciones del orden público, se publicará el Informe Flanagan sobre protección policial y otras especificaciones y objetivos estarán en constante flujo. Pero esto no cambia el guión: mientras el régimen de la Administración Pública continúa cambiando de terreno, su filosofía permanece inmutable.

John Seddon, abril de 2008.

Capítulo 1: Al comienzo...
el nacimiento de una nueva ideología

«Los hombres prácticos que se creen libres de cualquier influencia intelectual son con frecuencia esclavos de algún economista fallecido».[1]

Antes de acabar el primer lustro de los años 70, los gobiernos tenían un enfoque del sector público y de su papel en la economía completamente distinto del que hoy conocemos. Tras la Segunda Guerra Mundial, se llegó a un consenso en cuanto a la manera en que los gobiernos occidentales deberían administrar sus economías y, en este punto, cómo deberían gestionar el sector público. Después del éxito del *New Deal* en los Estados Unidos durante la década de los 30, los gobiernos estaban convencidos de que podrían gestionar sus economías con niveles bajos de desempleo. Estaban siguiendo las ideas del economista John Maynard Keynes (1883-1946), que animó a los gobiernos a intervenir en la economía aumentando el gasto en los servicios públicos: la construcción de carreteras, presas y otros proyectos de infraestructuras. La contratación pública se convertía en la herramienta para lograr el pleno empleo y otros resultados positivos para la economía.

Hasta finales de los años 60, el consenso keynesiano se mantenía firme tanto entre políticos de derechas como de izquierdas. No obstante, una serie de problemas surgidos al comienzo de los 70 condujeron a una reflexión. Entre 1968 y 1973, la tasa de inflación se duplicó con respecto al sexenio anterior, y se vio acompañada de un aumento del desempleo.[2] Además, tuvieron lugar una serie de crisis económicas: la crisis del petróleo de la OPEP, las pérdidas mundiales de cultivos o la abrumadora especulación de los mercados internacionales de materias primas. La inflación creció a cifras de dos dígitos a pesar de la desaceleración económica en el Reino Unido. El fenómeno se denominó «estanflación», la pesadilla de los economistas: una mezcla simultánea de estancamiento económico y alta inflación. Al no poder paliar la situación con el pensamiento keynesiano, los economistas y gobernantes comenzaron a buscar otras formas de gestionar la economía.

---

1 Keynes, J.M., *The General Theory of Employment, Interest and Money* Macmillan, P382. Londres, 1991. Primera publicación en 1936.
2 Ormerod, P., *The Death of Economics*, Faber and Faber, P118. Londres, 1994.

Capítulo 1: Al comienzo... el nacimiento de una nueva ideología

Marcando este cambio en el pensamiento generalizado, el entonces Primer Ministro, James Callaghan, dio un discurso histórico en el Congreso del Partido Laborista en 1976. Solíamos creer, dijo,

> que se podía salir de la recesión y potenciar el empleo reduciendo impuestos y aumentando el gasto público. Les digo con total honestidad que esa opción ya no existe y si existiera, solo funcionaría en cada ocasión inyectando una gran dosis de inflación en la economía, que se vería seguida de una tasa mayor de desempleo.[3]

El vacío conceptual creado por el fracaso aparente del pensamiento keynesiano se llenó con lo que podemos considerar otra regla del juego: el monetarismo. Este giro filosófico llevó a un cambio radical en el tratamiento del sector público por parte de los políticos.

El economista Milton Friedman (1912-2006) de la Universidad de Chicago opinaba que el control de la oferta monetaria en la economía era la clave para obtener buenos resultados económicos. La oferta monetaria es el término acuñado para describir el *stock* de liquidez en una economía que puede intercambiarse libremente por bienes y servicios. El banco central de un país (como el Banco de Inglaterra, el Banco Central Europeo o la Reserva Federal norteamericana) puede tener un impacto en la oferta monetaria al reducir o aumentar la cantidad de reservas que los bancos están obligados a mantener. La conclusión a la que Friedman llegó con su análisis empírico de la economía estadounidense desde comienzos del siglo XX hasta 1960 era que la política gubernamental debería evitar que el dinero fuera un factor de injerencia en la economía.

Al contrario que Keynes, Friedman se oponía a la inversión en el sector público como medida para crear empleo y apoyaba una actitud de *laissez faire*, tratando el sector público como un mercado libre que, como cualquier otro mercado, debía seguir su pauta auto-correctora. Su visión era que los intentos de reducir el desempleo con el estímulo de la demanda macroeconómica (por ejemplo, a través del gasto público) podría reducir el desempleo a corto plazo, pero el mercado se reajustaría pronto, volviendo a lo que él llamaba la «tasa natural» de desempleo, pero esta vez con precios más altos. Según Friedman, estas medidas hacían oscilar el mercado con mayor fuerza y eran consustancialmente inflacionarias. Los gobiernos debían, por tanto, concentrarse en la creación de estabilidad económica en cuanto a los precios y en luchar contra la inflación mediante el control de la oferta monetaria.

---

[3] Citado en Hudson, J y Lowe, S., Understanding the Policy Process: analysing welfare policy and practice. Policy Press, P40. Bristol, 2004.

La escuela monetarista creía que la función del Estado en la economía debía minimizarse. El gobierno debía crear las condiciones necesarias para que los mercados puedan funcionar y solo intervenir en caso de una deficiencia en el mercado. A pesar de lo polémico de estas ideas, el monetarismo ganó influencia entre los gestores económicos británicos. Friedman ganó el Premio Nobel de economía en 1976. Durante el mismo año, el gobierno laborista solicitó un préstamo de 2.300 millones de libras esterlinas al Fondo Monetario Internacional. El FMI impuso varias condiciones al préstamo, entre ellas la adopción de un programa económico basado en el libre mercado, reducciones en el gasto público y la aceptación de las políticas monetaristas.

Cuando Margaret Thatcher llegó al poder en 1979, situó las ideas monetaristas en la corriente política dominante. Una primera iniciativa era, tal y como los monetaristas defendían, liberalizar las industrias nacionales. Los años 80 fueron testigos de la privatización de numerosas empresas estatales: British Telecom, British Airways, British Steel, British Gas y los servicios públicos de agua y electricidad. Sin embargo, muchos servicios públicos no eran considerados aptos para la privatización y, con ellos, el enfoque consistió en imitar un planteamiento basado en los mercados, transformándolos en «cuasi-mercados». Sin un fin lucrativo como en el sector privado, se pensaba que un mercado artificial facilitaría los medios equivalentes para cambiar los resultados de los servicios públicos.

Una parte de la doctrina monetarista decía que los funcionarios públicos estaban demasiado centrados en lo que se definía como el «interés del trabajador»; estaban muy ensimismados en lo que hacían, perjudicando a aquellos a quienes estaban dirigidos los servicios. El enfoque de mercado tenía la intención de eliminar de los servicios públicos la actitud «centradas en el trabajador», utilizando incentivos para garantizar que los gestores del sector público se centrarían en cuidar los intereses de los «consumidores» del servicio público. Subyacente a este planteamiento se encontraba la creencia de que los individuos (tanto los prestadores de servicios como los consumidores) buscarían su propio interés y, de esta manera, sus comportamientos seguirían la línea de los incentivos. Esta corriente o rama del monetarismo se conocía como la «teoría de la elección pública».

La elección pública tiene sus orígenes en la teoría de juegos, desarrollada en los años 50 por la US RAND Corporation. En su origen, la teoría de juegos se aplicó a la estrategia nuclear de la Guerra Fría, donde se anunció como un éxito porque permitió que los estrategas estadounidenses pudieran cuestionar los movimientos de la URSS. Sus defensores aseveraban que había traído una relativa estabilidad en la Guerra Fría y que incluso evitó un holocausto nuclear. Por supuesto, tales afirmaciones son difíciles de probar. No obstante, la teoría de juegos ganó adeptos que la aplicaron en otros campos de las ciencias sociales y naturales. Pronto se convirtió en una didáctica «teoría para todas las cosas»[4].

En el fondo de la teoría de juegos se encuentra la convicción de que el hombre es una criatura fundamentalmente racional y cuya única preocupación es su propio interés. Esta visión encajaba perfectamente con la de los economistas y los encargados de la formulación de políticas de la Nueva Derecha. Como veremos más tarde, se trata de una idea también compartida por los pensadores del sistema de «mando y control» (command and control), aquellos gerentes que piensan que sus trabajadores son fundamentalmente holgazanes y que solo están interesados en sí mismos, por lo que hace falta «motivarles» con formas extrínsecas de motivación: palos y zanahorias. Hablaremos más adelante del pensamiento de «mando y control» (capítulo 4).

En la RAND Corporation, los teóricos de los juegos Merrill Flood y Melvin Dresher[5] crearon una serie de simulaciones para comprobar si las personas actuaban de manera cooperativa o por su propio interés. Con el deseo de hacer las ideas de Flood y Dresher más accesibles a una audiencia formada por psicólogos de Stanford, Albert Tucker, jefe del departamento de matemáticas de la Universidad de Princeton entre los años 50 y 60, acuñó el término «dilema del prisionero» para describir la siguiente simulación:

> Dos personas han sido arrestadas por cometer un crimen. Están encerradas en celdas separadas. Las dos valoran su libertad personal mucho más que el bienestar de su cómplice. Un fiscal ofrece a cada uno lo siguiente: «Debes elegir entre confesar o permanecer en silencio. Si confiesas y tu cómplice permanece callado, retiraré todos los cargos contra ti y usaré tu testimonio para garantizar que tu cómplice cumpla una buena condena. De igual manera, si tu cómplice confiesa y tú decides guardar silencio, él saldrá en libertad y tú cumplirás la condena. Si los dos confesáis, entonces tendré dos condenas, pero intentaré que los dos obtengáis pronto la libertad condicional. Si los dos decidís guardar silencio, entonces tendré que contentarme con una sentencia en base a las pruebas que podamos demostrar».

El «dilema» al que los prisioneros deben enfrentarse es que, haga lo que haga cada uno, es mejor confesar que guardar silencio. Pero el resultado obtenido cuando ambos confiesan es peor para cada uno que el resultado que hubieran conseguido si los dos hubieran guardado silencio. La divulgación del «dilema»,

---

[4] Profesor Philip Mirowski en el programa *The Trap What Happened to Our Dream of Freedom* de Adam Curtis pt 2 emitido en la BBC2 por primera vez en 18/03/07.

[5] Véase Poundstone, W., Prisoner's Dilemma Anchor Books, P8. Nueva York, 1992.

expuesto de esta manera, impulsó la investigación sobre la naturaleza humana y el interés propio.

El entusiasmo por el dilema del prisionero se extrapoló a la formación directiva. Muchos gerentes reconocerán en esta simulación el juego «rojo-azul», un ejercicio común en los programas de desarrollo directivo. Puesto que las ideas subyacentes al juego son fundamentales para entender la razón por la que los pensadores de la elección pública creen que resulta peligroso confiar en otras personas, es importante aportar una breve explicación sobre el juego y lo que ocurre cuando se juega.

En el juego hay generalmente dos equipos; el equipo A y el B. Cada uno debe elegir entre «rojo» o «azul». Los equipos tienen como objetivo conseguir el mayor número de puntos positivos. Si un equipo elige «azul» y el otro «rojo», el equipo que eligió azul gana 6 puntos, mientras que el equipo que eligió rojo pierde 6 puntos (ganar-perder). Si ambos eligen el rojo, cada uno gana 3 puntos (ganar-ganar), pero si ambos eligen el azul, entonces los dos pierden 3 puntos (perder-perder).

		Equipo A juega	
		Rojo	Azul
Equipo B juega	Rojo	A gana + 3 B gana + 3	A gana + 6 B gana - 6
	Azul	A pierdre - 6 B gana + 6	A pierdre - 3 B pierdre - 3

Figura 1.1: Equipo A juega

Cuando los equipos juegan, la mayoría adopta una postura de desconfianza frente al otro equipo, eligiendo una estrategia ganar-perder. Carlisle describe esta conducta como «egoísta-competidora»: «Podemos ver que, lejos de reconocer la ventaja natural de jugar el rojo, los equipos tendían a jugar el azul el mismo número de veces o incluso más. Por lo tanto, la mayoría de resultados (75 por ciento más) eran ganar-perder o perder-perder».[6] Este fenómeno – la

---

6 Carlisle, John A. y Parker, Robert C., Beyond Negotiation. John Wiley and Sons, P49. Chichester, 1989.

Capítulo 1: Al comienzo... el nacimiento de una nueva ideología

tendencia de actuar por nuestro propio interés, como se «demuestra» en esta simulación – es el núcleo de la teoría de la opción pública.

Para conseguir que los cuasi-mercados funcionen, los resultados deben ser evaluados e incentivados para así poder explotar el comportamiento egoísta-competidor. Teóricos de la elección pública como James Buchanan, Anthony Downs y William Niskanen[7] tomaron la medición de los resultados de los servicios públicos como su punto de partida común. A través de esta decisión, la teoría de juegos estableció la base ideológica de lo que actualmente se ha convertido en la cultura de objetivos que domina el sector público.

Los protagonistas de la elección pública sostenían que la noción de burócratas del estado o políticos que trabajan por «el interés público» era una falsa ilusión. Los funcionarios que defendían su deber público eran etiquetados como «fanáticos»[8]. A finales de los 70, Buchanan dio una serie de conferencias en el Adam Smith Institute, un grupo de reflexión con una visión política conservadora y que ejerció una fuerte influencia en la política de Thatcher durante la década siguiente. Sostenía que la suposición de que los funcionarios actuaban exclusivamente por el «interés público» era una falacia basada en nociones altruistas que la teoría de juegos había demostrado falsas.

Los pensadores de la opción pública creían que a los políticos solo trabajan para sus propios intereses. La idea de políticos que actúan según la tradición de Burke de democracia representativa, o siguiendo una ideología política superior, se rechazaron por ser peligrosas[9]. La única democracia verdadera, defendían, es la que está marcada por un libre mercado en el que los consumidores, en tanto que máquinas calculadoras que buscan su propio interés, podían actuar por su propia voluntad en el acceso a servicios, eligiendo por ellos mismos y teniendo una influencia sobre la prestación del servicio. En otras palabras, el interés del consumidor era el medio para conducir un cuasi-mercado.

---

7 Véase Buchanan, J.M., The Economics of Politics IEA Readings 18: Westminster Londres, 1978; Downs, A., Inside Bureaucracy. RAND Corporation, Harper Collins, 1967; Niskanen, W., Bureaucracy and Public Economics. Edward Elgar. Cheltenham, 1994.

8 Buchanan citado en la serie de la BBC *The Trap What Happened to Our Dream of Freedom*: también se usa la referencia de Downs, A., *Inside Bureaucracy* RAND Corporation: *Inside Bureaucracy* RAND Corporation: Harper Collins P109. 1967 y Niskanen, W. *Bureaucracy and Public Economics.* Edward Elgar, P275. Cheltenham, 1994.

9 Edmund Burke, Discurso al electorado de Bristol, 1774. Burke decía que los representantes electos deberían reservarse el derecho a actuar bajo su mejor criterio en nombre de su electorado. «Vuestro representante os debe no solo su trabajo, sino también su juicio; y os traiciona en vez de servicios si lo sacrifica por seguir vuestra opinión».

De esta manera, la «opción» se convirtió en el centro del pensamiento político. Detrás de ello se encuentra el supuesto de que el poder de elección actuará como una palanca en aquellos que prestan servicios. Mientras que la libre elección se concibe como la herramienta externa para la mejora, los objetivos y los incentivos que, según el modelo, provocarán que los funcionarios trabajen en su propio interés, son los mecanismos internos complementarios. Los responsables de las políticas son los que determinan las metas, mientras que los medios son definidos por aquellos que reciben los incentivos para cumplirlas dichas metas.

Esta es una ideología «racional». Rechaza los aspectos subjetivos y emocionales de la actuación de los servicios públicos y otros conceptos «que no tienen sentido» como el deber público, en favor de los objetivos y las cifras. Los gestores del sector público tienen un ánimo de lucro sucedáneo, un objetivo que define el éxito, y el incentivo para conseguir inversión en sus organizaciones y el reconocimiento de sus compañeros.

En 1988, Thatcher anunció una reforma transcendental del Sistema Nacional de Salud británico (NHS, *National Health System*). Para ello siguió el modelo propuesto por Alain Enthoven, un experto de la teoría de juegos que había servido anteriormente como estratega nuclear en la RAND Corporation en los años 50. La idea era reformar el servicio sanitario para ofrecer incentivos que motivaran el interés propio de los que prestan los servicios. Este «mercado interior», como Enthoven lo bautizó, era un modelo simulado matemáticamente del libre mercado que pretendía «liberar» el talento creativo de los trabajadores del NHS. Actualmente, la función del NHS es comprar la prestación de los servicios de salud, y las «mejoras» están guiadas por objetivos. El Nuevo Laborismo sucedió a la Nueva Derecha. Aunque se han desarrollado gran número de proyectos en el NHS en distintos momentos, todos son versiones de la misma concepción: que las opciones de mercado y los objetivos de rendimiento producirán mejoras

Cuando John Major sucedió a Thatcher como Primer Ministro en 1990, prosiguió con el programa de Thatcher de reforma de los servicios públicos basada en la imitación del libre mercado, estableciendo objetivos de rendimiento y ofreciendo «opciones», competencia e incentivos. El Nuevo Laborismo llegó al poder en 1997 y dio un paso más en la filosofía de los objetivos. Se adoptaron objetivos en forma de «acuerdos de los servicios públicos» (PSA, *Public Service Agreements*), acuerdos entre el Tesoro y los prestadores de servicio, en todo el sector público con un fanatismo aún mayor que antaño. Para concentrar los esfuerzos y sacar los cambios adelante, Blair creó la Unidad de Resultados de Downing Street, un equipo reducido de intelectuales que trabajaban con los departamentos del gobierno para ayudarles a establecer objetivos. La Unidad de Resultados organizaba revisiones con el Primer Ministro. Al ejercer una coacción desvergonzada, este enfoque se etiquetó como «el azote del sistema»[10]. Más adelante volveremos a hablar de la Unidad de Resultados del Primer Ministro (PMDU, *Prime Minister Delivery Unit*) para discutir sus objetivos y metodología (capítulo 8).

Vale la pena reflexionar sobre esta breve reseña histórica. En primer lugar, la economía estaba dirigida según los principios keynesianos. Cuando parecía que la teoría keynesiana dejaba de ser una orientación de utilidad en los 70, los gestores económicos dieron el salto a otra serie de ideas convincentes. Tras haber leído los libros de texto de economía durante tantos años, me resulta sorprendente ver como se están descrubiendo las limitaciones de algunas leyes presuntamente inmutables (por ejemplo, la oferta y la demanda), lo cual nos ha dado a entender que, de hecho, no existe «ley» o teoría económica alguna que sea inmutable. Es increíble que un asunto tan importante como el de gestionar una economía pueda verse influido por lo que un famoso comentador describe como «de alguna manera una caja vacía... la comprensión económica del mundo es similar a la de las ciencias físicas en la Edad Media... toda la base de la economía convencional es profundamente errónea»[11].

Consideremos lo que ha ocurrido en los cuasi-mercados del NHS. Los trabajadores en el NHS (y otros que prestan sus servicios) aprovechan las oportunidades de delegación que les da el régimen de la Salud Pública para salir del servicio público de salud y ofrecer sus servicios donde puedan beneficiarse como profesionales del sector privado. ¿Toman esta decisión porque los teóricos de juegos estaban en lo cierto? ¿Están actuando por interés propio o simplemente en respuesta a un sistema que crea el interés propio en los actores? ¿Qué ocurre con aquellos servicios para lo que no opta nadie ? ¿Tiene sentido que una persona se lleve todo el trabajo hecho en el NHS? ¿Cuáles son las consecuencias para lo que queda en el NHS?

La publicidad de los problemas creados por los cuasi-mercados solo se ve superada por la publicidad de los problemas derivados de los objetivos. En un momento muy importante, una votante se encaró con Tony Blair, dos días antes de unas elecciones, y le dijo que no podía concertar una cita con su médico a una hora que le conviniese porque todas las citas debían darse en 24 horas para cumplir los objetivos del gobierno. Si quería una cita más tarde de ese

---

10 Barber, M., *Instruction to Deliver*, Portico's Publishing, P143. Londres, 2007.

11 Ormerod, P., *The Death of Economics*. Faber and Faber, página del prólogo ix. Londres, 1994.

plazo, tenía que volver con dos días de antelación para poder solicitarla. Blair quedó visiblemente estupefacto. Aseguró que nunca se habían propuesto una locura así y que iba a garantizar que no se permitirían ese tipo de cosas. Pero nada cambió. Me imagino que el Ministerio de Sanidad recibiría una nota de Downing Street, y que los responsables de objetivos del ministerio pensarían qué hacer para ajustar los objetivos y evitar que se avergüence al Primer Ministro con hechos absurdos tan evidentes. Pero lo mejor que podían haber hecho es hacer las cosas correctas[12]; frente a la demostración evidente de que los objetivos producen consecuencias perversas, los defensores de los objetivos simplemente suponen que tienen que depurar los objetivos o identificar las «manzanas podridas» que impiden su funcionamiento. Lo mejor es eliminar todos los objetivos de una vez.

Analizaré los problemas con los objetivos y abogaré por descartarlos en el capítulo 7. Por el momento, me gustaría explorar esta respuesta general que se da a los problemas conocidos relacionados con los objetivos. La anécdota de Blair con los objetivos – una oportunidad perdida – no es más que otro de los innumerables ejemplos que demuestran cómo los objetivos crean consecuencias no deseadas (pero predecibles para un pensador sistémico). Es un hecho que los trabajadores de los servicios públicos han estado «falseando» sus sistemas para poder cumplir los objetivos, una práctica que se conoce popularmente en el NHS como el «juego» (*gaming*) (una nueva palabra para la jerga directiva, una palabra de nuestro tiempo).

Recuerdo que escuché por la radio a Alan Milburn, el entonces Secretario de Estado para Sanidad, respondiendo al descubrimiento de los trucos que utilizaban los hospitales para evitar el incumplimiento de los objetivos de tiempo de espera de cuatro horas en los departamentos de accidentes y urgencias (A&E, *Accident and Emergency*). «Deme los nombres» fue su respuesta impulsiva. Le escribí para decirle que si quería señalar a un culpable, solo necesitaba un nombre: el suyo.

Informe tras informe, se ha demostrado que los trucos y trampas son endémicos en el NHS (y en todos los servicios públicos). Y aún es fácil encontrar salas junto a los departamentos de urgencias donde se puede dejar esperando a las personas para «sacarlas» del cálculo sobre el tiempo de espera; se da el caso de ambulancias que retienen a pacientes que deberían estar en urgencias, pero no «cuentan» gracias al hecho de que están fuera retenidos. Cuando se descubre que la cantidad abonada a los hospitales por un ingreso es 10 veces superior a lo que se paga por un tratamiento de urgencias, no es sorprendente encontrar

---
12 Ackoff, R, *Ackoff's Best*. John Wiley, 1999.

personas que son ingresadas sin razón (sanitaria). Ello es consecuencia del cuasi-mercado. El régimen que administra este disparate se llama «pago por resultados». Este nombre resulta poco apropiado; debería llamarse «pago por actividad». Como veremos más adelante en el apartado dedicado a los pensadores del mando y control, la gestión de una actividad siempre incrementa los costes.

Como ilustran todos los ejemplos de este libro, los engaños no son una excepción; están omnipresentes y son sistémicos. En vez de advertir que se trata del síntoma de un problema subyacente, la respuesta del gobierno (tras intentar identificar y castigar a los defraudadores) ha sido reducir el número de objetivos (hacer menos cosas equivocadas no es hacer lo correcto), con la intención de mejorar la elección de objetivos (haciendo mejor lo erróneo) e introduciendo sistemas de supervisión más complejos. Lo que se suponía que era un sistema para agilizar las organizaciones del sector público se ha convertido en un dominio creciente y disfuncional de control burocrático.

Incluso se reconoce en los libros de política que los objetivos «pueden, de hecho, distorsionar el funcionamiento de un servicio público en una serie de formas que el responsable de los objetivos no puede prever».[13] David Cameron, el líder del partido conservador en la oposición, criticó al partido laborista por haber quitado «el corazón al NHS y haberlo reemplazado por un ordenador». En un artículo posterior a los comentarios de Cameron, Simon Jenkins escribió:

> A cada actividad se le asigna un valor pecuniario y, por tanto, un rendimiento. A cada rendimiento se le asigna un objetivo, mientras que a cada objetivo se le asigna una tabla de clasificación. Los objetivos pueden estar guiados por lo que la gente dice que quiere en un *focus group*, pero en realidad se «negocian» entre los grupos de poder en los servicios públicos. Su cumplimiento depende de los presupuestos, los comentarios e incentivos que cubren los cuasicontratos y los sistemas internos de precios. El futuro que Orwell describe como «una bota aplastando para siempre un rostro humano» es ahora un ratón de ordenador instalado en el cerebro.[14]

Y lo que es más importante; no funciona. Tal y como demostraré con cada ejemplo de este libro, los controles ejercidos están en realidad creando despilfarro, elevando los costes, empeorando los servicios y minando la moral.

No cabe duda de que estos y otros problemas bien conocidos con los cuasi-mercados contribuyen sustancialmente a la actual desconfianza generalizada

---

13 Coxall, B., Robins, L y Leach, R, *Contemporary British Politics*. Palgrave Macmillan, cuarta edición: P377. Basingstoke, Hampshire, 2003.

14 Simon Jenkins, *Public services with a heart*. The Sunday Times, 25 de marzo de 2007.

en el gobierno y los políticos. A pesar de ello, la ideología del libre mercado se ha proclamado como la regla del juego con el consenso de las corrientes políticas dominantes. Tanto los políticos de izquierdas como de derechas compiten para divulgar estas ideas en todos los ámbitos de la sociedad bajo el supuesto de que los cuasi-mercados y los objetivos son la forma de mejorar los servicios públicos.

Retomando el dilema del prisionero, este juego solía «demostrar» el argumento de que los humanos son seres racionales que buscan la maximización de su propio interés, una suposición que se encuentra en el centro de la teoría de la opción pública. El juego trata una situación arbitraria y artificial; por ejemplo, la instrucción de conseguir el resultado mayor podría interpretarse como un resultado superior al del equipo rival, mientras que el riesgo ligado a la elección del rojo (si el otro equipo elige el azul, se pierde 6 puntos) es mayor que el riesgo de elegir azul (si el otro equipo elige azul, se pierde 3 puntos). Y el beneficio de la cooperación (ambos eligen rojo y consiguen 3 puntos) no es mayor que el beneficio de superar al otro equipo (nuestro equipo elige azul, el otro equipo elige rojo, ganamos 6 puntos y ellos pierden 6). Los estudios de investigación demuestran que tras varias jugadas sucesivas, en contraposición a partidas aisladas, las estrategias más fructíferas son aquellas que promueven la cooperación[15]. Los equipos aprenden a optar por una estrategia ganar-ganar. Cuando las personas se familiarizan con el juego, adoptan medidas cooperativas con los otros equipos y ven la intención de conseguir una alta puntuación positiva para todos. A la luz de estos descubrimientos, las suposiciones egoístas y competitivas de la teoría de juegos ahora se muestran, a lo sumo, débiles.

Las últimas palabras de la segunda temporada de la serie de televisión de Adam Curtis, *La Trampa* (*The Trap*), lo ilustran de la siguiente manera:

> En economía, se está cuestionando seriamente la idea general de que el libre mercado es un sistema eficiente. Durante los últimos cinco años, se han otorgado muchos premios Nobel de economía a investigaciones que demuestran que los mercados no crean estabilidad ni orden. Lo que Adam Smith llamaba «la mano invisible» tiene la cualidad de invisible porque, en efecto, no existe. Y los políticos tienen un papel muy importante en el control de los mercados. Una nueva disciplina, llamada economía conductual, está estudiando si las personas se comportan realmente como dice el modelo simplificado. Sus estudios muestran que solo existen dos grupos en la sociedad que se comportan de una manera racional motivada por el propio interés en todos los experimentos. Uno son los economistas, el otro los psicópatas.

---

15 Axelrod, R, *The Evolution of Cooperation*. Penguin. Londres, 1990. Primera publicación en 1984.

Cuando los premios Nobel Daniel Kahneman de la Universidad de Princeton y Vernon Smith de la Universidad George Mason analizaron la conducta real de la gente, en comparación con los supuestos comportamientos de los actores *ultra*-racionales que participan en la teoría de juegos, encontraron que las personas reúnen una información limitada, razonan poco y reaccionan de una manera más intuitiva que racional. Sus conclusiones fueron un «duro golpe a los postulados acerca de individuos que toman decisiones siguiendo una línea racional»[16].

Desde los años 90, muchos otros ganadores del premio Nobel han cuestionado los supuestos esenciales de la teoría de juegos. Este asunto ha sido cuestionado por economistas que sospechan que un patrón de conducta irracional es más útil y realista. John Nash, uno de los precursores de la teoría de juegos y protagonista de la película de Hollywood titulada «Una mente maravillosa» (*A Beautiful Mind*), describe cómo se había formado una visión más «ilustrada» de la naturaleza humana y reconoce que había exagerado el pensamiento racional humano, admitiendo que la conducta humana no solo está motivada por el propio interés.[17] Los economistas han comenzado a investigar la forma en la que los mercados fallan para crear orden y estabilidad, y producen sistemas ineficientes.

No obstante e incluso si los economistas están despertando a la realidad de la «reforma» del sector público, parece que, como siempre, los políticos están muy atrasados. El régimen de las Administraciones Públicas permanece obsesionado con la doctrina infundada, perjudicial y desmoralizante de los «cuasi-mercados», que se basa en una ideología que Friedman definió como «liberalismo» y que ha penetrado cada vez más en el programa de reformas del sector público. El liberalismo en un sentido friedmaniano se asienta primordialmente en una serie de supuestos pesimistas sobre los individuos y las instituciones, una visión "triste" que sitúa como propósito de la teoría social la resolución del «problema negativo» de limitar los costes sociales causados por los defectos humanos.[18]

En otras palabras, lo principal es el control de las personas. La visión "triste" presupone que los gestores del sector público (y todos los otros trabajadores) son holgazanes, oportunistas y se dejan llevar por la inercia. Peor incluso,

---

16 *Shun the rational agent to rebuild economics* de Paul Ormerod, Financial Times, 5 Nov 2006.

17 *The Trap* (ibídem)

18 Hirschman, A.O. 170 *The Search for paradigms as a hindrance to understanding' World Politics*, citado en Ghoshal S, *Bad management theories are destroying good management practices*, Academy of Management Learning and Education , Vol 4 No. 1, 75-91, 2005.

mienten y engañan. La preocupación principal de la reforma se convierte en evitar que los malos hagan daño. De esta manera, la autoridad jerárquica da instrucciones (especificaciones y objetivos), supervisa, controla, recompensa y castiga. Cree que este es su trabajo porque las personas son racionales, interesadas y oportunistas.

¿Qué resultados ha producido esta fórmula llevada a la práctica? Los problemas con los cuasi-mercados y los objetivos no son más que la punta del iceberg. Todos los servicios públicos con los que estoy familiarizado han empeorado como consecuencia de los requisitos que están obligados a cumplir. Se podrán encontrar varios ejemplos a lo largo del libro. La moral del sector público se encuentra en un mínimo histórico. Incluso la nueva invención de la Administración Pública, la ciencia de los resultados o *deliverology* sólo ha conseguido que los servicios pasen de ser «horribles» a «adecuados» (aunque más adelante argumentaré que incluso esta presunción es falsa) y su arquitecto reconoce que alcanzar el calificativo de «adecuado» no es alentador.

Los ministros han seguido las teorías con una inspiración ideológica amoral; han perdido la visión de su responsabilidad moral. Deberíamos sustituir la ideología por el pragmatismo. Necesitamos conocer mejor lo que realmente funciona. Las pruebas que se presentan en este libro mostrarán que, en vez de la competencia, deberíamos estar preocupados por la cooperación y que, en vez de opciones, la gente quiere servicios que funcionen, y que en vez de objetivos, el sector público necesita una serie de medidas que faciliten el entendimiento y la mejora. En vez de una visión desalentadora y condenatoria de la naturaleza humana, necesitamos una visión optimista y constructiva.

Éstas son ideas que rivalizan con la filosofía del actual régimen de las Administraciones Publicas. El régimen tendrá que cambiar para permitir que prosperen.

Volviendo a Keynes:

> «Son las ideas y no los intereses creados las que presentan peligros, tanto para bien como para mal».[19]

---

19 Keynes, J.M., *The General Theory of Employment, Interest and Money* Macmillan, P384. Londres, 1991. Primera publicación en 1936.

Capítulo 2: ¿La gente quiere «libre elección»?

A medida que se desarrolla el programa de «libre elección» en el Reino Unido, me he dado cuenta de que siempre se cita a los *sospechosos habituales* para ilustrar los casos prácticos de las opciones: educación, sanidad, los pagos auto-administrados para la atención a las personas mayores o los alquileres de pisos de protección oficial basados en la libre elección. La lista siempre me sorprende por su composición variopinta, como si los ministros se desesperasen por encontrar ejemplos que apoyasen su ideología. Así se lo dije a un funcionario público; imagínese mi sorpresa cuando me admitió que les pidieron a los funcionarios que pensaran en ejemplos de programas con opciones para que pudieran ser utilizados por los ministros.

No cabe duda de que la escasez de ejemplos prácticos de programas con variedad de opciones es un reflejo del hecho de que muchos servicios públicos solo pueden prestarse a través de un solo proveedor. No tendría sentido dar opciones a los solicitantes de cualquier servicio sobre quién va a decidir, por ejemplo, sus subsidios para la vivienda, ni pedir a los ciudadanos que elijan a los responsable de concederles permisos de obras. La duplicidad de servicios como la recogida de basuras con la intención de ofrecer más opciones solo consigue que los costes aumenten. Existen muchos servicios donde ofrecer varias opciones sería una insensatez en términos económicos.

Es un engaño afirmar que las personas tienen opciones cuando en realidad no pueden elegir una. Recuerdo la vergüenza que sentí al ver como un representante de la Unidad de Resultados del Primer Ministro explicaba a un público formado por trabajadores del sector público sueco la manera en la que los ciudadanos deberían poder elegir su tratamiento en el NHS. Los suecos, por el contrario, opinaban que el paciente espera buenos consejos médicos o diagnósticos en vez de la «elección» y que los doctores tendrían un mayor conocimiento del paciente. Atrapado en una encerrona, el representante se apresuró a decir que por la «elección» se entendía elegir otro hospital si el hospital local estaba demasiado ocupado para atenderlos. De una manera educada, los suecos indicaron que esto no suponía tener varias opciones (como Hobson lo entendía); lo que preocupaba a los pacientes no era poder elegir, sino ver sus problemas resueltos.

El citar la libre elección en los pagos auto-administrados para la atención de las personas mayores es una manera de maquillar el hecho de que el servicio de atención a los mayores está en un estado grave. Por ejemplo: si usted supiera que la persona que le asiste para bañarse viene el martes a las dos pero que probablemente no sería la misma persona que vino la semana pasada, ¿preferiría gestionar su propio cuidado?

Los alquileres de viviendas de protección oficial basados en varias opciones aparecían en la lista simplemente porque contenían la palabra que empieza por la *O*. Se refiere a la vivienda social. Las personas que desean alquilar o realizar la compra parcial de una vivienda del ayuntamiento o de un propietario social deberían poder elegir. La idea se ha convertido en un objetivo; en 2010 todos los arrendadores sociales registrados y los ayuntamientos deben ofrecer «alquileres de libre elección».

En el año 2000, el entonces ministro de la vivienda, Nick Raynsford, dijo:

> Hemos dejado atrás el marco del siglo XX donde, en términos generales, la ética se basaba en suposiciones de que el Estado ofrecería el beneficio de una vivienda y la gente debería sentirse agradecida. Estamos entrando en un siglo en el que las personas, en materia de vivienda, así como en cualquier otro ámbito de la vida, quieren tener cierta elección en vez de una oferta «esto o nada».[20]

De esta manera, las opciones llegaron a la vivienda social. Pero ¿para conseguir un mejor resultado?

Después de que una administración pública adoptara un enfoque sistémico para reorganizar los arrendamientos a viviendas de protección, se puso de manifiesto entre los responsables que el programa de arrendamientos basados en la libre elección introducido por la Administración Central era defectuoso. Su aplicación siguiendo las directrices marcadas, conllevaba un peor servicio y mayores ineficiencias. Se notificó al gobierno regional que no iban a adoptar el programa. La respuesta fue una visita de los representantes del gobierno regional.

Podría esperarse que la reacción sería preguntar sobre lo que se ha aprendido y la razón por la que se ha decidido no adoptar el programa oficial. En su lugar, los representantes estaban preocupados por la mala impresión que se crearía si una importante Administración de la zona se retiraba del programa. Los directores tenían presente que el asunto de los arrendamientos basados en la libre elección era un objetivo del gobierno y, además, algo en lo que Downing Street[21] estaba interesado hasta el punto de convertirlo en una cuestión

---

20 Ver http://www.guardian.co.uk/guardiansociety/story/0,,346946,00.html

21 Número 10 de Downing Street, el despacho del Primer Ministro británico

reglamentaria. Dicho de otro modo, la reacción del gobierno fue la de reafirmar su posición. Y no deberíamos sorprendernos. Los funcionarios en cuestión debían tener sus propios objetivos para aplicar el programa de libre elección sobre los alquileres. Estaban haciendo su trabajo sirviendo como engranajes del régimen de las Administraciones Públicas

Para poder explicar los arrendamientos de pisos de protección oficial basados en la elección, tenemos que retroceder a sus orígenes en los Países Bajos. La historia que voy a contar ilustra la forma de operar del régimen del control y de las especificaciones: se toma una buena idea, se traduce esta idea en lo que creen que será una buena medida política y después se establece un mecanismo de control exigiendo su cumplimiento y supervisando su respuesta. El problema, obviamente, es que nadie sabe de antemano si la idea va a funcionar.

A medida que presento la historia de los arrendamientos basados en la libre elección, iré introduciendo algunas ideas sistémicas, unas ideas que nos ayudan a entender y mejorar el trabajo. Haré lo propio en el próximo capítulo, antes de profundizar en el pensamiento sistémico más adelante.

Para comenzar por el principio, los holandeses habían estado haciendo algo bastante inteligente.

En Delft en el año 1990, los propietarios de viviendas sociales desarrollaron una forma innovadora de alquilar sus viviendas[1]. Tras el éxito de este programa, el «modelo de Delft» fue ampliamente imitado en todo el país durante la siguiente década. La innovación era abandonar la vieja idea de que los propietarios debían tener listas de solicitantes y «ofrecerles» una vivienda cuando estuviera disponible; en su lugar, se anunciaban las viviendas ofertadas y los solicitantes pujaban por ellas. De esta manera, los solicitantes tenían opciones.

Las viviendas vacantes se publicaban en varios medios, incluido el periódico local. En esos anuncios, se incluían cupones de respuesta y las normas de solicitud. Las normas se publicaban como muestra de transparencia. Los solicitantes recibían información sobre los criterios que se tendrían en cuenta para la asignación de las viviendas, tales como la edad, las circunstancias personales, etc.. Una vez asignado el inmueble, se ofrecía más información al respecto en los mismos medios, de tal manera que los solicitantes rechazados podían revisar las condiciones que cumplían los candidatos aceptados. Los

---

[1] Véase Oxley, M., *The Future of Social Housing Learning from Europe* IPPR, 2000. http://www.ippr.org/uploadedFiles/ipprcommissions/Learning_from_Europe.pdf y Brown, T. & Yates, N. Allocations and Lettings – Taking Customer Choice Forward in England?, European Journal of Housing Policy Vol 5, No 3, pp343-357.2005.

solicitantes podían usar esta información para realizar futuras solicitudes de vivienda, y así tener mas posibilidades de tener éxito.

El programa de Delft es inteligente y amable. Si observamos como funciona, no se hace nada hasta que una vivienda queda vacante. Se trata de una forma eficiente de alquilar inmuebles, pues solo nos dirigimos a las personas que quieren una cosa en concreto, y esas personas aprenden con rapidez a no perder tiempo ni esfuerzo a la vez que evitan hacérselos perder a los demás.

A finales de los 90, las organizaciones dedicadas a las viviendas de protección en el Reino Unido comenzaron a poner en práctica la idea de publicitar viviendas, con la diferencia principal de que decidieron combinarla con la práctica común de mantener una base de datos en la que los candidatos debían registrarse antes de poder enviar una solicitud. Como pude comprobar, mantener una base de datos no es una forma muy apropiada de diseñar un servicio de arrendamiento.

En mi primer día de trabajo como consultor en el área de las viviendas oficiales, fui al lugar en el que los funcionarios estaban efectuando las gestiones de alquiler de inmuebles. Decidí ir allí porque estaban preocupados por la sustitución de un sistema informático. En lugar de tomar el camino habitual de contratar consultores que redactaran las especificaciones para un nuevo sistema, los directores querían (con toda razón) plantearse primero si el servicio podía rediseñarse de forma que se cambiasen y que se pudieran reducir los requisitos informáticos.

Los departamentos dedicados a los alquileres de pisos de protección oficial hacía un uso extensivo de la informática. Cada lunes, los trabajadores de todas las subsidiarias introducían las solicitudes en sus ordenadores. La conexión con la central era abierta, con el resultado de que todos los lunes, el sistema iba lento y podía caerse debido a una sobrecarga. Había dos personas introduciendo en los ordenadores la información de los formularios de solicitud en las plantillas predefinidas. Observé que, de vez en cuando, añadían notas de su propia cosecha sobre la gente o la zona. Esto quería decir que los datos no eran estrictamente los presentados por el solicitante, sino que siempre se realizaban, con la mejor de las intenciones, ciertas modificaciones que permitían a algunas personas obtener mejor puntuación. Una vez completado el formulario, el ordenador generaba una carta estándar: «Le agradecemos su solicitud; según nuestros cálculos, usted tiene 257 puntos». A mi juicio, este proceso generaría lo que yo denomino *demanda fallo*, y pregunté quién respondía al teléfono cuando la gente llamaba para pedir información sobre la carta.

Me fui al piso de abajo. Cuando uno aparece en un sitio así, no puede preguntar, así de sopetón: «¿Tenéis llamadas por demanda fallo?» La gente pensaría que estoy loco o que algo raro está pasando. Hace falta ir paso a paso, preguntar primero qué es lo que hacen y entenderlo, y después preguntar por qué llama la gente. Las personas empiezan a agradecer el hecho de que estés interesado en las llamadas que indican que, desde el punto de vista de los clientes, algo en algún punto no está funcionando bien. Efectivamente, las cartas producían llamadas. La gente no quería saber cuántos puntos había conseguido; quería saber si iban a obtener una casa y cuándo. El alojamiento, y no los puntos, era lo importante desde el punto de vista de los solicitantes.

Volví al piso de arriba para obtener más información. Las solicitudes estaban llegando a un ritmo de 100 al mes. Tenía la imagen de la base de datos creciendo mes a mes, creando un inventario de solicitantes. Pregunté si se hacía algo más con las listas aparte de asignar puntuaciones y alquilar viviendas a los mejores. Cada seis meses la lista debía vaciarse y se enviaban cartas a los solicitantes preguntando si deseaban permanecer en la lista y si sus circunstancias habían cambiado. No siempre se obtenía respuesta.

Examinemos el propósito de este trabajo. Con toda seguridad, el objetivo de procesar las solicitudes es alquilar viviendas a las personas que más lo merecen cuando las viviendas se quedan libres. Siguiendo en esta línea, los procesos de solicitud y de alquiler tienen que examinarse conjuntamente. Entonces, bajé otra vez para ver cómo funcionan los alquileres. El proceso comienza cuando una vivienda está disponible. El administrador de la vivienda le pide al ordenador una selección de aquellos que reúnen un mayor número de puntos para asignar las viviendas en cuestión. El administrador de las viviendas lee entonces las solicitudes originales. ¿Por qué? Porque es posible que en el formulario haya información cualitativa importante que no es visible en la *puntuación*. (Naturalmente, comencé a preguntarme, si se guardan y consultan las solicitudes originales, ¿por qué entonces las introducimos en el sistema informático?). El administrador hace una lista de preseleccionados. Se contacta a las personas de esa lista, algunos visitan la propiedad y finalmente ésta se le ofrece a uno de estos candidatos.

Pregunté por el número de viviendas que iban quedando vacantes. Los ayuntamientos no tenían la menor idea pues no lo medían, en todo caso podían hacer conjeturas ¿Podían predecirse los volúmenes? Tenían sus dudas. Entonces, el siguiente paso era recabar algunos datos. Para sorpresa de los administradores, el ritmo al que las viviendas se quedaban vacantes era bastante regular en el tiempo. Se mostraba una cierta variación, pero se podía prever. Con algunas limitaciones, se podía saber el tipo de casas que se quedarían disponibles y cuándo.

Para simplificarlo a modo de ejemplo: supongamos que se quedan 10 viviendas vacantes al mes y se registran 100 solicitudes. En estos casos, la gestión de la base de datos debe producir un gran despilfarro. La mayoría de personas que se inscriben no tienen ninguna posibilidad de obtener alojamiento, por lo que nunca tendrá valor el tiempo que se emplea registrando su información. Conforme crece la base de datos, crece también el nivel de derroche.

Sin embargo, las administraciones municipales tenían la obligación de mantener una base de datos de «necesidades inmobiliarias». Más adelante volveré a analizar si una base de datos ofrece una representación exacta de las necesidades. Al traspasar las viviendas a los propietarios sociales, las administraciones municipales han acordado con ellos gestionar las listas de solicitudes; en varias zonas del país las listas se han fusionado, una vez más, según las directrices del Gobierno central. De acuerdo con esto, es mejor que los ciudadanos puedan inscribirse en varios proveedores al mismo tiempo, por lo que hace falta que las bases de datos sean regionales.

Fue con esta situación cuando se introdujeron los alquileres basados en la libre elección, con una inversión pública de 13 millones de libras esterlinas y 27 programas piloto desde abril de 2001 hasta marzo de 2003. Los resultados se evaluaron en un informe publicado en mayo de 2004, el cual decía que se habían inscrito muchas mas familias para optar por la vivienda social en las zonas piloto, que los ciudadanos acogieron con agrado la transparencia del sistema y las administraciones municipales apoyaban abiertamente el programa[2].

En mi opinión, el hecho de tener más gente registrada en una base de datos no es señal de éxito. Genera solo mayores cifras de decepción. Este mismo informe señala que la demanda era tan alta en uno de los proyectos piloto que en un periodo de quince días, se hicieron entre 3.500 y 4.000 solicitudes para solo 100 hogares[3]. No queda claro lo que se entiende por el agrado de los ciudadanos por la transparencia: ¿se basaba en la forma en que el programa se explicó o se experimentó? Probablemente, estar contento por tener ciertas novedades – posibilidad de pujar y ver qué es lo que consigue quién y por qué – no es lo mismo que estar contento con los resultados. (Este punto ilustra los

---

2 http://www.communities.gov.uk/pub/337PilotingChoiceBasedLettingsAnevaluationPDF816Kb_id1153337.pdf

3 http://www.communities.gov.uk/pub/215/ChoiceBasedLettingsNewsletterIssue4September2002PDF184Kb_id1153215.pdf

peligros de todo este tipo de investigación: depende de lo que se busque). Por último y a pesar de su importancia, el apoyo político a nivel municipal no debe considerarse como el árbitro final en valorar lo que es mejor.

El informe también apunta ciertos problemas con los sistemas informáticos necesarios para organizar algunos sistemas de alquileres basados en la libre elección. Como sucede con muchas otras *mejoras* inspiradas por el gobierno, se realiza una inversión importante en equipos informáticos sin conocer las consecuencias. El informe dice con elocuencia: «En términos generales, los actores locales ven el programa de alquileres basado en opciones como un éxito. Pero aquellos que no apoyan este programa plenamente, reconocen que *la libre elección es parte del programa político nacional y, en cualquier caso, formará parte de sus actividades en el futuro próximo*» (mi énfasis).

Hablemos con claridad: no cabe duda de que podrían mejorarse los procesos de alquileres de pisos de protección oficial. Sobre el papel los solicitantes tienen derecho a elegir donde quieren vivir pero en la realidad son los funcionarios municipales quienes eligen – emparejando solicitantes con viviendas disponibles – con criterios de «o lo tomas o lo dejas». Además, debido a la forma en que se ha concebido y, especialmente, por el mandato de una base de datos, la solución del régimen es un despilfarro y ofrece pocas mejorías al servicio.

Todo el mundo puede registrarse sin importar sus necesidades. En un caso concreto, un Ayuntamiento tenía una lista de espera que llegaba a las 10.000 personas. Los análisis muestran que en torno a 4.000 solicitudes habían encontrado una vivienda en alguna otra parte; las circunstancias de muchas personas habían cambiado, mientras que otras no han podido ser localizadas. Todas estas situaciones eran consecuencia inevitable del intento de gestionar una base de datos en la que muchos de los inscritos nunca podrían encontrar alojamiento, debido a que tenían una prioridad baja, mientras la oferta de casas solo podía cubrir a aquellos con una prioridad alta.

En otro caso, las razones para apuntarse a la lista eran:

- Personas que habían cumplido 18 años, provenían de un entorno social en que es habitual disfrutar de viviendas de protección oficial y pensaban que tendrían más oportunidades en el futuro si se apuntaban ya a la lista.
- Personas mayores que querían incluirse en la lista por razones de seguridad, en caso de que sufrieran una caída y no pudieran cuidarse ellos solos.

- Otros Ayuntamiento animaban a solicitantes que no habían tenido éxito a registrarse en la lista de otro Ayuntamiento, incluso si no tenían visos de éxito ni pensaban trasladarse a la zona en cuestión.

- Gente que probaba suerte; pensaban que no tenían ninguna posibilidad pero *el no ya lo tengo.*

- Personas que necesitaban una vivienda cuando se inscribieron en la lista pero tenían pocas posibilidades, por lo que buscaron alojamiento en el sector privado.

- Personas sin necesidad de alojamiento pero que buscaban un alquiler barato y que, más tarde encontraron alojamiento en el sector privado.

Todos éstos son tipos diferentes de derroche; no son indicadores de necesidad de vivienda. Como dijo la funcionaria de la vivienda que estudiaba la lista:

> Los registrábamos a todos y teníamos un retraso de cuatro meses. Invertíamos tiempo en este trabajo inútil, dejando sin atender a aquellos a los que deberíamos estar ayudando.

Esta funcionaria valorar la gestión de una base de datos como lo que realmente era: un derroche.

El diseño sistémico para servicios de vivienda de protección oficial elimina la base de datos de solicitantes. Tiene más sentido (para los ciudadanos y la eficiencia del servicio) limitar la lista de posibles inquilinos a aquellos que tienen, de una manera razonable, posibilidades ser alojados; esta lista de preselección sería más corta y debería coincidir, en la medida de lo posible, con la disponibilidad de viviendas. Si se hace un seguimiento de la disponibilidad de los distintos tipos de vivienda (casas, *bungalows*, dúplex, apartamentos, estudios, casas de acogida), los Ayuntamientos pueden predecir cuándo el alojamiento estará disponible.

Un diseño de este tipo está orientad al usuario. Cuanto llega la demanda del cliente («¿tendré alojamiento y cuándo?»), se puede dar una respuesta rápida a la necesidad. Los que no pueden ser alojados son informados de ello y se les ofrece otras alternativas. Los administradores locales guardan la lista de candidatos preseleccionados según la predicción de alojamientos que van a quedar disponibles. El inquilino potencial es consciente del tiempo que tiene que esperar para la entrega de la vivienda y se le da la opción de permanecer o no en la lista. Es de gran importancia el hecho de se hagan reuniones cara a cara con todos los solicitantes. Esto significa que los más desfavorecidos no se perderán tras el filtro, como es posible que ocurra si el proceso requiere que se registren en una base de datos en primer lugar para después hacer la solicitud.

Ahora estudiemos la directiva del gobierno en cuanto a los alquileres basados en la libre elección. Para tener derecho a una vivienda social, los solicitantes necesitan registrarse en un ayuntamiento o con un propietario social. Las viviendas se anuncian en una serie de medios: publicaciones especiales, los periódicos locales, los sitios web del ayuntamiento, los cuadros de anuncios en los edificios municipales, la correspondencia con los inscritos en la base de datos e incluso los servicios de SMS. Después, los interesados pujan por los alojamientos. El candidato seleccionado será la persona con la mayor prioridad de alojamiento en el momento de la solicitud. Si hay candidatos por delante de dicho solicitante en cuanto a prioridad se refiere, esa persona puede decidir sobre el traspaso de la solicitud a una vivienda alternativa. Después se informa a los candidatos de los resultados.

La publicación de las viviendas de este modo requiere que la información se prepare en varios formatos. El tiempo invertido en la preparación, la promoción y la gestión de las respuestas es puro derroche. Existe una mejor manera de organizar los alojamientos sin publicidad y sin tener que gestionar las respuestas. En vez de promover las viviendas al comienzo del proceso, el diseño sistémico implicaría comenzar por el solicitante. Al reunirse con cada candidato, se garantiza que se está diseñando el servicio con la intención de satisfacer las necesidades del cliente, sabiendo si los interesados van a ser alojados y cuándo. De esta manera, el diseño del sistema es efectivo con los colectivos vulnerables, personas con dificultad de aprendizaje, que no hablan inglés, personas con minusvalías visuales, aquellos que no saben leer o las personas mayores. En cuanto estas personas se presenten, el funcionario que las atienda puede determinar el apoyo que necesitan para poder resolver sus problemas.

Se dice que[4] Robert Latham, un abogado del gabinete Doughty Street Chambers, afirmó que el programa del gobierno sobre alquileres basados en opciones favorecía a las «clases medias prósperas y manipuladoras» y a aquellos que «tenían habilidades con el sistema»:

> El sistema de arrendamientos basados en la libre elección pone en manos de los solicitantes la tarea de valorar sus necesidades y a ellos les corresponde también pujar por las viviendas». «El sistema es conveniente para aquellos que se expresan con claridad y están bien organizados, pero las personas vulnerables o los que llevan un estilo de vida caótico parten con desventaja.

---

4 *Inside Housing*, 31 de agosto, 2007.

El principio operativo en el enfoque sistémico para los alquileres de protección oficial es el mismo que dio eficiencia y buenos resultados al diseño de Delft. La buena gestión de un servicio requiere que se haga centrándose en la demanda. En el modelo de Delft, los criterios de decisión se erigieron como la base del proceso. Sucede lo mismo con el diseño de sistemas; incluso es más racional el hecho de que el trabajo promocional se excluye del diseño.

El programa de arrendamientos basados en la libre elección del gobierno partió de una idea que se había desarrollado en Holanda, se modificó para adaptarla a las prácticas existentes y, como resultado, la despojó de su valor fundamental. Éste es un clásico ejemplo de copiar sin conocimiento, sin haber entendido previamente el concepto y los principios del diseño original. Posteriormente se han utilizado investigaciones insuficientes para apoyar el programa, como si la prioridad de la investigación fuera la de lograr el apoyo a la medida política en vez de aprender lo que funciona. Es una característica recurrente de la Administración

Lo mismo puede encontrarse en todos los ejemplos de libre elección. La fundación Social Market Foundation publicó un informe con el objetivo de encontrar pruebas en favor de los servicios ofertados con opciones[5]. Éste comenzaba declarando la falta de pruebas hasta el momento:

> ... no existe ninguna revisión sistemática de la investigación internacional o nacional sobre el impacto de la ampliación de opciones en los servicios públicos.

El informe se centraba en la variedad de opciones en los sectores de la sanidad y la educación. En ambos casos, las conclusiones de la investigación eran, cuanto menos, ambiguas. En relación al servicio de salud, el informe examinaba tres programas en el Reino Unido: el Programa Piloto de Opciones para el Paciente en Londres, un programa nacional sobre cirugía cardíaca y el Programa Piloto de la zona de Greater Manchester sobre pacientes en lista de espera para recibir cirugía general, ortopédica y de otorrinolaringología. Cuando se ofrecían las opciones, se cogían generalmente en más de un 50 por ciento de los casos. Sin embargo, puesto que los programas piloto ofrecían a los pacientes que ya habían esperado seis meses otra alternativa de tratamiento, la probabilidad de que aceptaran esta opción era alta. De los tres programas piloto, solo el de Londres consiguió reunir suficientes pruebas concluyentes que demostraban

---

5 Williams, J & Rossiter, *A Choice: the evidence. The operation of choice systems in practice: national and international evidence.* The Social Market Foundation, P4. Octubre de 2004.

un éxito limitado en la reducción de los tiempos de espera. De dichas pruebas, el informe arroja la siguiente conclusión:

> El impacto de las opciones en los tiempos de espera ha sido positivo en el Reino Unido hasta ahora.

Cuesta creerlo.

Volviendo a los arrendamientos basados en la libre elección, puesto que el problema en el diseño promovido por el gobierno es la base de datos, consideremos por qué la utilizamos. Resulta que las listas municipales de solicitantes surgieron como un resultado del estudio de Baines en los años 60. Baines dijo que la esencia del gobierno municipal era estudiar el contexto de su servicio, entender la demanda (conservar una lista de los necesitados y entender el tipo de necesidad) y, de esta forma, hacer un aprovisionamiento. En aquellos tiempos, la vivienda era una responsabilidad clave para los ayuntamientos, que disponían de los recursos para construir sus propias viviendas. El gobierno de Thatcher inició el traspaso de la vivienda de los ayuntamientos a los propietarios sociales. El Nuevo Laborismo prosiguió esta política y la reforzó estableciendo restricciones a las administraciones municipales que retenían su *stock* de viviendas; al contrario que los propietarios sociales, los ayuntamientos no podían invertir en nuevas construcciones.

De esta forma, la conexión entre la necesidad y la oferta se ha roto a nivel local. Se ha sustituido por una serie de intentos de gestionar el aprovisionamiento a nivel regional o nacional. Los medios provienen parcialmente de las listas regionales, pero como hemos visto anteriormente, las listas no son fiables y suponen unos indicadores inflacionarios de la necesidad real. Los ministros tienen la idea de que las listas regionales facilitarán, a su vez, la movilidad de los ciudadanos por el país, pero los análisis no esclarecen una demanda de vivienda en otros lugares. Se trata de una «buena idea», no probada, que se utiliza para apoyar el argumento del gasto en bases de datos. ¿Es un dinero bien gastado?

«La crisis de la vivienda, ¿qué crisis?» suelen decir los funcionarios cuando enseñan casas disponibles donde la gente no quiere vivir. Muchas se han construido siguiendo las normas del gobierno que obligan a los constructores a reservar una parte de sus construcciones para «vivienda social». En algunos casos, estas son viviendas urbanas sin plaza de garaje (descritas como aptas para la vida urbana) o construcciones de lujo en zona portuaria, donde salir para comer algo cuesta más de lo que los solicitantes de vivienda social se pueden permitir. Este despilfarro es la consecuencia predecible de la desconexión entre demanda y oferta, así como de la creación de normas arbitrarias que regulan el sector de la construcción.

Los funcionarios que promueven los programas de alquiler basados en la libre elección dicen que los políticos están interesados en estos programas porque, de todos los ejemplos de «opciones» que se llevan a cabo, estos representan la gran esperanza de poder demostrar un caso de éxito. Es un ejemplo de la desesperación de los ideólogos.

No he visto ninguna prueba de que la gente quiera opciones. Veo muchas pruebas de que la gente quiere unos servicios que funcionen.

Capítulo 3: Lo particular deviene lo general: ministros gestionando subsidios

Especificar cómo debe prestarse un servicio no se limita en absoluto al «programa de opciones». Es una característica general de la Administración Pública actual. Actualmente existe una cantidad enorme de burocracia que dicta cómo se deben organizar y gestionar los servicios. Es una tragedia que estas especificaciones se realicen en base a una serie de ideas equivocadas. Pondré un ejemplo sobre el problema con las subvenciones para la vivienda, un servicio prestado por las administraciones locales para los más necesitados. En el año 2007, más de 4 millones de personas solicitaron estas subvenciones, por lo que no resulta un ejemplo trivial; la forma en la que se pagan las subvenciones afecta a un gran número de personas. Además, los problemas que surgen son representativos del problema general.

Durante los primeros años del gobierno del Nuevo Laborismo, el entonces Ministro de Hacienda, Gordon Brown, hizo la famosa declaración de que no habría inversión en los servicios del sector público sin una reforma. El Ministerio británico de Trabajo y Pensiones le convenció para invertir 200 millones de libras esterlinas en promulgar un nuevo diseño para la concesión de subvenciones a la vivienda. El nuevo concepto de diseño consistía en una «ventanilla de atención al público» (front-office), donde los ciudadanos iban a solicitar las subvenciones, y un servicio «administrativo» (back-office), donde el personal de administración tramitaría las solicitudes; ambos estarían conectados electrónicamente por un flujo de trabajo basado en el procesamiento de documentos escaneados; en otras palabras, los documentos recibidos en la ventanilla se escaneaban y se enviaban electrónicamente a las oficinas administrativas.

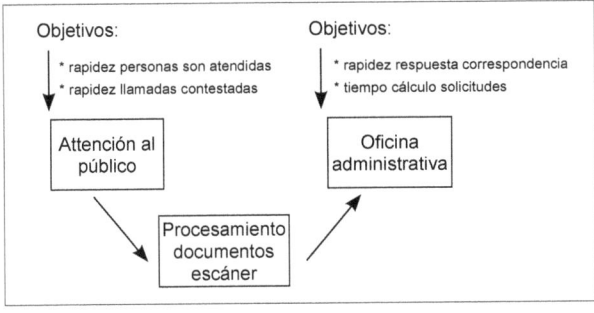

Figura 3.1: Diseño de subvenciones a la vivienda elaborado por el Ministerio de Trabajo y Pensiones

En el nuevo diseño, se incluía asimismo una serie de objetivos en los que debían concentrarse los directores del servicio. Entre muchos otros, los objetivos se referían a la velocidad con la que se atendía a la gente, la rapidez con la se respondía a los teléfonos y al correo, así como el tiempo necesario para calcular la solicitud. Se podría pensar que todo esto es sensato y razonable, excepto que, como veremos, no son medidas que contribuyen al entendimiento y a la mejora del trabajo. De hecho, garantizan que, desde el punto de vista del solicitante, el servicio sigue siendo deficiente.

El concepto de «normas del servicio» fue impulsada por el último Primer Ministro conservador, John Major. Utilizó su influencia política en la Marca de Excelencia en la atención al público o *Chartermark*, una prescripción para el servicio público que, según sus esperanzas, situaría al ciudadano en el centro de la prestación de los servicios. Las mediciones de lo rápido que se atiende a los solicitantes o lo rápido que se responden a las cartas son características de la *Chartermark* y su prescripción, pero este tipo de medidas, como podremos comprobar, distorsionan el funcionamiento de este trabajo (concesión de subvenciones a la vivienda) y, por tanto, sirve para empeorar el servicio desde el punto de vista del solicitante (prefiero la palabra *solicitante* a la de *cliente*).

Para entender cómo sucede esto, hace falta analizar el servicio de subvenciones a la vivienda como un sistema. El capítulo 5 contiene más información sobre los principios del pensamiento sistémico. Por el momento, invito al lector a seguir el camino que sigue un pensador sistémico cuando estudia el servicio de prestaciones o subvenciones.

Para comenzar desde el principio, la primera pregunta que se hace un pensador sistémico es: «¿Cuál es el propósito de este servicio desde el punto de vista del cliente?». En el caso de las prestaciones a la vivienda, muchos entes locales que se han hecho esta pregunta han llegado a la misma conclusión:

Pagar la prestación correcta a las personas adecuadas lo antes posible.

Si queremos entender el nivel de eficiencia en el funcionamiento de un servicio, entonces es esto lo que necesitamos medir. Los pensadores sistémicos emplean medidas de capacidad, es decir, medidas en series temporales que nos darán una idea de la capacidad del sistema (sobre lo que se puede hacer previsiblemente) y las variaciones en el sistema, algo que más tarde servirá para entender y mejorar el rendimiento.

A continuación presentamos un ejemplo de la ejecución de prestaciones realizadas por un municipio:

Capítulo 3: Lo particular deviene lo general: ministros gestionando subsidios

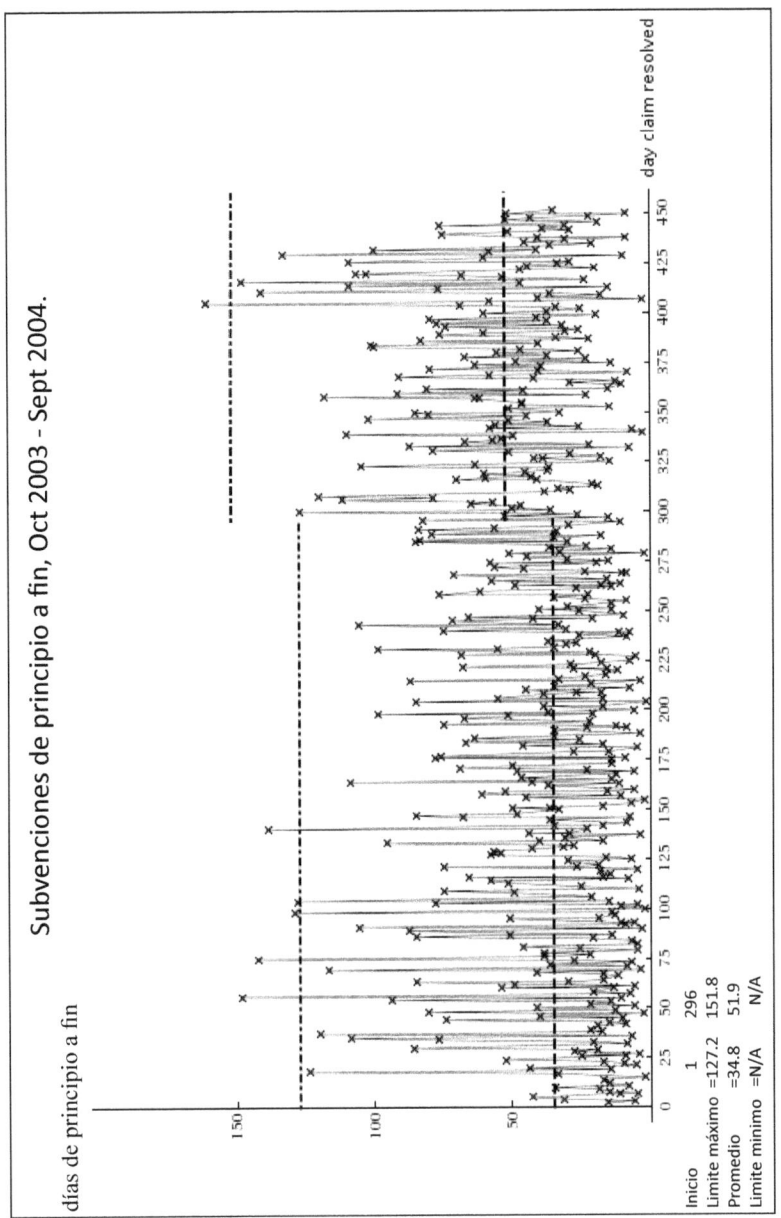

Figura 3.2: Capacidad: comparación del rendimiento con el propósito según la opinión de los solicitantes

El gráfico de capacidad nos muestra que el tiempo medio que le lleva a un solicitante a obtener la subvención solicitada es de 52 días, pero podría tardar hasta 152 días. Los límites máximos y mínimos se calculan a partir de la variación entre los datos. Se muestra que este sistema podría encontrarse en un nivel de rendimiento entre cero y 152 días. La variación está implícita en el sistema, en la manera en que funciona el trabajo. En otras palabras, los directores pueden predecir ahora que el próximo solicitante que acuda a este sistema tendrá su solicitud liquidada en un máximo de 152 días. Esta es la realidad experimentada por el solicitante.

Ahora veamos las consecuencias de la alta variabilidad de este rendimiento. Los solicitantes, al no recibir las subvenciones a tiempo, se encuentran con que sus caseros los persiguen para cobrar las rentas atrasadas, y después el Ayuntamiento les exige el pago de los impuestos municipales con recargo. Como veremos más adelante, otros servicios públicos se congestionan para atender personas cuyo principal problema es que no ven solucionadas sus peticiones de prestaciones.

En todos los ayuntamientos que han seguido el enfoque sistémico hemos encontrado situaciones similares. No es sorprendente, puesto que la causa de la alta variabilidad en el rendimiento – el elemento que todos tienen en común, ya que todos han seguido la prescripción oficial – está en el diseño del servicio. Cuando los directores crean gráficos de capacidad la primera vez, generalmente se sorprenden de las conclusiones que arrojan. La información sobre objetivos, la información que se incluye en los informes para el gobierno, les contaba una historia completamente distinta. Con frecuencia, los organismos calificados de excelentes según los objetivos no eran mejores que aquellos con una calificación baja cuando se medía el rendimiento de esta manera, en función de los propósitos que, en principio, debían conseguir.

La explicación a esta discrepancia se halla en la manera de medir los objetivos y en la conducta que estos provocan en el sistema. El objetivo del gobierno sobre el tiempo empleado para calcular la solicitud contiene una serie de normas que definen cuándo se debe iniciar el reloj y cuándo pararlo; el requerimiento de cumplir los objetivos provoca una conducta disfuncional; los trabajadores utilizan las normas para su provecho, no para el del solicitante. Según las normas, el reloj comienza a cronometrar una «nueva solicitud» cuando se recibe una solicitud de subvención para vivienda en cualquier oficina competente. El reloj se para el día en que se toma la decisión.

El primer apunte que debe hacerse es que este objetivo no mide el tiempo total del proceso desde el punto de vista del solicitante, es decir, cuando éste recibe o no el dinero según corresponda. Pero hay otras razones para discrepar de este método. Los trabajadores que están sometidos a objetivos aprenden a hacer trampas. El personal de los ayuntamientos emplea una variedad de estrategias para asegurarse de que cumplen sus objetivos. Al principio de establecerse esta nueva normativa, probablemente harían sus trucos con el momento de empezar a contar el tiempo, por ejemplo, "aparcando" solicitudes con el fin de no contabilizarlas en las estadísticas, lo que podría significar que el solicitante hiciera varias visitas y podría llevar varias semanas. Estas prácticas llegaron pronto a oídos de los inspectores, los cuales se dispusieron a «controlar» esta conducta.

De esta manera, los trabajadores agudizaron el ingenio para encontrar nuevas formas de cumplir los objetivos. Una práctica extendida, permitida por la normativa, era la de calificar como «nula» una solicitud si toda la información requerida no se había completado en el periodo de un mes. Esa «nulidad» causa el cierre del expediente. El solicitante tiene entonces que iniciar el proceso desde cero, rellenando un nuevo formulario. En un caso, encontramos que el 40 por ciento de las solicitudes eran nulas. Este ayuntamiento informó de que su plazo medio de resolución de solicitudes era de 28 días; cuando era más bien de 98 días si se mide desde la perspectiva de los solicitantes. Los funcionarios se quejan de que no deberían ser penalizados si los solicitantes no hacen lo correcto; sin embargo, como mostraré más adelante, con frecuencia dicha información de las solicitudes faltaba debido a un diseño deficiente del servicio. Muchas veces, los solicitantes deben presentar información que ya han presentado anteriormente.

Existen maneras más ingeniosas de cumplir los objetivos. Algunas administraciones locales asignan a los solicitantes unos ingresos falsos (lo suficientemente altos para evitar un pago). Más tarde, se informa al solicitante de que no le corresponde la subvención. Cuando el solicitante vuelve a la oficina para impugnar la decisión y facilitar la información correcta sobre sus ingresos, la solicitud ya habrá dejado de contar en las estadísticas.

En resumen, en todos los casos estudiados, encontramos un desacuerdo entre el cumplimiento de los objetivos del gobierno y la realidad desde el punto de vista del solicitante. Podrá parecer que el servicio es bueno, que incluso obtiene la codiciada calificación de «modelo» por el cumplimiento de sus objetivos, pero eso no quiere decir que ese servicio funcione bien desde la óptica del solicitante. El cumplimiento de los objetivos es la forma de conseguir el estatus de servicio modelo, pero esto no es lo mismo que mejorar el funcionamiento del servicio.

No es cómodo para un Director de área descubrir las profundas diferencias que arrojan las distintas perspectivas de medición y comprender su sorpresa cuando descubre la realidad de su servicio desde la perspectiva del solicitante. Los directores tienden a negar los hechos o buscan una explicación racionalista a las conclusiones no deseadas. Pero cuando se les involucra en el estudio de su propio trabajo como sistema – y esto significa en primer lugar medir el tiempo total verdadero desde la óptica del solicitante – no suele costarles convencerse de que gran parte de lo que ellos pensaban que era una buena gestión, en realidad no lo era en absoluto.

Los directores son un producto de su propio sistema. Para sobrevivir en el actual régimen de las Administraciones Públicas, necesitan aprender lo que es lícito según la normativa, que será también deformada para evitar problemas; después de todo, serán juzgados por sus objetivos. A los directores de áreas les sorprende el hecho de que el rendimiento (negativo) está enteramente bajo su control, pues son ellos los que dirigen el sistema. Les causa más conmoción aún descubrir que aquello que se les ha ordenado hacer, en realidad es lo que causa de manera inevitable que el rendimiento sea deficiente.

La tarea del pensador sistémico es la de entender lo que está pasando en el sistema. Medir la capacidad es un primer paso esencial, puesto que nos indica la forma en la que está rindiendo el sistema en función de su propósito. En el caso de las subvenciones a la vivienda, nos lleva a la siguiente pregunta: ¿cuáles son las causas de las variaciones? ¿Qué provoca que los plazos totales sean cada vez mayores? Las primeras pistas las encontramos al estudiar la demanda, es decir, las consultas que hacen los solicitantes al sistema.

Existen dos tipos de consultas que interesan a un pensador sistémico: las consultas de valor y las consultas por errores del servicio (*demanda fallo*). La consulta de valor es una «consulta que deseamos», una demanda para cuya resolución se ha creado el servicio. En el caso de las subvenciones a la vivienda, existen solo dos consultas de valor: «¿Puedo hacer una solicitud?» y «mis circunstancias han cambiado».

La consulta por errores del servicio, la *demanda fallo,* son las preguntas causadas por algo que no se ha hecho o un fallo cometido a los ojos del cliente. El seguimiento del progreso («¿qué pasa con mi solicitud?», «no sé cómo rellenar su formulario»), tener que presentar documentos ya entregados anteriormente, tener que hacer varias visitas; todos estos casos representan consultas y, por tanto, más trabajo causado por un fallo del servicio desde el punto de vista del solicitante. A continuación se detallan los resultados del estudio de la demanda en un municipio. Una vez más, tienen las mismas características que los encontrados en cualquier administración, ya que todas se han visto obligadas a seguir el mismo patrón.

Las consultas pueden hacerse personalmente (en la ventanilla de atención al público), por teléfono (a un centro de atención telefónica) o por correo[6]:

¿Cual es el tipo y frecuencia de las consultas?

Personales: 34% de valor, value, 66% por errores en el servicio

Por teléfono: 22% de valor, 78% por errores en el servicio

Por correo: 44% de valor, 56% por errores en el servicio

Consultas del solicitante

Figura 3.3: Comprensión de las consultas

Los tipos característicos de consultas por errores son:

- «No sé cómo rellenar el formulario».
- «No entiendo su carta».
- «¿Cuándo voy a recibir el dinero?».
- «No estoy de acuerdo con la decisión».

Y visitas reiteradas para presentar la documentación (a menudo muchas veces).

Quizá no es sorprendente que la mayoría de consultas por errores se hacen por teléfono, que es el medio más accesible para los solicitantes de hacer el seguimiento. Estudiar las consultas que se hacen personalmente (lo que requiere que los directores se sienten en el lugar en el que se presta el servicio y desarrollen una tipología de consultas por clientes) sirve para darse cuenta de lo malo que es el servicio desde la perspectiva del cliente. En una cola típica de una ventanilla de subvenciones se verán solicitantes que vuelven allí por quinta, sexta e incluso décima vez. A menudo se les dice que tienen que traer

---

[6] Para simplificar el ejemplo, se ignora las consultas enviadas por el Ministerio de Trabajo y Pensiones (actualización automática de las solicitudes principales de subvención).

un documento que ya habían entregado, puesto que se ha perdido o se encuentra en un montón de expedientes esperando ser procesado electrónicamente. En un ejemplo, el 20 por ciento de los documentos que se guardaban en un sistema electrónico estaban duplicados. Nótese que el problema no es una falta de diligencia por parte del personal; la pérdida de documentos es un problema del (diseño del) sistema.

¿Por qué los solicitantes tienen que ir a la oficina de subvenciones una y otra vez? Es irónico que la causa de ello provenga de las normas del servicio. En la oficina de atención al público, los directores se preocupan por atender rápido a las visitas. No es extraño encontrar personal de prestaciones a la vivienda trabajando para cumplir el requisito de atender en un plazo de 15 minutos. Por supuesto, esto quiere decir que los solicitantes deben atenderse lo más rápido posible. Si el método más rápido de atenderlos es dándoles un formulario o enviarlos a casa para que traigan otro documento, entonces eso será lo que se haga.

Los directores de área de todo el país han desarrollado una serie de ingeniosos sistemas para gestionar las inevitables colas que se forman en la ventanilla de atención al público. En una administración surgieron quejas sobre las colas que se formaban fuera de la oficina de subvenciones; la gente estaba haciendo una cola que llegaba hasta la esquina desde las 7.30 de la mañana, a pesar de que la oficina no abría hasta las 9 en punto. Los responsables habían desarrollado una versión del sistema de las delicatessen de los supermercados, pero con una variación principal: solo las personas que tenían los 50 primeros números podían formular su consulta; el resto solo podía entregar documentos. Y solo se permitía una consulta – si un solicitante tenía dos, entonces tendría que volver en otro momento – por miedo a no poder atender a los demás en el tiempo requerido. Como no es de extrañar, los solicitantes habían aprendido a acudir temprano a la oficina si querían resolver sus problemas.

Si usted está pensando que esto es un disparate, está en lo cierto; lo es. Pero un disparate mayor es el hecho de que este tipo de prácticas se haya extendido a todo el país a través del "benchmarking" (la visita a las oficinas que tienen el reconocimiento de ser oficinas «modelo» o muestran «buenas prácticas») y, lo que resulta aún más preocupante, gracias a los consejos de los inspectores que dan el visto bueno a sus prácticas porque obtienen el efecto deseado en los objetivos impuestos a la administración local. Todos, la jerarquía de inspectores incluida, están preocupados por encontrar pruebas de mejora, un rasgo característico de la Administración Pública.

Pero volvamos a nuestro objeto de estudio, las subvenciones a la vivienda como sistema. Hasta la fecha, hemos visto que, en el sistema típico de subvenciones a la vivienda, el verdadero tiempo total que se necesita para prestar un servicio es muy variable y elevado, hasta el punto de ser inadmisible, y además el sistema está generando un volumen importante de consultas por errores (demanda fallo). Las causas de las consultas por errores están en la forma en que se ha diseñado el servicio, por lo que la próxima acción a seguir por los pensadores sistémicos es estudiar el flujo de trabajo: cómo funciona el proceso completo desde el punto de vista del solicitante.

Al estar preocupada por despachar rápido a las visitas, la ventanilla recoge los documentos de los solicitantes y les pide que vuelvan con otros documentos. Normalmente, el personal de la ventanilla es personal generalista del «servicio de atención al cliente» que opera con listas de control. Esto causa que a veces se requiera información demasiado específica y otras, información muy poco específica.

En los call centers, donde se produce la mayoría de llamadas por errores del servicio, las medidas de la «calidad del servicio» (velocidad de respuesta en las llamadas) y el tiempo medio de la resolución de problemas lleva a los trabajadores a crear «unidades de trabajo» en sus sistemas de gestión CRM de atención al cliente. La grabación de una pregunta y su reenvío lleva menos tiempo que su respuesta. Así las cosas, el personal cumple con sus objetivos por actividad, pero el resultado es que el solicitante ha sido transferido de un lugar a otro, mientras el tiempo pasa y los problemas continúan sin resolverse. La oficina de atención al público de este sistema, en la práctica, está diseñada para fragmentar el trabajo entrante; si hacen falta siete unidades de información, lo más probable es que se escaneen y se envíen a la oficina administrativa (back-office) en distintas ocasiones. Como consecuencia, la oficina de atención al público, la oficina administrativa y el call center pueden estar cumpliendo felizmente sus normas de calidad para el procesamiento del trabajo; mientras que los solicitantes perciben una prestación nefasta del servicio.

La oficina de administración se convierte en un receptor de «unidades de trabajo», con la tarea de procesar un número de unidades cada día. Debido a la división del trabajo que se ha realizado en la oficina de atención al público, muchas de las tareas de los administrativos implican hacer de nuevo el trabajo. Por ejemplo, identificar las siete «unidades de trabajo» que pertenecen a un solicitante y unirlas de tal manera que el verdadero trabajo (los pensadores sistémicos lo llaman «trabajo de valor») pueda iniciarse. Al no haber continuidad y como nadie se adueña del caso, cada vez que entra una nueva unidad de información, el trabajador debe preguntarse, «¿esto completa toda la información?» y el expediente vuelve a iniciarse desde cero otra vez. Lo más frecuente es que el expediente esté incompleto, lo que provoca que los administrativos requieran más información. Como consecuencia, aumenta el trabajo que debe hacerse en la oficina administrativa, y con esto aumenta también el volumen de consultas por errores.

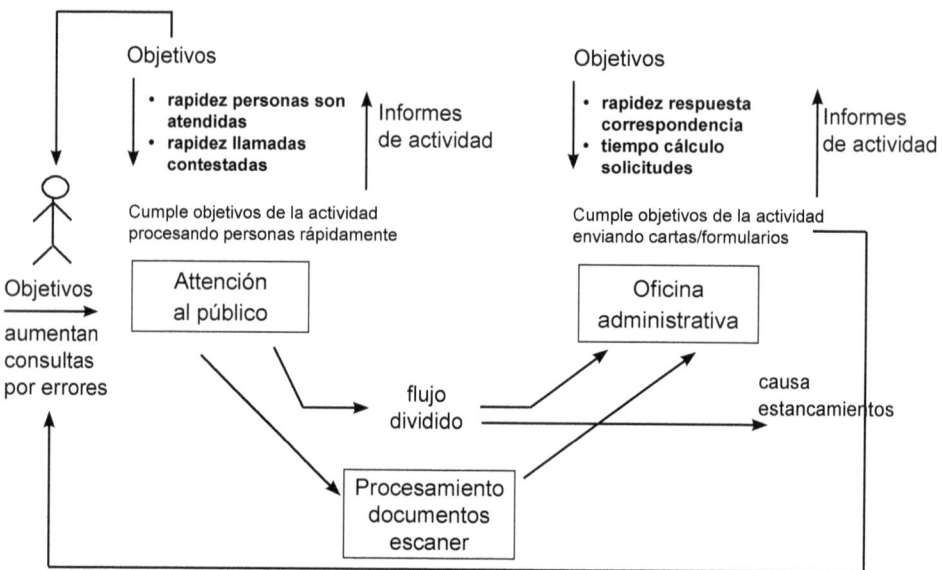

Figura 3.4: El sistema de las subvenciones a la vivienda

En todo el país, el diseño de los servicios ha creado una serie de estancamientos masivos en las oficinas administrativas, hasta el punto de que muchas administraciones locales subcontratan los servicios de empresas privadas como *desatascadores*. Dicho de otro modo, el sector privado está consiguiendo millones de libras esterlinas en ingresos gracias al fallo operativo de un servicio público. En gran medida, este trabajo de desatascador consiste en recuperar los siete documentos del demandante y crear un archivo (unidad de trabajo) que esté listo para su análisis. Esto es hacer el trabajo dos veces o, dicho llanamente, un despilfarro. No añade ningún valor. Si no se hubiera fragmentado el trabajo en primer lugar, no hubiera sido necesaria la subcontratación.

El trabajo de análisis que lleva a cabo la oficina administrativa se gestiona generalmente con un Marco de Verificación, impuesto por el gobierno central, que es una lista de control única e igual para todos de todas las casillas que requieren verificación antes de decidir sobre una solicitud. Todas las administraciones locales han incentivado el uso del Marco de Verificación. En la práctica, su empleo significa que la opinión del solicitante que toma la oficina administrativa, la cual se ciñe al citado marco, será diferente de la opinión de la ventanilla de atención al público: el hecho de tener al solicitante enfrente causa a menudo en los asistentes sociales una opinión distinta de la validez de la demanda y de las pruebas necesarias para justificarla, que la opinión que se forma la persona que trabaja siguiendo un conjunto de normas. Esto nos lleva a pensar que es inevitable solicitar más pruebas. Una vez más, los objetivos por actividades (es decir, el número de cosas que se hace en un día) se cumplen, pero la experiencia del que demanda el servicio continúa siendo deplorable.

Hace falta apuntar que, debido a la legislación, las administraciones locales tienen la responsabilidad de reunir la información que razonablemente consideren necesaria para llevar a cabo un análisis de la admisibilidad del caso. Deben tomar distintos factores en cuenta, tales como los ingresos, los ahorros, el número de personas dependientes e independientes que viven en el hogar, etcétera. El Marco de Verificación fue desarrollado por personas que decidieron que las administraciones locales necesitaban pautas más específicas. Llevado a la práctica, los requisitos varían según el solicitante. Tratando de ofrecer asesoramiento para todos los casos, el Marco de Verificación tiene una cantidad enorme y excesiva de especificaciones; es decir, se requiere que las administraciones hagan más de lo que es realmente necesario. En un caso determinado, el 95 por ciento de los expedientes tenían un exceso de especificaciones, y no es un caso inusual. El Marco de Verificación es un buen ejemplo de una norma que impide que el sistema pueda absorber la variabilidad un concepto sistémico que será descrito durante todo el libro.

Volvamos al gráfico de capacidad reseñado más arriba.

Capítulo 3: Lo particular deviene lo general: ministros gestionando subsidios

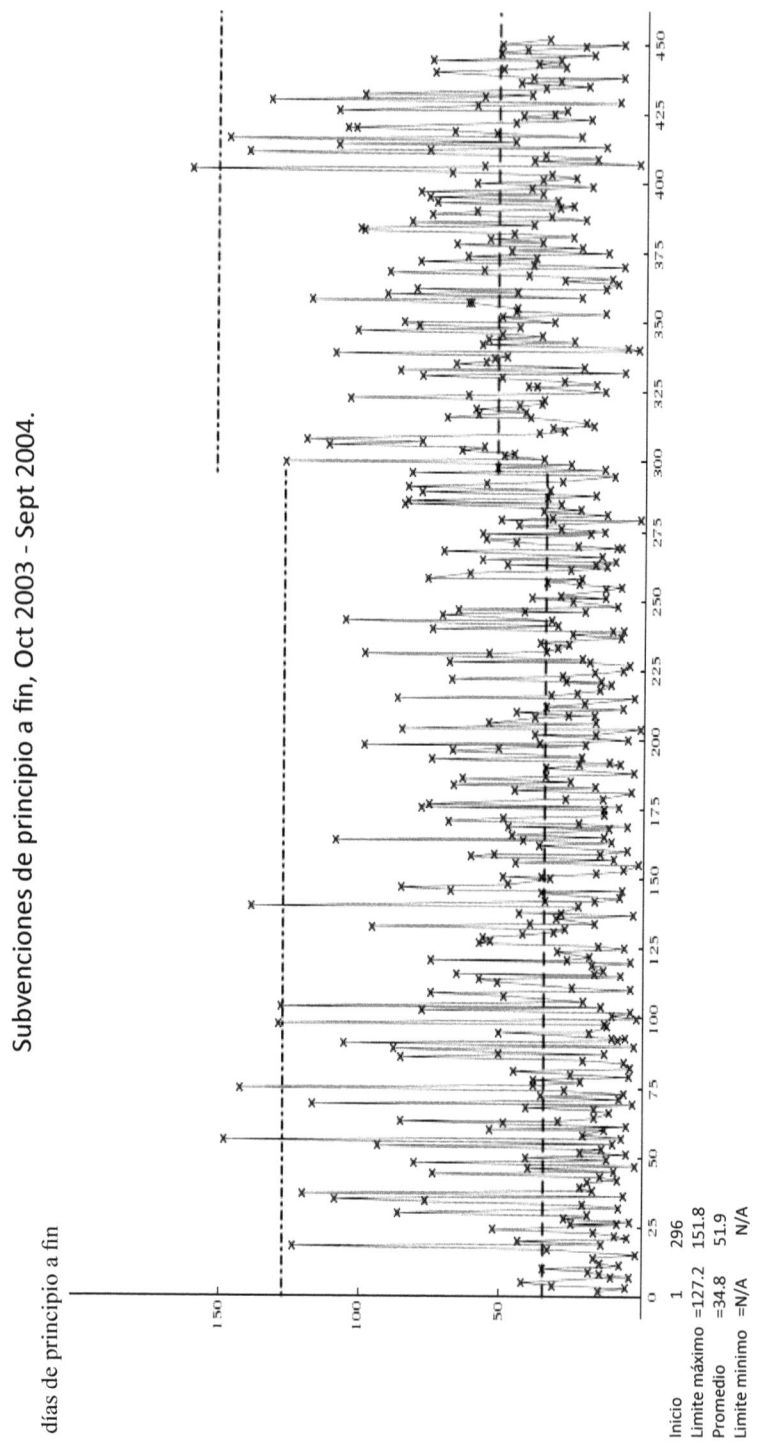

Figura 3.5: ¿Cuál es el detonante del cambio en el rendimiento de este sistema?

Como puede percibirse, en un momento determinado el gráfico muestra un cambio de ritmo del rendimiento con peores resultados; el tiempo total para procesar las solicitudes se eleva casi la mitad. ¿Cuál fue la causa, en este punto, que provocó el empeoramiento de los resultados? La respuesta puede hallarse en el momento en que se introdujo el Marco de Verificación. Provocó un deterioro del rendimiento.

Una de las razones que influyeron en la introducción del Marco de Verificación fue el afán de disminuir el fraude. En la práctica, no hemos encontrado ningún efecto sobre los fraudes en los casos estudiados (si acaso, como veremos más adelante, un incremento de las oportunidades para realizarlo). De todas formas, la División de Seguridad de las Subvenciones a la Vivienda, un organismo que pertenece al Ministerio británico de Trabajo y Pensiones, visitó administraciones que no habían firmado el Marco de Verificación para estimular su implementación. Según el personal encargado de las prestaciones, no les presentaron pruebas de que se redujera el nivel de fraude o de errores en el servicio. Tampoco podían decir lo que se habían aprendido de toda la información recogida por lo que mis interlocutores describen como laboriosos procesos informáticos de recogida de información que vinieron con la puesta en marcha del marco; no tenían ninguna idea si los datos habían sido analizados o utilizados de alguna manera. Esta apreciación nos muestra el problema general: el régimen se centra en el cumplimiento, no en el aprendizaje.

El Marco de Verificación se abolió en 2006, en el día de los Inocentes que se celebra en abril en el Reino Unido, tras ocho años de funcionamiento y una enorme inversión para su implantación. El Ministerio de Trabajo y Pensiones gastó 97.600.000 libras esterlinas entre 1998 y 2002, y otros 223 millones de libras durante 2003 y 2006, haciendo un total de 320.600.000 de libras esterlinas.[7] La implantación del Marco de Verificación provocó tanto el empeoramiento como el encarecimiento del servicio, no solo con costes de servicio más elevados sino también en gastos informáticos para facilitar formularios electrónicos que generaban, de manera automática, los datos requeridos por el Ministerio de Trabajo y Pensiones para fines estadísticos. Alguien debía haberse percatado antes de que el Marco de Verificación no era una idea tan lúcida como aparentaba ser, sin embargo nadie dijo nada cuando el Marco fue retirado.

---

7   Respuesta recogida en el libro de actas del Parlamento Británico referente a una pregunta por escrito enviada al Ministro de Trabajo y Pensiones, en junio de 2003. http://www.publications.parliament.uk/pa/cm200203/cmhansrd/vo030609/text/30609w35.htm

Pero volvamos al asunto que nos ocupa. En las back-offices, el principal descubrimiento es que en la mayoría de los casos (hasta un 99 por ciento) se requiere más información. Además, en muchos se necesita información de la oficina de recaudación impuestos municipales, ya que impuestos y subvenciones suelen ir de la mano. De esta forma, los archivos se envían a la velocidad de la luz, a través de la nueva superautopista creada por la organización de los servicios públicos, hasta llegar a las oficinas de recaudación de impuestos municipales donde esperan hasta que se envían de vuelta. Si las oficinas de impuestos trabajan para cumplir con los estándares de calidad del servicio (muy probable), ya habrán aprendido que la mejor manera de cumplirlos es enviar la información a alguna otra parte (en vez de completarla).

Normalmente, la consecuencia es que se solventarán las solicitudes de prestación, pero no el impuesto local. Cuando los solicitantes recibe la notificación de su nuevo impuesto municipal – que llega por separado de la notificación de la prestación– a menudo se sienten confusos y llaman al ayuntamiento para obtener una aclaración.

Los problemas comunes que encontramos en el proceso de prestaciones a la vivienda en todo el país tienen una causa común: la necesidad de cumplir con un diseño deficiente del sistema. Las causas radican en la separación de la atención al público y las tareas administrativas, lo que genera una especialización funcional, tener que pasarse los documentos de un lugar de trabajo a otro, el uso de procesamiento de documentos y las normas y los objetivos de rendimiento. Mas adelante discutiremos estas formas de diseñar una organización ya que representan los fenómenos generales que han arruinado los servicios públicos. Pero antes tenemos que tratar sobre cómo diseñar un nuevo servicio de prestaciones.

Recordemos que el planteamiento sistémico consiste en diseñar según demanda. Se trata de una idea simple pero profunda. En la práctica, se requiere que el consumidor sea capaz de «extraer (pull) valor» (es decir, conseguir lo que quiere) del sistema empleando el menor esfuerzo posible. Conociendo el tipo de demanda y su frecuencia – en este caso, el por qué los ciudadanos, según su propia voz, realizan demandas al servicio de prestaciones a la vivienda – nos proporciona una buena información para diseñar un sistema que funcione. Las consultas que se hacen por haber cometido errores nos aportan un valor: representan un fallo del servicio desde el punto de vista del cliente, lo cual nos ofrece información sobre las características del actual diseño que no funcionan bien. Entender el valor y los errores nos ofrece el conocimiento necesario para diseñar un servicio que le da al cliente lo que quiere.

Hemos expuesto que en el área de prestaciones a la vivienda existen dos tipos de demandas que aportan valor: «Quiero hacer una solicitud» y «Mis circunstancias han cambiado». Para ilustrar el enfoque sistémico, tomaremos la primera demanda.

Lo que pide el demandante determina el trabajo-valor: lo que tenemos que hacer para satisfacer esa demanda. En este caso, el trabajo que aporta valor es el siguiente:

- Obtener información *clara*.
- Tomar una decisión.
- Informar al solicitante de la subvención.
- Abonar la subvención al solicitante (si procede).

Tras analizar el tipo y frecuencia de las demandas de prestaciones, tiene sentido práctico dotar a las personas en el punto de contacto con la experiencia necesaria para responder a las preguntas previsibles. En otras palabras, no tiene sentido formar a todos los trabajadores para todas las tareas; pero sí tiene sentido garantizar que tienen los recursos para realizar la mayor parte del trabajo. Cuando llegan al sistema consultas más inusuales (por ejemplo, las relativas a los trabajadores autónomos), el personal en el punto de contacto tira de la experiencia de otros compañeros en la organización que puedan ayudarles. Este principio del diseño da la responsabilidad a la persona que presta el servicio y, de esta manera, aumenta su aprendizaje; a medida que atienden más consultas que son menos frecuentes, adquieren las habilidades y el conocimiento necesarios para poder responder a las mismas.

En la práctica y puesto que las solicitudes de prestaciones están ligadas a las obligaciones tributarias locales, es lógico dotar de este conocimiento específico a los trabajadores que trabajan a nivel operativo con el solicitante.

Finalmente, ahora sabemos que, para entender hasta que punto un servicio funciona correctamente, necesitamos medir la consecución del propósito desde la perspectiva del solicitante; por ejemplo, el tiempo completo desde que el solicitante presenta su solicitud por primera vez hasta el momento en el que ha recibido correctamente su dinero o su solicitud ha sido denegada. Generalmente, después de una reorganización sistémica, todas las subvenciones se procesan en un plazo medio de cinco a seis días. Esto excede los objetivos actuales de tal manera que nunca se habría fijado una meta así, pues en términos no sistémicos, nadie se podría imaginar que es posible conseguirlo.

Para resumir el planteamiento sistémico: el tiempo total real que se necesita para prestar un servicio, si se expresa como un gráfico (cronológico) de capacidad, expondría el grado de predicción del rendimiento y sus variaciones. La identificación de las causas que producen las variaciones (división en secciones administrativa y de atención al público, estándares de calidad, objetivos, sistema relativo a los flujos de trabajo, etc.) nos lleva a entender la necesidad de eliminarlas y poder así reducir el tiempo y mejorar el servicio. El servicio se diseña en función de la demanda, dotando de un alto grado de conocimiento de todo el sistema al comienzo del flujo de trabajo para garantizar que éste fluye de forma limpia y ágil.

Aquellos que han seguido el planteamiento sistémico se ven en la necesidad de tener que explicárselo a sus inspectores, lo que es generalmente difícil y representa la primera fricción con el régimen de la Administración Pública. Los inspectores utilizan sus propios criterios. No pueden ver lo que esperaban ver (la consecución de los objetivos); sin embargo tienen que conciliar esto con el descubrimiento indiscutible de que el servicio prestado es excelente.

Recientemente el gobierno ha adoptado una actitud firme sobre la necesidad de compartir el procesamiento de prestaciones; la idea es que formando grupos de oficinas administrativas a nivel regional, o nacional incluso, estos grupos administrativos conseguirían beneficiarse de economías de escala. Los inspectores de la Comisión de Auditores, órgano que supervisa la actuación de las administraciones locales, les piden a los ayuntamientos que les enseñen sus planes para aunar los servicios. Recomiendan trabajar con otros ayuntamientos de la comarca que hayan empezado a compartir el procesamiento de prestaciones. Si no tienen ningún plan para llevarlo a cabo, cuando viene el inspector emite un veredicto negativo.

En un estudio de investigación publicado por la Comisión de Auditores en noviembre de 2005, la conclusión arrojada fue la siguiente:

> Hemos comprobado que el mayor potencial para un trabajo más eficiente [en las prestaciones a la vivienda] se consigue a través de una mayor colaboración (partership working).[8]

---

8 Comisión británica de Auditores, noviembre de 2005 *The Efficiency Challenge: the administration costs of revenues and benefits,* Informe Nacional de las Administraciones Locales. Puede encontrarse en http://www.audit-commission.gov.uk/reports/accessible.asp?ProdID=8EA476B3-407B-44c3-9B55-C30FB27E858B

Por «colaboración» se entiende compartir el servicio con otros municipios o con el sector privado. Se lee en el mismo informe:

> Existen grandes variaciones en los costes administrativos entre ayuntamientos con un nivel similar de actividad. Las estructuras de costes son diferentes y dificultan una comparación realista. Se hace benchmarking entre Ayuntamientos, pero no existe un conocimiento real de cuál es el ayuntamiento más eficiente.
>
> Encontramos escasas pruebas de que los ayuntamientos hayan analizado la relación coste-beneficio de sus iniciativas para mejorar la eficiencia.... y por ello pocos pueden demostrar incrementos de la eficiencia.

En otras palabras: no se permite que los datos sean un obstáculo para extraer una conclusión política. La Comisión de Auditores se ha cegado por las suposiciones ampliamente aceptadas y se comporta más como un instrumento del Gobierno que como un auditor independiente.

Bajo la presión de la Comisión de Auditores y otros actores, el procesamiento de prestaciones y subvenciones se convirtió en una de las funciones preferidas para ser llevadas a cabo por servicios compartidos. Fue propuesto en sus orígenes por Sir Peter Gershon[9] en su estudio de la eficiencia. Creía que las prestaciones eran un buen ejemplo de un servicio simple a nivel nacional que se beneficiaría al ser compartido. Otros informes posteriores redactados por colectivos de autoridad, tales como, por ejemplo, el Colegio británico de Finanzas Públicas y Contabilidad (*CIPFA, Chartered Institute of Public Finance and Accountancy*) y la Asociación de Municipios (*LGA, Local Government Association*), mencionan la unificación en el proceso de subvenciones como una de las prioridades de los ayuntamientos. Pero ¿dónde están las pruebas que fundamenten esa decisión? No existen.

Ni pueden existir. El enfoque sistémico en el diseño del servicio de prestaciones y subvenciones a la vivienda nos enseña que la unificación de oficinas administrativas implica mas costes y un servicio deficiente; la idea misma de las oficinas administrativas es un error de diseño. En lenguaje del régimen, la mejor manera de diseñar las prestaciones a la vivienda es como un servicio «de atención al público». En la oficina donde el público se presenta para recibir el servicio, deberían ser recibidos por una persona que les pueda ayudar en el proceso. En el momento en que se separa la administración de la atención al

---

[9] Gershon, P., *Releasing resources to the front line: Independent Review of Public Sector Efficiency*. Ministerio británico de Hacienda, 2004. Véase http://www.hm-treasury.gov.uk/media/C/A/efficiency_review120704.pdf

público, se crea también derroche. Hacer lo propio a gran escala es producir este derroche en masa.

El deficiente servicio que se presta a través de la organización actual tiene importantes efectos en el resto de servicios públicos. Personas que esperan recibir subvenciones realizan consultas por errores en otros servicios. Por ejemplo, los conflictos domésticos que la policía atiende son causados, o se han visto agravados, por una falta de solución con los problemas de las subvenciones; muchas personas acuden a las organizaciones que prestan asesoramiento jurídico porque el servicio de prestaciones no funciona correctamente; las asociaciones de viviendas, al no poder recibir los pagos de alquiler, tienen que llegar a un acuerdo con los inquilinos o, en el peor de los casos, desalojarlos; todos estos son resultados del mal funcionamiento de las subvenciones a la vivienda. Todos estos casos representan enormes volúmenes de consultas por errores, así como enormes costes que el contribuyente debe pagar. Pero La Administración pública está ciega frente a este fenómeno.

Aquellos que necesitan y tienen derecho a recibir ayuda económica no la están recibiendo en el tiempo oportuno; el actual sistema los excluye. Las prestaciones a la vivienda no son más que el primer ejemplo de exclusión que se produce como consecuencia de las decisiones del Gobierno en la organización de los servicios. Como podrá comprobar en otros ejemplos, la disfunción de los sistemas actuales excluye a muchos ciudadanos de los colectivos más vulnerables; no cabe duda de que esta es una consecuencia inesperada, pero el régimen no es capaz de advertirla. Es una ceguera sistémica. El régimen tiene una incapacidad sistémica para hacer lo correcto. Volveremos a tomar este argumento en el capítulo 14.

De lo específico a lo general

Los problemas ligados a las prestaciones y subvenciones para la vivienda son representativos de los problemas que acusa el sector público en su totalidad.

La organización del servicio se basa en opiniones, no en conocimientos.

La reforma ha dado lugar a la creación de los *especificadores,* personas que determinan las características del diseño de un servicio que los directores deben cumplir. Existe ahora una industria – o fábrica de gestión – donde el trabajo se basa en escribir especificaciones. Para dejarlo claro, las especificaciones son erróneas. No constituyen la mejor manera de organizar los servicios. O peor todavía, crean un mayor nivel de derroche: servicios malos, costes altos y la moral baja.

Los objetivos no representan la realidad de un servicio desde el punto de vista de los clientes.

Como parte de la especificación, los especificadores dictan objetivos y estándares de calidad sobre el rendimiento. A pesar de que estas medidas pueden ser tranquilizadoras para los gestores e inspectores, la realidad es que están empeorando el servicio. La espeluznante realidad solo se ve claramente entendiendo el cumplimiento del propósito en los términos del cliente. En los próximos capítulos, retomaré las suposiciones que se esconden tras los objetivos y exploraré la razón por la que se cree en ellos. Voy a mostrar mediciones (sistémicas) empleadas de mejor manera.

Los objetivos motivan a las personas a utilizar su ingenio para conseguirlos y no para mejorar el rendimiento.

Los fanáticos de la consecución de objetivos creen que el fenómeno *defraudador* es ocasional e infrecuente. La realidad es que el fraude está omnipresente y es sistemático. Desde la perspectiva sistémica, resulta fácil ver que el uso de cualquier medida arbitraria como motor de gestión tiene una misma consecuencia: peor rendimiento.

Ideas plausibles que se aprueban sin evidencia alguna de su eficacia

El régimen de reformas en el sector público se adhiere indiscutiblemente a las ideas convincentes de cuasi-mercados y gestión. La creencia en los cuasi-mercados como medio de progreso no está probado, sino que se trata de una suposición. Las ideas sobre la manera en la que se debe organizar y gestionar el trabajo — ideas como las «economías de escala» y el control de las actividades – son concebidas como «obvias» (que lo son, aunque no en el sentido deseado) y sus manifestaciones (centros de llamadas, fábricas de administración, objetivos, etcétera) son ideas impuestas en el sector público sin que exista una evaluación objetiva.

El Gobierno busca pruebas cuestionables como apoyo de su punto de vista

Al no haber una evaluación rigurosa, las pruebas *piloto* se convierten pronto en *programas* que reproducen fielmente los fallos de organización en todo el sector público. Los gestores del sector público hablan de los pilotos como «destinados al éxito», queriendo decir que existe un requisito político para catalogar casos como de éxito, con independencia de lo que realmente esté ocurriendo desde el punto de vista del cliente. De esta forma tan insidiosa, simplemente cumpliendo parcialmente con los requisitos que dicta el Gobierno le proporciona las evidencias que necesita, a pesar de ser dudosas.

Es el sistema – la manera en la que el trabajo se organiza y gestiona – lo que decide el rendimiento

Solo si se cambia la manera de pensar, podemos comenzar a aprender cómo gestionar la organización como sistema y alcanzar niveles de rendimiento que puedan dar resultados mucho mejores en los servicios públicos. W. Edwards Deming, el estadounidense que enseñó el pensamiento sistémico y de la calidad a los fabricantes japoneses, indicó que el estilo actual de management necesita reinventarse: el enfoque sistémico representa una manera fundamentalmente diferente y más efectiva de organizar y gestionar el trabajo.

Un enfoque sistémico lleva a una mejora del rendimiento que se habría considerado completamente inalcanzable si se hubiera establecido como objetivo

Ésta ha sido la única premisa que ha ayudado a aquellos gestores del sector público que con gran valentía han adoptado el planteamiento sistémico en un ambiente de incomprensión y hostilidad propiciado por el régimen de objetivos e inspecciones. No cabe duda de sus resultados. Pero adoptar el enfoque sistémico implica el rechazo de la mayoría de preceptos que se dan por sentados. La fuerza de los resultados es la que favorece una plataforma de debate con el régimen, tal y como hace ahora un número cada vez mayor de actores del sector público.

El régimen de reformas tiene una visión oscura de las personas

En un aspecto más fundamental, debemos apuntar que las reformas en la Administración pública se basan en suposiciones negativas sobre la sociedad en general y los funcionarios en particular. Las especificaciones decretadas toman como premisa que éstos no saben qué hacer, no quieren cambiar y deben ser coaccionados o contar con un incentivo para actuar. Las mismas suposiciones son compartidas por los intelectuales detrás del sistema de mando y control, que abordaré en el siguiente capítulo.

Capítulo 4: El actual estilo de management

«La mayoría de personas creen que el actual estilo de gestión ha existido siempre y es permanente. De hecho, se trata de una invención moderna, una prisión creada por la manera en que las personas interactúan»[1].   W. Edwards Deming

Junto con la ideología de los economistas, el actual estilo de gestión es la segunda de mayor influencia en el seno de las Administraciones Públicas. Lo describo como una gestión de «mando y control» y comparte muchas suposiciones con los economistas (sobre los mercados, la competencia y la naturaleza humana), lo encasilla todo en un marco de gestión del personal; el pensamiento de mando y control es una serie de ideas sobre la forma en la que debe organizarse y dirigirse el trabajo.

El pensamiento de mando y control considera que las organizaciones son jerarquías verticales, donde el trabajo se organiza en funciones, los managers toman las decisiones y los operarios hacen el trabajo. Los managers toman las decisiones utilizando presupuestos, objetivos, normas, estándares de calidad; intentan controlar a los trabajadores con una gran variedad de técnicas (procedimientos, normas, especificaciones, inspecciones y similares). La ética directiva es la de gestionar presupuestos y personas. Deming fue muy tajante en cuanto a los males del pensamiento de mando y control; sus observaciones son válidas hoy en día[2].

Es importante resaltar que por mando y control no me refiero a ser un mandamás, lo cual es una interpretación errónea. Algunos de los mejores pensadores sistémicos que conozco son autoritarios; efectivamente, autoritarios en cuanto a lo correcto. Cuando empleo el término de mando y control, me refiero a la forma en la que diseñamos la organización y la gestión del trabajo.

---

[1] W. Edwards Deming, *The New Economics: For Industry, Government, Education.* MIT Press, p. XV (prefacio). Massachusetts, 2002.

[2] W. Edwards Deming, *Out of the Crisis* MIT Press. Massachusetts, 1982.

Capítulo 4: El actual estilo de management

		Pensamiento de mando y control
Perspectiva		Jerarquía vertical
Organización		Especialización funcional
Capacidad de decisión		Disgregada del trabajo
Medición		Rendimiento, objetivos y normas de productividad: relacionados con el presupuesto
Actitud frente a los clientes		Contractual
Actitud frente a los clientes		Contractual
Función de la dirección		Gestionar personal y presupuestos
Carácter		Control
Cambio		Reactivo, proyectos
Motivación		Extrínseco

Figura 4.1: Pensamiento de mando y control

La gestión de mando y control no se inventó en un momento puntual en el tiempo. Su desarrollo ha sido emergente. No se trata tanto de una teoría, sino de una serie de ideas que resolvieron distintos problemas en diferentes momentos; ideas se han consolidado como normas.

Adam Smith (1723-1790) abogó por la división del trabajo como el medio necesario para conseguir la productividad. En su libro *La riqueza de las naciones*[3] (1776), Adam Smith utilizó uno de sus ejemplos más célebres: la fábrica de alfileres. Considerando que un trabajador podía hacer 20 alfileres al día, 10 personas pueden repartirse las 18 fases requeridas para fabricar un alfiler, la producción se convierte en 48.000 unidades.

El historiador Alfred Chandler[4] describe la introducción de una jerarquía de responsabilidad y control como respuesta a un accidente ferroviario en los Estados Unidos en 1841. Con esta idea se pretendía evitar incidentes similares al controlar las operaciones con la división de responsabilidad y autoridad, con un sistema de información y revisión. Las ideas se recogieron en un organigrama. Hoy en día, estamos acostumbrados a los organigramas jerárquicos que definen los controles y las responsabilidades.

---

3   Smith, A., *The Wealth of Nations* Oxford University Press, P12-3. Oxford, reedición en 1998, primera publicación en 1776.

4   Chandler A.D., *The Visible Hand* Cambridge, MA: Belkap-Harvard, 1977.

Frederick Winslow Taylor (1856-1915) desarrolló el scientific management[5]». Introdujo la noción del método y el estudio del trabajo en la dirección, dando lugar a la aparición de departamentos de «organización y metodología» en cualquier gran organización. Taylor estableció el «método» como el ámbito de la supervisión.

Max Weber (1864-1920) desarrolló la teoría de la burocracia. Describió una burocracia ideal con seis pilares fundamentales:

1. División clara de trabajo y autoridad

2. Estructuras jerárquicas y oficinas

3. Directrices por escrito que establezcan los criterios de actuación

4. Contratación en oficinas basada en la especialización y la experiencia

5. Cargos definidos como una carrera o vocación

6. Responsabilidades y autoridad asignadas a los puestos en vez de las personas.[6]

Weber entendía la burocracia como el modelo de organización más eficiente y puramente racional. Sin embargo, se mostraba pesimista sobre el impacto que dicho modelo tendría sobre el personal. Pudo comprobar los efectos deshumanizados de su «jaula de hierro»[7], de la burocracia que «consigue eliminar de la función pública el amor, el odio y todos los elementos personales, irracionales y emocionales que escapan a los cálculos».[8] Tenía razón al ser pesimista: los clientes y los trabajadores son seres humanos.

---

5   Taylor, F.W., *The Principles of Scientific Management*. Dover Publications. New York, 1998. Primera publicación en 1911. .

6   Gerth, H.H. and C. Wright Mills (eds.).*From Max Weber: Essays in Sociology* Routledge, P195-9, P295. Oxford, 1991.

7   Atribuido comúnmente a la traducción de 1958 de «La ética protestante y el espíritu del capitalismo» de Weber hecha por Talcott Parsons, 181: «Según la opinión de Baxter, el cuidado por los bienes externos deberían descansar sobre los hombros del *santo como un manto ligero que puedan apartarse en cualquier momento*. Pero el destino dispuso que el manto se convertiría en una jaula de hierro». (Hijos de Charles Scribner: NY) Véase http://en.wikipedia.org/wiki/Iron_cage

8   Gerth, H.H. and C. Wright Mills (eds.).*From Max Weber: Essays in Sociology* Routledge, P195-9, P295. Oxford, 1991.

En efecto, uno de los desarrollos más importantes fue el sistema de producción en masa de Henry Ford, cuyo impacto consagra el pensamiento de mando y control como una buena gestión o, expresado en el lenguaje actual, una *buena práctica*. A principios del siglo XX, su versión negra del modelo T salía de una fábrica que operaba como una máquina enorme, donde los hombres y los materiales estaban en armonía. Sus innovaciones redujeron a la mitad los costes de producción, a la vez que le permitieron duplicar el salario de sus trabajadores. Las líneas de ensamblaje de Ford atrajeron la atención mundial; las fábricas de producción en masa aportan eficiencia, y la eficiencia quiere decir que se puede competir. La producción en masa se convirtió en la norma.

Mientras que estos sistemas de producción masiva hacían felices a clientes y accionistas, no ocurría lo mismo con los empleados. A pesar de los sueldos altos, el novedoso sistema de Ford sufría una extraordinaria rotación laboral. Los trabajadores recién contratados duraban una media de solo tres meses. Muchos abandonaban el trabajo sin una notificación formal y se suponía que habían renunciado tras haber faltado cinco jornadas: nació el concepto del «hombre de cinco días» y representaba el 70 por ciento de los trabajadores que abandonaban la Ford[9]. Los sistemas de producción en masa eran y son monótonos, a la vez que minaba la moral en los puestos de trabajo. Los sindicatos prosperaron gracias a los problemas del siglo XX relativos a la producción en masa; las actuales prácticas entre patronal y sindicatos mantienen todavía esta relación disfuncional. La relación no cambiará hasta que el sistema – la manera en que se organiza y se dirige el trabajo – cambie también.

Las ideas de las que emergen el pensamiento de mando y control tienen todas en común la división de las organizaciones en partes funcionales, en las que debe decirse a los trabajadores lo que deben hacer y cómo deben reportarlo. Se trata de *mandar* y *controlar* las operaciones. Se utilizan mediciones de las operaciones, el coste de las múltiples actividades funcionales. El trabajo de los empelados es diseñado por la dirección y su comportamiento está sometido a los requisitos de este diseño. El mando y el control representan la división del trabajo entre los que toman las decisiones y los que hacen el trabajo.

Actualmente, el pensamiento de mando y control impera en todos los ámbitos. Los servicios se han transformado en *industrias*. Los call centers, las *oficinas de atención al público* y las *oficias administrativas* no son más que fábricas de producción masiva instauradas para prestar servicios. Este modo de pensar

---

9 Buchanan D and Huczynski A, *Organizational Behaviour: An Introductory Text* Pearson Education, P441. Harlow, 2004.

se introdujo en el sector público bajo el estandarte de la modernidad. No es en absoluto moderno y, lo que es más importante, no funciona. Las "fábricas de servicios" están sujetas a muchos de los mismos malestares que producían las líneas de producción en la Ford. Cuando se aprende a adoptar una visión sistémica, se descubre que esta forma de gestionar actividades de producción industrial, tanto si se trata de bienes tangibles como de servicios, nos impide entender y conseguir el propósito de la organización.

El paradigma central del management

En el centro del pensamiento de mando y control se sitúa un paradigma del management. En las organizaciones que prestan servicios, los managers tienen las siguientes preocupaciones:

- ¿Cuánto hay por hacer?
- ¿Con cuántas personas cuento?
- ¿Cuánto tiempo les lleva realizar las tareas?

De esta manera, los directores entienden su trabajo como un problema de gestión de recursos. Se preocupan por la calidad del servicio; cuánto tiempo se tarda en responder al teléfono o a una carta, cuántas cosas pueden hacerse en tres, cinco o en x días. Al mismo tiempo, revisan el trabajo de los empleados, suponiendo que están realizando una labor de *control de calidad*. No resulta difícil comprobar que estamos ante una visión industrial del servicio en el que los directores comparten la suposición de sus antecesores sobre la necesidad de ordenar y controlar a las personas. Scripts, procedimientos, objetivos, normas y cumplimiento son los elementos que gobiernan la manera de funcionar de una organización.

Para trabajar de esta manera, los managers crean una "management factory" separada y alejada del trabajo; el lugar donde la directiva obtiene la información y toma las decisiones. Esta "management factory" está conectada gracias a las tecnologías de la información que se utilizan para diseñar y controlar los procesos de tal manera que provean de mediciones de la actividad a los superiores. Los ordenadores se utilizan para registrar y transmitir documentos con esta intención y para proporcionar scripts y *sistemas de apoyo para decidir* para los empleados de primera línea, con la intención de engañarles y convertir las máquinas en la inteligencia del sistema.

En este tipo de sistemas, la dirección se concentra en los costes. La producción en masa promete economías de escala. Para poder «gestionar» – y prefiero poner esta palabra entre comillas porque se trata de una forma ilusoria de gestión –, los directores manejan el coste de las actividades. ¿Cuánto tiempo duran las llamadas en el centro de atención telefónica? ¿Cuánto tiempo se tarda en procesar una operación en una "fábrica administrativa"? ¿Cuáles son los costes de estas actividades? ¿Cómo pueden reducirse esos costes? Lamentablemente y de una manera contraintuitiva, concentrarse en la reducción de costes hace que éstos aumenten. Los managers deben aprender a concentrarse en el valor. Esta afirmación es tan contraria a las ideas actuales que, para entenderla, debemos empezar por cuestionar algunas suposiciones inherentes a la gestión actual.

Problemas fundamentales del pensamiento

Cuando se comienza a adoptar una visión sistémica de las organizaciones, se aprende que el pensamiento de mando y control está plagado de problemas fundamentales. A continuación describimos los más importantes.

1) Tratar toda la demanda como si fueran «trabajo»

El responsable de operaciones de una de las entidades bancarias más grandes a nivel mundial me comentó que si él pudiera reducir el tiempo medio de respuesta en 30 segundos en sus centros de llamadas, esta acción podría reportar millones en beneficios. Estaba cayendo en un error fundamental. Suponía que todo el trabajo – la operación de atención al cliente– aportaba valor, y era el trabajo que debía realizar su call center. Para un banco, preguntas como «¿puedo conseguir un crédito?» o «¿puede ayudarme a pagar una factura?» son ejemplos de consultas de valor. La realidad es que una proporción de las consultas realizadas en los centros de llamadas de este gestor eran llamadas por fallos en el servicio, consultas que constituyen el complemento indeseado para el cliente; la falta de acción o de una acción correcta para el cliente. «No entiendo este cargo» o «¿por qué no han realizado mis pagos domiciliados?» son ejemplos de consultas realizadas a causa de los errores; se trata de consultas que producen derroche porque no deberían ocurrir desde el principio. Al estudiar su banco junto con otras entidades, hemos encontrado que las consultas por errores en la gestión se dan en un 40 o incluso un 50 por ciento de los casos. El enfoque de la Dirección en la reducción de costes posiblemente produce el efecto contrario, pero el gestor no puede verlo.

Su error es tratar todas las consultas como unidades de producción iguales, lo que se traduce en trabajo que debe realizarse. Pero una gran parte de este trabajo sin valor y generador de costes se produce por una incapacidad de la organización de prestar un servicio eficaz desde el punto de vista del cliente. Y éste debe ser uno de los asuntos más importantes para la directiva. Al comprender cómo un mal diseño y organización del servicio es la causa de más consultas en los call centers, se comienza también a entender la organización como un sistema.

En 1990, escribí por primera vez sobre el fenómeno de las consultas motivadas por errores (demanda-fallo).[10] Me alegra comprobar que la idea se extiende, pero también me preocupa el hecho de que se haya introducido en el pensamiento de mando y control (existe actualmente un objetivo para reducir las consultas por errores) en vez de llevar a los managers a darse cuenta de que el fenómeno es sistémico. Las consultas por errores solo pueden eliminarse al cambiar la manera en la que se organiza y gestiona el trabajo.

2) Consultas por errores en el servicio; una palanca para la mejora

En la mayoría de los call centers que prestan su servicio a las administraciones municipales, un enfoque sistémico revela que hasta un 80 por ciento de las consultas están motivadas por errores en los servicios. Los centros se crearon por orden del gobierno porque los ministros suponen que el *acceso* era sinónimo de servicio. La mayoría de servicios municipales no funcionan especialmente bien. Cualquier servicio que no funciona bien produce un volumen alto de consultas por errores. La urgencia por construir centros de atención telefónica para cumplir con los requisitos oficiales no hicieron más que trasladar el derroche (las consultas por errores) de los servicios al centro de llamadas, a la vez que lo institucionalizaban. Esta acción se ha repetido en todo el país, lo que supone un extraordinario derroche de las arcas públicas. Aunque hay cada vez hay más municipios que han aprendido a entender su institución como un sistema, algunos han descubierto con bochorno que no merecían su distinción de organización «modelo».

Para ser justos, muchos responsables municipales creían genuinamente que los centros de atención telefónica eran una buena idea, especialmente si se instalaban como un *centro único* que pudiera ofrecer un servicio o resolver un problema en ciertos temas en una sola llamada. Sin duda, con la llegada de las nuevas tecnologías, las empresas de telecomunicaciones animaban a los responsables municipales a medir los niveles del servicio y de las actividades; todo se calculaba automáticamente en los nuevos sistemas informáticos de

---

10 Seddon, J., *I want you to cheat*, Vanguard Press, 1990.

telefonía con el apoyo y la orientación de los *expertos* informáticos y del *servicio electrónico.*

Además de facilitar estos tipos de datos (peligrosos si la gestión se basa en ellos), el sistema informático ofrece otras prestaciones. Una de ellas es un dispositivo que se utiliza muy frecuentemente que limita el número de llamadas y las ordena en una cola de espera, en las llamadas en espera se escucha una voz indicando que las líneas están ocupadas. La medición de la calidad del servicio (el número de llamadas que se cogen en tres toques) solo tiene en cuenta el tiempo en responder a las llamadas en espera. No nos dice nada sobre la cifra real de personas que llaman. En este caso, la trampa está ya integrada en el programa. A modo de ejemplo, los managers encontraron que, mientras que sus informes arrojaban la cifra de 700 llamadas contestadas al día, la demanda real del sistema era de casi 5.000 llamadas al día. Pero la calidad del servicio, según los cálculos y los informes, había alcanzado su rango de «servicio modelo».

Puesto que se centraban en las actividades y no en el propósito, los managers confiaban en sus proveedores informáticos y las directrices del régimen para creer que la mejor manera de gestionar una subida en el volumen de consultas es conseguir que los empleados gestionen las llamadas más rápidamente o ampliar la plantilla. Pero en realidad están atrapados en un modelo equivocado al tratar todas las consultas como trabajo que hay que hacer y al enfocarse en los costes operativos. Como ejemplo de este despropósito, vemos cómo las organizaciones del sector privado externalizan los call centers a paises con salarios bajos buscando la reducción los costes operativos. En el momento que descubren, si lo hacen, que un menor coste operativo puede provocar un aumento del número de operaciones – es decir, las llamadas que los clientes deben hacer para obtener un servicio – cambian entonces de parecer. Están aprendiendo que, desde el punto de vista del cliente, el verdadero coste de un servicio se mide desde el comienzo hasta el final; centrarse en los costes operativos es una gestión errónea.

Mientras que las empresas privadas que han aprendido esa lección están retirando la *deslocalización* de los call centers, el sector público está siendo persuadido para adoptar en esta estrategia. Es la consecuencia lógica de entender los servicios como una serie de elementos de fábricas de producción en masa. Al mismo tiempo que el trabajo del sector público ha sido externalizado con el apoyo oficial (algunos dirían coacción), una buena parte ha sido subcontratado por las nuevas fábricas de servicios construidas por los contratistas del sector público. Los contratos han sido formalizados en función de los costes operativos, lo cual parece tener su sentido pero que, como hemos comprobado, ignora la realidad de las consultas producidas por los errores. En efecto, dada la manera en que se estipulan los contratos, los proveedores de servicios están interesados en que la demanda crezca; ganan más dinero y generan beneficios al tragarse el *muda* (o derroche) de la oficina que los contrata. Estos contratos garantizan ese derroche en forma de consultas por errores durante toda su vigencia.

Detrás de este desarrollo industrial se esconde la idea de las *economías de escala*. Me pregunto si los ministros leen los periódicos. En la industria de la automoción, los ejemplos de economía de escala, tales como General Motors y Ford, están luchando por sobrevivir, mientras que Toyota sigue creciendo. Si tuviéramos que ponerle un nombre, diríamos que el fenómeno de Toyota es una *economía de flujo*, un concepto muy distinto y considerablemente superior que las economías de escala.

Concebir el *flujo* en términos sistémicos es pensar de *fuera hacia dentro, trabajar desde el cliente*. Solo entendiendo la demanda se puede evaluar el flujo – los medios a través de los que se presta un servicio – y las directrices del gobierno ignoran esta premisa. Los arquitectos que diseñan las directrices piensan que son conscientes de la experiencia que los clientes tienen con el servicio y, efectivamente, animan a los gestores a centrarse, por ejemplo, en el porcentaje de llamadas resueltas. Sin embargo, cuando se estudia los call centers municipales como sistemas, encontramos empleados que reportan sistemáticamente una llamada como «resuelta» cuando en realidad quieren decir que «no hay nada más que yo pueda hacer». «Resuelta» no significa que el problema esté solucionado desde el punto de vista de la persona que llama, sino desde el punto de vista del trabajador. En una administración, los seniors leaders afirmaban que el 80 por ciento de las llamadas eran resueltas en los puntos de contacto. En realidad, la tasa de resolución era de un 5 por ciento cuando se medía desde el punto de vista de un cliente. En este caso, este municipio contaba con el reconocimiento de administración «modelo», lo que daba a entender que *era evaluada según un benchmarking* y, en definitiva, era imitada por otros municipios.

Es el Gobierno el que otorga el reconocimiento de organización modelo, de acuerdo los requisitos del régimen de las Administraciones Públicas y no del cliente. El régimen se ha convertido en el interés del funcionario. La *reforma* significa hacer lo que se ordena; instalar un centro de llamadas, medir la calidad del servicio y la actividad del personal; hacerlo y ganar premios. El gobierno no apoya el conocimiento, sino el cumplimiento y copiar sin conocimiento.

Las administraciones locales que han aprendido a adoptar un enfoque sistémico estudian la demanda y saben lo que no está funcionando según los ciudadanos. Mejoran los servicios de tal manera que las llamadas indeseadas dejan de entrar. A partir de ahí, pueden decidir entre gestionar los distintos tipos de llamada (llamadas de valor) en los call centers o utilizar estos centros como centralita. Están aprendiendo a organizar su sistema en función de la demanda y conseguir mejoras significativas gestionando el flujo y la demanda. Al eliminar el derroche, aumenta su capacidad y mejoran la calidad a un menor coste. Con frecuencia no necesitan un nuevo sistema informático lleno de funciones. Resulta fácil comprobar por qué: el coste del servicio está en el flujo, no en la operación; y las consultas por errores, que representa el flujo mal organizado, está bajo el control de la organización.

Los directores descubren estas razones cuando aprenden a estudiar la demanda, es decir, por qué llaman los usuarios. El requisito de una organización que presta servicios es el de absorber la variedad de llamadas entrantes (el punto de partida del enfoque sistémico), es fundamental saber cuáles son las consultas. Al aprender a trabajar de esta manera, se descubre que la demanda es la palanca de cambio más importante.

Sin embargo, nos encontramos ante un gran problema. Además de la necesidad de cambiar su forma de pensar, este método de trabajo requiere que los directores ignoren las directivas oficiales, las cuales están basadas en la idea de mando y control, que se derivan principalmente del modelo de pensamiento que describo más arriba. La calidad del servicio (cuántas llamadas atendidas en tres toques) y la medición de la actividad (cuánto tiempo necesitan los empleados) son supuestos prácticos de buena gestión y, lo que es catastrófico, ahora son reconocidas como normas de calidad en los call centers de la gestión municipal. No contentos con el mandato para organizar las instituciones - centros de llamadas, oficinas administrativas - el gobierno también prescribe este diseño: procedimientos, objetivos, normas y otros requisitos con los que los funcionarios son supervisados. Además, tenemos que añadir una plétora de *pautas de orientación*. Ignorar las pautas de orientación se convierte en un juego peligroso y, en algunas ocasiones, en una derrota; los gestores municipales saben, a través de la amarga experiencia, que la orientación se transforma con facilidad en *mandatos* que se materializan en las inspecciones. La industria de las inspecciones se ha convertido en un instrumento político del régimen. Al igual que los ministros, no prestan la debida atención a lo que funciona. En su lugar, los inspectores están preocupados por el cumplimiento. Ahora forman parte integrante de la disfunción.

Volviendo al típico centro de atención telefónica gestionado por una administración local: tenga o no su status de administración modelo, es probable que tenga un alto número de consultas por errores. Las personas tiene que ir detrás del pago de subvenciones o de los permisos de obras porque estos servicios no funcionan bien a la hora de darles lo que quieren. Es un problema del sistema; las razones por la que los servicios funcionan de esta forma se derivan de los objetivos y especificaciones que los gobiernan. Este punto lo analizamos por primera vez cuando vimos el procesamiento de subvenciones en el capítulo 3. Las consultas por errores no pueden desaparecer sin rediseñar el servicio; el servicio no puede rediseñarse para que funcione correctamente (es decir, desde el punto de vista del cliente) sin eliminar las medidas arbitrarias (objetivos y normas) y sustituirlas por medidas más útiles, medidas que derivan del trabajo.

Una de las causas más alarmantes de las consultas motivadas por errores son las directices del gobierno para unificar las funciones administrativas. Al trabajar con grandes consultoras, muchas administraciones municipales han traspasado lo que se cree *como* trabajo a áreas administrativas centralizadas (¿por qué tener una oficina de administración en cada departamento? Los departamentos pueden compartir una administración centralizada). Ese traspaso siempre es parte de un plan para «liberar eficiencia». Lo que pronto deja entrever es que una gran parte del trabajo administrativo pertenece a un flujo de servicios; traspasar el trabajo a una unidad central elimina la continuidad, crea derroche (relevos, revisiones, duplicidades), extiende el tiempo necesario para prestar un servicio y, por tanto, genera llamadas por errores. El informe de eficiencia afirmará que existe un ahorro en la función administrativa (un menor coste en la actividad), mientras que los costes en la gestión de los errores se recogerán en otro presupuesto. Al cabo de poco tiempo, los directores que han sido despojados de su apoyo administrativo a nivel local encuentran nuevas formas de restablecerlo, aunque solo sea para no complicarse la vida.

Hemos visto la misma propuesta en los call centers municipales. Se contrata a consultores para preguntar a los directores del ayuntamiento qué llamadas recibidas en su departamento que pueden ser traspasadas al nuevo centro de llamadas. Es una visión que trata el trabajo de la atención telefónica como una especialidad funcional, sin conexión alguna con un servicio en particular. Pero, por supuesto, la mayoría de llamadas *están* relacionadas con un servicio, y cuando la actividad *telefónica* está desconectada del resto de labores, el derroche será lo siguiente que veamos, igual que la noche sigue al día.

Imitando una moda que surgió en el sector privado, pero con varios años de retraso, el gobierno ha presionado a los ayuntamientos para que instalen sistemas CRM de relación con los clientes. Los sistemas CRM han fracasado claramente en el intento por mejorar el rendimiento del sector privado. (Mi propio banco anunció un gasto de 6 millones de libras esterlinas en un sistema CRM, pero todavía se dirige a mí como si no supieran quién soy yo).

En los gobiernos municipales, los CRM son principalmente sistemas informáticos que permiten a los call centers registrar los motivos de las llamadas. Los directores con frecuencia afirman que es de utilidad para saber si alguien ha llamado anteriormente y poder hacer un seguimiento de su solicitud en unos nuevos sistemas de gestión electrónica de documentos (*workflow*), pues son capaces de explicarles a sus interlocutores lo que está pasando en su situación (pronto hablaremos de los flujos de trabajo). Esta es una manera de institucionalizar el derroche. Es la cúspide de la ridiculez el gastar dinero para identificar que alguien haya llamado tres o más veces intentando resolver un problema o para obtener un servicio; es mucho mejor organizar los servicios de tal manera que funcionen para los clientes en un primer momento y no tengan que hacer ninguna llamada mas. Los sistemas CRM y de flujos de trabajo han servido principalmente para institucionalizar el derroche en los servicios públicos: documentar con esmero y gestionar consultas motivadas por los errores que se realizan en balde. Sin embargo, el régimen considera que estos sistemas son esenciales para gestionar unos servicios públicos modernos.

Los sistemas de flujo de trabajo representan el pegamento que une las oficinas administrativas con las de atención al público. El flujo de trabajo implica el escaneo de documentos para crear objetos electrónicos de trabajo que pueden circular, según una serie de normas que establecen el proceso correcto para cada objeto. El sistema también puede proporcionar información a los gestores en cuanto al número de objetos que se encuentran en la cola de trabajo de un departamento, lo que les permite movilizar los recursos necesarios para aligerar los retrasos. Estos sistemas han sido utilizados ampliamente en el sector privado, donde proporciona una infraestructura diligente para aquellos directores preocupados con lo que yo describo como el paradigma central de su pensamiento (¿cuánto trabajo? ¿cuántas personas? ¿cuánto tiempo tarda?).

De hecho, cuando se estudia el flujo de trabajo a través de los llamados sistemas de procesos, es evidente que el *flujo de trabajo* es un nombre poco apropiado. Deberían llamarse sistemas de creación de inventario o sistemas de ampliación de trabajo, puesto que es lo que hacen. Ya he descrito cómo las llamadas motivadas por los errores pueden bloquear estos sistemas; los elementos del trabajo que representan los problemas de los ciudadanos se dirigen a una serie de colas de trabajo en los departamentos responsables; más tarde, se remiten al funcionario adecuado, se abre una investigación, se envía una respuesta al ciudadano directamente o a través de los medios telemáticos – un elemento del trabajo que se devuelve a la oficina de atención al público – y todo este proceso es un derroche. Si funcionara el servicio, nada de esto debería ocurrir.

En la primera línea del sistema de flujos de trabajo encontramos a alguien que, con frecuencia, tiene que tomar una decisión sobre el *tipo* de problema: ¿a quién debería reenviar esto? Es inevitable que los procesos de trabajo se envíen a las personas equivocadas y vuelvan a reenviarse varias veces en algunos casos, debido a que los problemas no suelen encajar a la perfección con la función de un departamento concreto. Los procesos que se encuentran en cola suelen duplicarse; siete expedientes pueden ser en realidad uno solo; se trata de una correspondencia continua que se crea a raíz de los problemas de organización del servicio. De esta manera, si los gestores se preocupan por los recursos para hacer frente al trabajo, entonces andarán (y andan) desencaminados. Los gestores reaccionan frente a los *retrasos* que no son realmente tales (están distraídos con lo que ellos llaman su medición del *estado del trabajo*). Se emplean recursos adicionales, pero, misteriosamente continúan empleándose una vez capeado el temporal. Estos sistemas están llenos de un derroche que resulta invisible a los ojos de los managers, puesto que sus mediciones de actividad mantienen su ceguera y, puesto que el trabajo se hace por vía electrónica, es por tanto invisible. El pensamiento de mando y control produce una organización en los servicios que crea y esconde el derroche.

De manera desastrosa, el régimen promueve estas falsas ideas en su organización:

Los principales beneficios del flujo de trabajo son los siguientes:

- Servicios que responden
- Menor procesamiento manual
- Mayor eficiencia y eficacia
- Mayor seguimiento y transparencia en el trabajo
- Mejora en la calidad y la consistencia[11]

---

11 Flujo de trabajo empresarial: Libro de bolsillo 1, Una guía para la toma de decisiones. Local e-gov National Projects, 2004

Es una orientación errónea. Cuando los flujos de trabajo se diseñan en base a los supuestos de mando y control, los servicios responden menos. La razón es fácil de ver: las normas incorporadas evitan que el sistema absorba una multitud de consultas realizadas por los usuarios y la atención se centra en la actividad en vez de la consecución del propósito. Es cierto que existe un menor procesamiento manual, pero la actividad es mayor que antes debido al derroche generado. El atractivo de la *transparencia* (saber dónde está cada cosa, quién hace qué) y la supervisión (¿cuántas unidades hacen?) es la esencia de la gestión basada en el mando y control, así como una parte principal del atractivo que tienen estos sistemas. En cuanto a la mejor calidad y consistencia, aquí se muestra la manera de pensar del régimen: el gusto por la idea de unos servicios estandarizados. Pero la estandarización limita la capacidad de un servicio para hacer frente a la diversidad, por lo que si la demanda es diversa (como suele ocurrir en la mayoría de servicios municipales) y se gestiona a través de procesos estandarizados con una serie de normas (tal y como ocurre con los flujos de trabajo), alguien debe sufrir las consecuencias. Y lo que las sufre es la calidad del servicio.

Actualmente, muchos servicios municipales pueden compararse con los peores servicios que se dan en el sector privado. A los ciudadanos les cuesta obtener el servicio que quieren y tiene que dedicar mucho tiempo para conseguirlo. Se debe a que los gestores han tenido que seguir las directrices de la Administración Pública. Otro ejemplo:

> La introducción de los sistemas CRM debería ser un catalizador del cambio en los procesos de gestión, así como un replanteamiento de las interacciones con los ciudadanos para prestar un servicio eficiente.[12]

¿Qué sabe el ministro sobre CRM? Le habrán contado que el CRM es indispensable porque el ayuntamiento podrá registrar todas las consultas de un servicio determinado y crear archivos electrónicos (¿acaso algo de esto crea valor?); se puede hacer un seguimiento de las consultas formuladas por los ciudadanos (consultas motivadas por los errores); se puede integrar el CRM con otros sistemas informáticos (más gastos en sistemas informáticos, institucionalizando el derroche). El ministro se ha informado y le han vendido la moto.

---

12 Phil Hope MP, Ministro del e-gobierno, en su discurso en el *National CRM Programme Event*, en Londres el 17 de marzo, recogido en eGov Monitor el 24/03/04 http://www.egovmonitor.com/features/crmreport.html

3) La locura de gestionar actividades

Una de las características erróneas de los *modernos* call centers municipales es la atención puesta en la medición de la actividad de los empleados. Puede parecer lógico. Los gestores saben, a través de las estadísticas de la actividad, que los empleados pueden, por ejemplo, responder a 100 llamadas al día o emplear una media de 3 minutos en cada llamada. Los gestores saben el volumen de llamadas que esperan y el tiempo medio que se emplea en contestar las llamadas, de tal manera que para ellos parece lógico hacer lo posible para garantizar anticipadamente que los empleados realicen la actividad. De esta manera, los jefes de turno prestan atención a las estadísticas de la actividad, controlando a los empleados y hablando *cara a cara* con aquellos que no cumplen sus objetivos. Se supone que el rendimiento depende de las personas. Pero, como señaló Deming, esto es centrarse en lo incorrecto:

> Por experiencia propia, debería estimar que la mayoría de problemas y las mayores posibilidades de mejora se distribuyen en las siguientes proporciones: 94 por ciento pertenecen al sistema (responsabilidad de la gestión) y un 6 por ciento son especiales.[13]

Con la intención de atraer la atención a los sistemas, Deming animó a los directores a estudiar la variabilidad y sus causas; en este caso, las causas que hacen que las llamadas duren un mayor o menor tiempo. A continuación tenemos unas cuantas causas de variabilidad en el rendimiento de los empleados en un centro de atención telefónica: la causa de la llamada, el tipo de cliente y su estado de ánimo, si los procesos se hubieran diseñado desde la perspectiva del cliente (lo más probable es que no, pues los directores no estudian la demanda), si funciona hoy el sistema informático, si otros empleados de otros departamentos han dicho cosas a los clientes que no comentaron con el personal del cal center, etc. Estos son los aspectos que afectan al rendimiento y en los que deben centrarse los managers. Gestionar la actividad del personal es un derroche increíble de recursos; peor todavía, este estilo de gestión desmoraliza a los trabajadores. Al descubrir que su bondad o maldad se juzga según las estadísticas de cumplimiento de la actividad, aprenden con frecuencia la manera de falsear las cifras para eludir el foco de atención. Los trabajadores se centran en la supervivencia y no en contribuir a la mejora; el sistema los motiva a agudizar su ingenio para trabajar por sus objetivos. Los directores tienen dificultad para ver las cosas desde esta óptica. Cuando controlan al personal de cerca, encuentran pruebas de engaño y argumentan que, como se ha comprobado, es necesario el control (o más controles). Los directores desarrollan una visión desdeñosa de su personal.

---

13 Deming, *ibid* P315.

Este fenómeno – que es el sistema el que gobierna el rendimiento – está en el corazón del antagonismo crónico entre empleados y directores en la Administración británica de Hacienda y Aduanas (*HMRC, Her Majesty's Revenue and Customs*). Se ha informado extensamente que la nueva organización (calificada como *lean*[14]) divide el trabajo en componentes (especialidades funcionales) y asigna a los empleados una serie de tareas específicas a realizar. El personal se queja de que esta organización produce un trabajo repetitivo y monótono. Los directores (y consultores) suponen que la especialización hará mejorar la productividad. Los empleados son controlados cada hora para que cumplan con la actividad requerida (¿Ha hecho usted el número requerido de tareas?).

El trabajo organizado de esta manera produce un mayor nivel de rotación; la rotación crea derroche e incrementa la probabilidad de errores, lo que supone siempre una forma potente de derroche. Como enseñó Ohno en Toyota, cuanto más se ordena, agrupa, traspasa o se sitúa un trabajo en una cola, más errores se cometen. Y los errores nos llevan a realizar el trabajo dos veces; cada vez que se abre un archivo, debe leerse. Un mayor número de pasos significa mas lectura, y el riesgo se encuentra en el hecho de que, posiblemente, ese archivo no se lea lo suficiente para ser entendido en cada ocasión. Y será más probable que ocurra cuando el empleado trabaja para conseguir objetivos basados en la actividad. A mayor número de errores, más tiempo será necesario, desde la perspectiva del cliente, y cabe esperar más consultas por errores.

En el año 2007, el Tribunal británico de Cuentas[15] informó que más de 1 millón de personas habían pagado una cantidad errónea en impuestos en el año anterior debido a que Hacienda tenía un error en su código fiscal o cometió errores en los cálculos. Afirmó que 540.000 contribuyentes habían pagado una diferencia por exceso de 157 millones de libras esterlinas – una media de 290 libras cada uno – siendo los pensionistas especialmente vulnerables a los errores. Al mismo tiempo, las diferencias por defecto se contabilizaron en 125 millones de libras esterlinas – una media de 250 libras cada uno – y muchos contribuyentes recibieron liquidaciones paralelas por sorpresa al comprobar Hacienda su error.

---

14 La gestión *lean* o ajustada del mando y control intenta hacer uso de las herramientas desarrolladas para resolver los problemas en la fabricación bajo una organización basada en el mando y control.

15 Comunicado de prensa del Tribunal de Cuentas Británico sobre el Informe normalizado de Hacienda de 2006-7 http://www.nao.org.uk/pn/06-07/0607626.htm

El informe revelaba que la introducción de un enfoque parecido a una «línea de ensamblaje de coches» en la fiscalidad tuvo como resultado un aumento drástico de los errores durante el primer semestre de la operación. Se informó que casi 10 millones de libras esterlinas se habían invertido en la implantación del sistema *lean*. Y el informe apuntaba claramente que ahora eran seis personas, en vez de dos como antes, las que gestionan distintos componentes de la declaración de un solo individuo. No debería sorprender que el sistema estuviera provocando errores. El error es tratar la fiscalidad como si fuera comparable a un proceso de fabricación. Los organismos que prestan servicios no son *líneas de ensamblaje*, sino distintos tipos de sistemas. Retomaré los problemas de Hacienda en el capítulo 11.

El trabajo centrado en la actividad de los empleados no resolverá el problema de los errores, los cuales son un producto del sistema, la manera en que el trabajo está gestionado y organizado. La gestión de la actividad hará que las personas utilicen su ingenio para sobrevivir en ese sistema. El ingenio de las personas debería emplearse en mejorar el trabajo en vez de intentar sobrevivir en un sistema deficiente.

4) *Evitar que el sistema responda a la variedad*

Muchas de las prácticas que suelen encontrarse en los servicios imposibilitan que el sistema sea capaz de absorber la variedad. Por supuesto, el desconocimiento de la demanda ya es de por sí una manera de no responder a la variedad, mientras que medir la actividad de los trabajadores hace que el empleado se centre en los tiempos de la actividad y no en los clientes, por lo que este punto también hará que el sistema no pueda responder a la variedad. Ya hemos visto cómo los objetivos y la organización del trabajo tienen el mismo efecto en las subvenciones y en los alquileres de protección oficial. Los sistemas CRM, los guiones y las normas (por ejemplo, el Marco de Verificación) hacen lo mismo. Veremos más ejemplos.

Debido a que no pueden responder a la variedad, los organismos públicos producen un volumen masivo de derroche. Ignorante de este fenómeno, el gobierno promueve más y mayores fábricas productoras de servicios en masa. Sir David Varney es una de las personalidades más influyentes; su reciente informe[16] defiende un mayor uso de la tecnología y un mayor número de fábricas prestadoras de servicios. Retomaré esta triste visión en el capítulo 11.

---

16 Service Transformation: A better service for citizens and businesses, a better deal for the taxpayer. Ministerio británico de Hacienda y Aduanas (HMSO), diciembre de 2006.

Los clientes de estas fábricas de servicios pueden *ver* este derroche; por ejemplo, cuántas veces tienen que llamar o ir a las oficinas para conseguir que un servicio funcione; se sienten irritados con los sistemas telefónicos de respuesta automática que no les permite contactar con alguien que les pueda ayudar; se sienten exasperados por los empleados que siguen sus guiones o procedimientos y dejan de escucharles o de resolver sus problemas. En algunas ocasiones, culpan a los funcionarios que prestan el servicio, pero ellos no son culpables.

Supuestos negativos sobre las personas

Los trabajadores y los directores en las organizaciones basadas en el mando y control agudizan su ingenio para asegurar la supervivencia porque tanto su bondad como su maldad serán juzgadas en función del cumplimiento de los requisitos establecidos por el Gobierno, tanto si se trata de responder al número requerido de llamadas en un call center como si nos referimos al cumplimiento de los objetivos arbitrarios establecidos. Un régimen de este tipo deteriora el valor del trabajo. No encontramos una motivación intrínseca en ello.

Al contrario, la suposición es que las personas solo responden a formas externas de motivación. Similar que los economistas, los pensadores del sistema de mando y control suponen que los empleados son holgazanes, interesados y necesitan palos y zanahorias para manejarlos. Creen en lo que el investigador Douglas McGregor[17] llamó la «teoría X»; aunque se explique bajo el guante aterciopelado del *coaching* o de una manera más asertiva, dominante o intimidatoria, esta teoría es esencialmente autoritaria.

---

17 McGregor, D.,*The Human Side of Enterprise*, McGraw-Hill. New York, 2006. Publicado por primera vez en 1960.

Teoría X	Teoría Y
Considera a los trabajadores como vagos que detestan el trabajo y lo evitan siempre que sea posible.	Ve a los trabajadores como inclinados por naturaleza a esforzarse por su trabajo, tanto como por su diversión o su descanso.
Los trabajadores estar presionados para trabajar por los objetivos establecidos por la organización.	Los controles externos son innecesarios, ya que los trabajadores muestran autonomía en el logro de los objetivos de la organización.
Las personas deben estar dirigidas. Se presupone que no son ambiciosas, eludirán la responsabilidad y buscarán la seguridad ante todo.	Las personas suelen aceptar y buscar la autoridad.
Las personas son egocéntricas y se resisten al cambio.	La mayoría de personas son capaces de utilizar su ingenio para resolver los problemas de la organización.
Las personas son generalmente ingenuas.	La mayoría solo tienen oportunidad de usar una parte reducida de su capacidad intelectual en el trabajo.

McGregor sostenía que la teoría X era una profecía cumplida. Cuando las personas están sometidas a la gestión inspirada por la teoría X, se comportan de una manera improductiva. Los managers asumen de manera equívoca que su comportamiento es representativo de la naturaleza inherente de la persona. Refuerza, por tanto, su creencia de que no se puede confiar en las personas y que deben ser controladas. Otros están de acuerdo:

> A diferencia de las teorías en las ciencias físicas, las teorías de las ciencias sociales tienden a cumplirse por sí mismas... una teoría de la gestión – si consigue suficientes adeptos – altera la conducta de los gestores y comienzan a actuar de acuerdo con la teoría. Una teoría que presupone el hecho de que las personas pueden comportarse de un modo oportunista y sacar sus conclusiones para gestionar a las personas basándonos en dicho supuesto puede inducir a una serie de actuaciones directivas que, probablemente, van a potenciar la conducta oportunista entre sus empleados[18].

---

18 Ghoshal y Moran, 1996 mencionado en Ghoshal, *Bad Management Theories are destroying good management*, Academy of Management Learning and Education, Vol 4, No. 1 P85, 2005.

Al ser tratados de esta manera, la moral de los directores y empleados públicos sufre un menoscabo. El control sobre los empleados provoca un empeoramiento del servicio, pues en los términos del servicio impide que el sistema pueda responder a la variedad

Crea una organización compuesta por gente infeliz que presta un mal servicio. Las personas son la clave para responder a la variedad. Los diseños sistémicos sitúan a las personas en el centro de la empresa, permitiendo su contribución.

Las críticas al pensamiento de mando y control en este capítulo han sido esgrimidas desde un punto de vista sistémico. Aprender a concebir la organización como un sistema nos lleva a encontrar alternativas prácticas basadas en una filosofía diferente.

Capítulo 5: El Pensamiento sistémico: una alternativa mejor para que el trabajo funcione

W. Edwards Deming sostenía que las organizaciones deberían gestionarse como si fueran sistemas en vez de jerarquías funcionales. Propuso ejemplos convincentes sobre los males de la gestión convencional y presentó a los directores una de las herramientas más importantes de decisión: el gráfico de control estadísticos de los procesos. Yo lo llamo el gráfico de capacidades. Este gráfico permite tanto a directores como a trabajadores evitar que piensen que la situación ha cambiado cuando no ha sido así, y recibir una alerta cuando realmente las cosas cambian. Se trata de un método que transmite lo que yo describo como la prueba de una buena medición: ¿nos ayuda a entender y mejorar el rendimiento?

La aportación de Deming es de mayor importancia que el problema de la medición. Antes de abarcar la cuestión de la medición, es necesario que usted entienda la organización como un sistema; el requisito previo para elegir las mediciones correctas. Deming utilizó su famosa «figura 1» – un gráfico que representa el flujo de trabajo en un fabricante – en su libro publicado en 1982, *La salida de la crisis* para ilustrar dónde hay que prestar atención cuando se eligen las medidas a tomar: la medición y la gestión del flujo de trabajo a través de un sistema, en contraposición a las actividades funcionales.

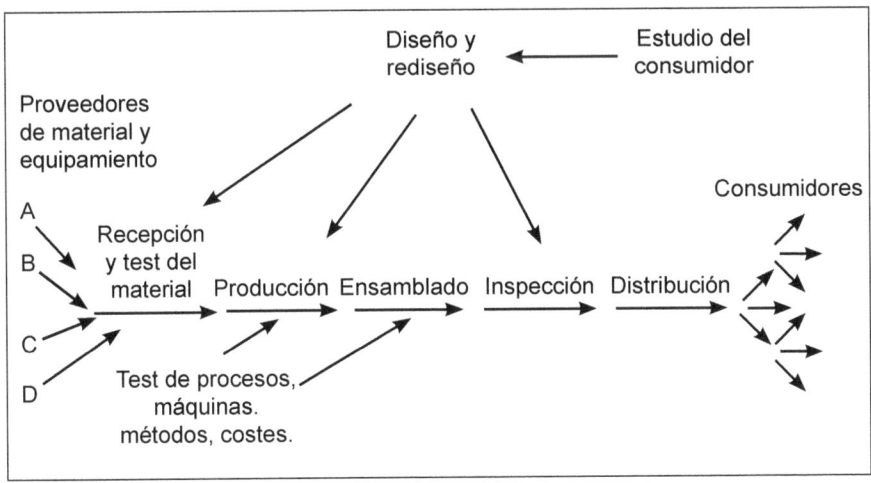

Figura 5.1: La producción entendida como un sistema[1]

---

1 Reproducido con permiso de: Deming, W.E., *Out of the Crisis*. MIT Press, 1982.

La primera organización en atraer la atención del mundo por su gestión sistémica del trabajo fue la empresa de automoción japonesa Toyota, desafiando los principios de la gestión convencional. Taiichi Ohno, el hombre que inventó el Sistema de Producción Toyota (TPS), aprendió ciertos aspectos contrarios a la intuición. Él también creía en las ideas de mando y control hasta que aprendió lo contrario. Después de haber estudiado la fabricación de automóviles en EE.UU., construyó su propia fábrica con unos recursos bastante limitados. La adversidad le llevó a la innovación. Aprendió que la manera más óptima de producir variedad se conseguía al situarla en la línea de producción, un rechazo sorprendente a lo convencional que era, y sigue siendo, la gestión de la variedad mediante la producción masiva de productos o componentes en lotes. Rechazó la idea de asumir el coste por unidad y lo asoció con el flujo; cuanto peor era el flujo, mayores los costes. Asimismo, apreció la ventaja de fabricar solo aquello que los clientes deseaban comprar, de tal manera que el flujo debía trabajar al ritmo de la demanda del cliente. Para su gestión, un sistema diseñado para producir coches al ritmo de la demanda, situó a las personas en el escenario central de la acción: se introdujeron los controles, el aprendizaje y los avances en las líneas de producción. Estableció el diseño en el proceso, una proposición alarmante – cuando lo escucharon por primera vez – para el gran número de managers que operaban en las "management factories".

La innovación de Ohno[2] representó un reto para las ideas convencionales de gestión. El modelo TPS desarrolló nuevos métodos para gestionar algunas ideas poco convencionales: equilibrar la demanda, gestionar el flujo, *retirando* materiales a través del sistema. Para aquellos ajenos al sistema en su conjunto, era fácil pensar que estos métodos eran herramientas: tiempo *takt*, 5S, el mapa del flujo de valor, *kanban, poke yoke*, etc.[3]

El sector público británico se está familiarizando con estas herramientas pues muchos consultores las está empleando para mejorar los procesos. El uso de éstas y otras herramientas *van* a mejorar algunos pocos procesos solo a corto plazo. Sin embargo, Ohno insistía en que no se debería codificar el método ni materializarlo en herramientas:

---

2 Ohno, T, *Toyota Production System* Productivity Press, 1988.

3 Explico estas herramientas, los problemas solventados en la fabricación y cómo las empresas de servicios tienen distintos problemas en *Watch out for the tool heads* y en el capítulo 9 en «Libertad del mando y control».

Mientras que la mayoría de empresas se centraban en estimular las ventas, el Sr. Ohno creía que el sistema *just-in-time* era una ventaja de fabricación para Toyota. Y, durante muchos años, no permitiría que se registrara nada sobre el mismo. Él sostenía que la razón se debe a que las mejoras no terminan nunca; y al escribirlo, el proceso quedaría cristalizado[4].

Codificar el método significa impedir la reflexión. Ohno sabía que lo importante es saber cómo conceptualizamos los problemas; la reflexión es la clave. Las oportunidades de mejorar son mucho mayores que las conseguidas utilizando (o dejando de utilizar) las herramientas: el mayor trampolín hacia el cambio se consigue cuando la organización es entendida como un sistema, como demostró la innovación de Ohno, de manera inequívoca en el sector de la fabricación.

Los servicios son diferentes de la fabricación. Aparte de la ausencia evidente de una planta de producción física y unos bienes, en el sector de los servicios, el cliente está implicado en la producción; también el agente que presta los servicios. De una manera inherente, existe una mayor variedad en la demanda. De este modo, en vez de considerar el sistema como un ensamblaje de elementos físicos para fabricarlos al ritmo de la demanda (la parte fundamental del sistema Toyota), debemos examinar el sistema como uno que reúne una experiencia intangible (en gran medida) para responder a la variedad en la demanda del cliente. Este objetivo tan diferente nos lleva a usar métodos diferentes, ya que se trata de resolver problemas distintos. La solución a estos problemas nos enseña a diseñar los servicios en los que el cliente va a *encontrar* valor; en otras palabras, obtener lo que quiere.

En el sector de la fabricación, la calidad se mejora a la vez que se reducen los costes si reducimos la variabilidad. ¿La variabilidad en qué exactamente? El ingeniero y estadístico japonés Genichi Taguchi[5] fue quien cuestionó la idea de trabajar según los «estándares» o los «planes», que venían a significar: «trabajar dentro de las tolerancias». En su lugar, Taguchi sostenía que la fijación de cualquier valor (nominal) y el trabajo realizado para reducir continuamente la variación resultaría en una mejora de la calidad a un coste menor.

---

4 Es necesaria una introducción al Sistema de Producción Toyota de Ohno: Más allá de *Large-Scale Production*, 1988, P11.

5 Taguchi, G, Chowdury, S y Wu, Y., *Taguchi's Quality Engineering Handbook*, John Wiley, 2004.

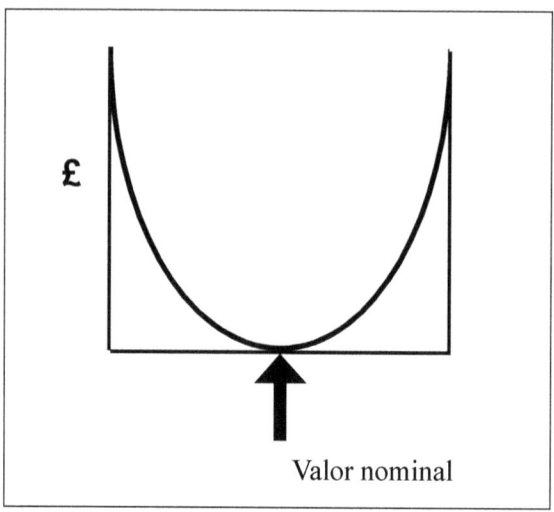

Figura 5.2: Costes de variación del valor nominal

Cuando se hacen las cosas, cuanto más alejado esté un elemento del *valor nominal*, sea lo que fuere, la pérdida económica será mayor para el sistema; dicho en términos sencillos, peor van las cosas o más se estropean. El hacer *más* de lo requerido, por ejemplo, el exceso de especificaciones, supone otra pérdida potencial. Ésta es la forma en la que Taguchi enseñó a los fabricantes a pensar sobre la variabilidad. En la fabricación, esta manera de pensar nos lleva a un menor volumen de variabilidad en los componentes, en las piezas y en los ensamblajes secundarios y, de esta manera, a mejorar la calidad. Sin embargo, la idea de Taguchi necesita una versión aplicable en el sector de los servicios, ya que:

En las empresas de servicios, es el cliente quien fija el valor nominal.

En el lenguaje de sistemas, una organización que presta servicios necesita organizarse de tal manera que los clientes «encuentren valor» en dicha organización; obtener exactamente lo que quieren de la manera más oportuna que sea posible. Piense por un momento en cualquier servicio que le venga a la mente. Si la organización entiende lo que le importa (valor nominal) y responde adecuadamente, usted recibe un buen servicio y es probable que la organización lo pueda prestar de la manera más económica (menores costes). Si, por cualquier razón, la organización no reconoce lo que a usted le importa, es decir, su valor nominal y no responde de una manera conveniente, el servicio que recibe es deficiente (lo cual le ocasionará una molestia); y la organización consume, por definición, más recursos de los que necesita para poder proveer el servicio, puesto que le está dando a usted algo que no quiere. Si la experiencia del servicio es mala puede provocar que se marche. Pero lamentablemente, en la mayoría de los casos, no podemos rechazar los servicios prestados por la administración pública, a pesar de que, al haberse organizado en jerarquías de mando y control, estos servicios no se preocupan por el «valor nominal». Debido a este punto, las organizaciones públicas son subóptimas; están llenas de derroches. Puede ser también que, debido a ello, los ciudadanos se muestren tan apartados de los problemas y de la política a nivel local en términos generales[6].

Al igual que Ohno aprovechó la oportunidad de revolucionar el diseño y la gestión en la fabricación de automóviles, tenemos la oportunidad de revolucionar el diseño y la gestión de los servicios, prestando mejores servicios a un menor coste. Y, de la misma manera que Ohno pasó por momentos poco intuitivos para llegar a la innovación como fabricante, los gestores de las organizaciones que prestan servicios tendrán momentos poco intuitivos también.

Es una forma distinta de pensar

PENSAMIENTO DE MANDO Y CONTROL		PENSAMIENTO SISTÉMICO
Jerarquía vertical	PERSPECTIVA	Sistema introspectivo (de fuera hacia dentro)
Funcional	ORGANIZACIÓN	Demanda, valor y flujo
Disgregada del trabajo	DISEÑO DE LA ORGANIZACIÓN	Integrado al trabajo
Rendimiento, objetivos y normas de productividad: relacionados con el presupuesto	MEDICIÓN	Capacidades, variación: relacionadas con el propósito
Contractual	ACTITUD FRENTE A LOS CLIENTES	¿Qué es lo que les importa?
Contractual	ACTITUD FRENTE A LOS PROVEEDORES	De cooperación
Gestionar personal y presupuestos	FUNCIÓN DE LA DIRECCIÓN	Actuar en el sistema
Control	CARÁCTER	Aprendizaje
Reactivo, proyectos	CAMBIO	Adaptación, emergente
Extrínseca	MOTIVACIÓN	Intrínseca

Figura 5.3: Mando y control frente al pensamiento sistémico

---

6 Retomaré este intrigante punto al final del libro.

Adoptar el planteamiento sistémico es concebir la organización de afuera hacia dentro, entender la demanda de los clientes y diseñar un sistema que produzca resultados acordes. Para permitir el control en este ambiente con un alto nivel de variedad, es necesario ligar la toma de decisiones con el trabajo (de tal manera que los trabajadores controlen el trabajo), así como utilizar las medidas derivadas del trabajo. Estas medidas *reales* son más útiles que las medidas arbitrarias basadas en los objetivos y las normas. El papel de la directiva pasa de ser jerárquica y antagónica a adoptar un papel complementario: trabaja dentro de un sistema. Si los trabajadores controlan el trabajo, necesitan que los directores trabajen en las cuestiones que ellos no puedan controlar y que afecten a las condiciones del sistema, la manera en la que funciona el trabajo. El resultado es un sistema adaptable orientado al cliente. Si cambia la demanda, cambia el sistema. La innovación de Ohno fue la de diseñar un sistema que producía coches al ritmo de la demanda; en las empresas de servicios, el reto es el de diseñar sistemas que puedan absorber una demanda variada y, de esta manera, ofrecer un mejor servicio a un coste menor.

Esta idea no es intuitiva. Los directores del mando y control asocian las mejoras automáticamente con menores costes en el servicio; si se acuerda de su «paradigma central», su visión del mundo está centrada en la gestión de recursos. Ohno enseñó que centrar la atención en la demanda y en el flujo optimiza la utilización de recursos porque saca a la luz el derroche y sus causas. Volviendo a la paradoja: centre su atención en el flujo y los costes se reducirán, centre su atención en los costes y estos aumentarán.

Al adoptar una visión sistémica, el punto de partida es entender la naturaleza de la demanda del cliente. A partir de ahí, necesita estudiar el flujo de dichas demandas a través del sistema. Al seguir el flujo descubre que, en la mayoría de las empresas de servicios, existen muchas características (yo las llamo *condiciones del sistema*) que imposibilitan que la demanda variada pueda ser absorbida, y la mayoría de éstas son características que los directores consideran «buenas prácticas». Siguiendo esta línea los directores aprenden que, como hizo Ohno, nuestras ideas *normales* sobre la organización y gestión del trabajo – ideas basadas en el mando y el control – muestran grandes lagunas.

Entender la demanda en los términos del *cliente*

Si queremos que los clientes *encuentren valor* en el sistema, hace falta saber el origen de las consultas que los clientes realizan al sistema *según la versión del cliente*. Es fundamental obtener una tipología de la demanda para poder diseñarlo. Hago hincapié en este punto porque es un error común el clasificar la demanda con categorías internas – «¿qué hacemos con esto?» –, en vez de «¿qué quiere el cliente?».

A modo de resumen, existen dos tipos de consultas: las consultas de *valor* y las consultas por *errores*. Las consultas de valor son aquellas en las que se quiere situar a los clientes en el sistema; son la razón por la que funciona el negocio[7]. Las consultas por errores son aquellas que no queremos: *consultas causadas por algo que no se ha hecho o un fallo cometido a los ojos del cliente*. De ahí se deduce que las consultas por errores están totalmente bajo el control de la organización, ya que ha sido ella quien las ha creado. Neutralizar las causas de las consultas por errores es uno de las medidas económicas más poderosas disponibles para la dirección; tiene un impacto inmediato en la capacidad.

Como he comentado anteriormente, es frecuente que las instituciones públicas muestren un alto nivel de consultas por errores; igual de frecuente es que los directores lo ignoren por completo Al igual que sus homólogos del mando y control en el sector privado, su error está en considerar la demanda entera como «unidades de producción», es decir, un trabajo que está pendiente por hacer. Entender la demanda hace que los directores se distancien de su "territorio conocido" para acercarse al trabajo; el trabajo está lejos de las oficinas donde se dedican a asignar recursos a las actividades. Ante este nuevo panorama, los directores comienzan a apreciar la verdad fundamental de que la estrategia se encuentra en las operaciones; la organización que toma en cuenta la demanda, producirá servicios nuevos y mejores, en definitiva, una estrategia nueva y mejor.

Organizar teniendo en cuenta la demanda

Antes de actuar según la demanda, es crucial el poder determinar si la demanda es predecible o no. Los directores suelen dudar si las consultas realizadas por los clientes pueden ser predecibles y siempre se sorprenden cuando comprueban que sí lo son. Las consultas por errores predecibles pueden eliminarse si centramos nuestra actuación en las causas. Cuando se rebaja el volumen de consultas por errores, los clientes reciben un mejor servicio y los costes se reducen. Al mismo tiempo, se produce un aumento de la capacidad, es decir, el número de cosas que se puede hacer según el valor nominal del cliente.

Cuando se organiza la prestación de un servicio adaptado a las demandas de valor (nominal) del cliente, el servicio mejora y los costes se reducen. Los

---

7 Y podría favorecer el desarrollo de mejores servicios.

clientes consiguen lo que quieren, y como *solo* quieren eso, el servicio se presta con los medios más económicos posibles. Ya he mostrado cuál es el funcionamiento en el ámbito de las subvenciones y el alquiler de las viviendas de protección. En ambos casos, el valor nominal de los clientes era el centro de la organización. Y, para conseguir que la organización funcione de esa manera, se necesitaba un cambio en el sistema.

El sistema gobierna el rendimiento

El cambio en el sistema (medida, funciones y otras «condiciones del sistema») implica la eliminación de los aspectos que no funcionan del pensamiento de mando y control y reemplazarlos con los requisitos necesarios para gestionar el trabajo como un sistema.

Los directores que entienden el enfoque de sistemas califican ahora, con conocimiento, de perjudicial aquello que solían hacer en nombre de la buena gestión. Por ejemplo: una solución sistémica requiere que las medidas que se deriven del trabajo sean empleadas por aquellos que llevan a cabo ese trabajo, para realizar su control y mejora. Requiere la eliminación del sistema de todas las medidas arbitrarias como los objetivos y los estándares, así como el desmantelamiento de los marcos de «gestión del rendimiento», que precisamente hacen cualquier cosa excepto la gestión del rendimiento. Los directores solo llevarán a cabo esta acción «radical» – utilizo las comillas porque cuando la «entienden» (o «ven»), esta idea no es en absoluto radical –, cuando saben que sus creencias actuales son un despropósito. Cabe también apuntar que la «visión» es para los directores, como lo era para Ohno, una situación que es más probable que ocurra en el lugar de trabajo antes que en los despachos de directores, donde permanecemos sentados estudiando ideas abstractas.

Cuando salen a estudiar el lugar de trabajo, los directores descubren muchas otras características de sus organizaciones que están obstaculizando el rendimiento. Ya he discutido los problemas existentes con la gestión de las actividades: los directores aprenden que la medición de las actividades aumenta el nivel de variaciones (o de «manipulaciones», si usamos el término de Deming). De manera similar, los sistemas tales como el flujo de trabajo o de asignación de tareas, a pesar de que se introdujeron para controlar el trabajo, se ha descubierto que, en realidad, reducen su control. Los costes y protocolos de normalización, así como otros similares, también aumentan los costes, a pesar de que se introdujeron para controlarlos. Todos estos son ejemplos de métodos llevados a la práctica que impiden la absorción de una demanda variada por parte del sistema. Deben ser eliminados para de poder mejorar su rendimiento.

Todo comienza con el cambio de planteamiento

En el sector público, el régimen de reformas es un impedimento para el cambio. El otro impedimento – común para todos los sectores – es el reto que plantea esta manera de trabajar frente a las normas establecidas, donde las ideas son una afrenta a las creencias actuales.

Por ejemplo, los diseños sistémicos cuestionan la actual norma de *simplificar* el servicio (contratar mano de obra barata, darles un guión y una serie de diagnósticos hechos por ordenador). En su lugar, el enfoque sistémico puede caracterizarse por la *sofisticación*. Los profesionales que prestan servicios necesitan la experiencia requerida para identificar y gestionar la variedad de consultas que los clientes realizan. El partidario del planteamiento de mando y control reacciona en un primer momento con la idea de que «no podríamos costearlo». Creen que el personal más inteligente tiene un mayor coste. Pero el resultado de la sofisticación es precisamente una reducción de los costes, lo que intentan precisamente conseguir, ya que están obsesionados con ellos, lo cual no deja de ser paradójico. Sin embargo, la razón es evidente: mientras que las organizaciones aprenden a realizar el *trabajo de valor* (lo importante para el consumidor) y solo ese trabajo, el trabajo sin valor (desperdicio) se excluye del sistema. Como resultado, el servicio mejora y los costes se reducen.

La segunda reacción automática de los seguidores del mando y control a la idea de la sofisticación es: «necesitaré mejores empleados». Se asombrarán al descubrir lo que se puede conseguir con las mismas personas. No tienen ni idea de en que medida el sistema actual inhibe sus aportaciones. No son las personas: es el sistema, despierta!!

Algunos principios para el diseño del sistema

El enfoque sistémico en la organización del servicio sigue algunos ejemplos prácticos. Pondré un ejemplo a través del sistema más sencillo, un centro de atención telefónica:

Formación teniendo en cuenta la demanda

Una vez estudiada la demanda, los pensadores sistémicos conocen el tipo y frecuencia de las consultas por valor o por errores. Garantizan que los trabajadores están formados para responder a las consultas predecibles que ocurren con mayor frecuencia. Para la mayoría de organizaciones, las consecuencias prácticas es que el tiempo de la formación se reduce considerablemente, y que el trabajador es más productivo cuando inicia el trabajo. En algunos call centers, la formación se ha visto reducida de 8 semanas a dos, mientras que los trabajadores son capaces de gestionar más llamadas cuando inician el trabajo. Tras ocho semanas de formación, normalmente, los trabajadores podían solo gestionar una pequeña cantidad de llamadas y, como resultado, pasaban sus primeros meses transfiriendo llamadas a otras personas, creando un ambiente difícil de motivar. Dados los beneficios, cabe preguntarse por qué los directores no imparten formaciones teniendo en cuenta la demanda. La respuesta es que no es así la manera en que conciben el trabajo. En su lugar, forman a las personas en los procedimientos, en la temática y en las normas, razón por la cual la formación deja a los trabajadores con escasez de recursos para responder a las preguntas, a pesar del tiempo empleado, y se muestran comprensiblemente nerviosos.

Cuando los directores estudian la demanda desde la perspectiva del cliente, comienzan a obtener la experiencia que los trabajadores de los call centers necesitarán para que los clientes obtengan lo que quieren. Emplear a los trabajadores para ocuparse de solventar la demanda del cliente garantiza que sea esto lo que se mejorar continuamente. Éste es otra parte de la lógica sistémica: la demanda dicta el trabajo de valor, mientras que el trabajo de valor dicta la experiencia necesaria en el inicio del flujo donde se produce la transacción.

Figura 5.4: Organizar teniendo en cuenta la demanda

Hemos visto lo importante que es este punto para las subvenciones y el alquiler de la viviendas protegidas. De igual manera, no apreciar la importancia de esta lógica es la causa de un empeoramiento de los servicios y su correspondiente aumento de costes. Todos los clientes *saben* esta premisa; todos tenemos experiencia con los call centers, los cuales son incapaces de resolver nuestros problemas.

Capítulo 5: El Pensamiento sistémico: una alternativa mejor para que el trabajo funcione

Haga del trabajador un inspector

Si las personas son los responsables de su trabajo, se comportan de una manera más responsable. Como apuntó el psicólogo Frederick Herzberg: «Si quiere que la gente haga un buen trabajo, dele un buen trabajo para hacer»[8] . El trabajo no debería ser supervisado, sino que los trabajadores deberían ser sus propios supervisores. Al realizar una formación adaptada a la demanda, el personal sabe lo que tiene que hacer con las llamadas a gestionar y para las que han recibido formación. Saben igualmente cómo obtener ayuda para gestionar llamadas para las que no han sido formados. En la organización de estas tareas, el trabajador es responsable de su desarrollo. Como resultado, la formación es mucho más rápida y eficiente. Se trata de centrarse en la *prevención* más que en la *supervisión*. Éste es un reto para las creencias convencionales sobre el control.

Medidas para el control y la mejora

Los diseños sistémicos ponen el control en las manos de los trabajadores, en vez de ejercer un control sobre los trabajadores. En el diseño de un sistema, se eliminan todas las medidas arbitrarias. En su lugar, se utilizan las medidas reales que se derivan del trabajo y de su propósito Por ejemplo, en vez de usar objetivos para intentar controlar el tiempo que los empleados utilizan para realizar sus tareas, se utiliza el tiempo para planificar y mejorar el trabajo. La medida más importante es la capacidad, el número de tareas que se pueden realizar. Ohno observó que la capacidad de un sistema es la suma de trabajos de valor y el derroche; de tal manera que, si se elimina el derroche, mejora la capacidad.

El trabajo del management: acciones sobre el sistema

En el diseño de un sistema, la función del management es complementaria. Si los trabajadores pueden controlar su propio trabajo, ¿para qué necesitamos managers? La respuesta es para actuar sobre el sistema, tomar todas las responsabilidades que están fuera del control de los trabajadores y que influyen en la manera en que funciona el trabajo.

---

8   Herzberg, *Workers' Needs: The Same Around the World*, Industry Week, 21 septiembre de 1987: 29-32, P30 mencionado en Kohn, A., *Punished by Rewards*, Houghton Mifflin, P189: Nueva York, 1993.

Una visión diferente de la naturaleza humana

Cuando se cambia el sistema y las personas toman el control, éstas se motivan para hacer el trabajo. La motivación es intrínseca; las personas que disfrutan yendo al trabajo, se sienten orgullosas de los resultados que presentan a los clientes. Un funcionario que trabaja en la oficina de subvenciones a la vivienda habla del trabajo en el diseño sistémico; un ejemplo de cómo hablan de su empleo las personas motivadas:

> Ahora estamos más implicados en el trabajo. Antes si alguien venía con una idea, no se le ocurriría decir: «¿podemos hacer esto?». Ahora, si pensamos en alguna idea, nos ponemos a ello y la ponemos en práctica. Lo mejor es que sabemos si es mejor o no para el cliente y estamos haciendo todo lo que podemos para hacerlo, de tal manera que las solicitudes se están procesando lo más rápido posible; porque sabemos lo que el cliente quiere cuando procesamos la solicitud. Básicamente, si estás entrevistando al cliente en un mostrador y puedes prestarle un servicio del que estás orgulloso, entonces eres más feliz en todo lo que haces. Y es agradable porque sientes que estás haciendo un trabajo que merece la pena, de la misma manera que creemos dar un servicio del que nos sentimos orgullosos.[9]

Cuando los directores escuchan a los empleados hablar de esta manera, piensan algunas veces que algo debe haberles pasado. «¿Qué le ha hecho a la gente?» preguntan. Es sintomático de su manera de pensar. Las personas se comportan de esta manera porque ha cambiado el sistema. Según Herzberg, se les ha dado un buen trabajo para hacer. No deberíamos pensar que se trata del *"empowerment"*. El "empowerment" es una preocupación de los directores que siguen el planteamiento del mando y el control, quienes diseñan sistemas que *des*apoderan a las personas, advierten el problema y envían a sus empleados a programas de "empowerment". Y después, se les vuelve a poner en un sistema que...

Lo que ocurre es que los empleados participan, junto con los directores, en la nueva definición del sistema. La primera tarea con la que comenzaron fue la de *Check*; entender el «qué y el por qué» del rendimiento como un sistema. Antes de describir cómo funciona check, veamos lo que las personas opinan de ello:

> Cuando hicimos Check, descubrimos muchas cosas que nunca hubiéramos pensado; cuántas veces reescribimos a los clientes, el volumen de duplicidades que existían, entre cuántas personas distintas circulaba una tarea antes de ser gestionada. (Empleado)

---

9 Pasaje de: *Freedom from Command and Control*, el DVD, Vanguard 2005.

> Lo que identificamos a través de Check era que había un montón de fases en el trabajo, colas, clasificaciones y un montón de trabajo rehecho y duplicidades. Cada tarea a realizar en las distintas fases del proceso tendía a repetir trabajo que ya se habían hecho antes. Hasta que no lo entiendes como un sistema y te haces una imagen del mismo, no se entiende como funciona desde el principio hasta el final. (Director)
>
> Cuando hicimos Check para ver lo que era trabajo-valor, nos encontramos con que no había demasiado; el único valor era: «¿Puedo hacer una solicitud para obtener una subvención?» o «Mi situación ha cambiado.» Todo lo demás, gente llamando preguntado "¿Cómo está mi solicitud?, atender a la gente que traía sus solicitudes incompletas, etc. no era mas que fallos que íbamos añadiendo. El valor real que estábamos creando no era mucho; había tanto derroche en el sistema que nos ocupaba el tiempo que debíamos dedicar al trabajo de valor. (Empleado)[10]

Si incluimos el diseño en el proceso, como trataremos aquí, necesitaremos que los empleados y los directores tengan un entendimiento común sobre cómo funciona el trabajo. Este lenguaje y entendimiento se construye mientras aprenden juntos cómo funciona su organización y en qué grado funciona bien como sistema. Los resultados – como el TPS – son significativos[11]. No solo en cuanto a la mejora del rendimiento: se avanza también en la cooperación entre directores y empleados, porque desempeñan papeles complementarios; mejora la cooperación entre las agencias, porque sus actividades conjuntas están basadas en el conocimiento. El cambio hacia el planteamiento sistémico requiere desaprender al igual que aprender. Puesto que las ideas no son intuitivas, la mejor manera de aprenderlas es a través de la acción; haciéndolas[12].

El cambio comienza con *Check*; adquirir conocimiento

Desde el comienzo Check es un reto para los pensadores del mando y control. Todos esperan que el cambio venga precedido por un análisis de coste/beneficio, a través de proyectos, resultados, horarios y objetivos. El cambio siempre comienza con un *plan*. Y hay un montón de trabajo de planificación; los proyectos se dividen en distintos componentes, se identifican las interdependencias, se aprueban los calendarios, etc.

---

10 Pasajes de: *Freedom from Command and Control*, el DVD.

11 Véase, por ejemplo: Evaluating systems thinking in housing, Jackson M.C., Johnstone N., Seddon J., Journal of the Operation Research Society (2007), 1-12

12 *Systems thinking, lean production and action learning*, Seddon J. y Caulkin S., Action Learning: Research and Practice, Vol. 4, No. 1, Abril de 2007.

El pensamiento sistémico prescinde de toda esta planificación. Al comenzar con *check*, se obtiene el conocimiento sobre el «qué y el por qué» del actual rendimiento como sistema; no se presupone nada, excepto que no sabemos con certeza cuál es el rendimiento. Los pensadores del mando y control tienen un problema con este punto. Creen que la idea de emprender un cambio sin predeterminar los resultados es estrafalaria. Sin embargo, pregúnteles y le contestarán que sus planes raramente, si alguna vez, han conseguido sus resultados; le contarán cómo se han ocultado los desastres, cómo se han alargado los plazos y cómo se han creado situaciones extenuantes. A pesar de que los directores reconocen que sus planes, por implicación, están basados en opiniones en vez de conocimiento, aun así, prefieren tener un plan. Y yo les digo que el único plan es obtener conocimiento.

El Modelo Vanguard para Check

El objetivo de *check* es hacer exactamente esto; obtener conocimiento, aprender sobre el «qué y por qué» del actual rendimiento como sistema. La versión del modelo que pretendo presentar aquí es útil para los sistemas basados en la demanda (donde los clientes demandan un servicio).

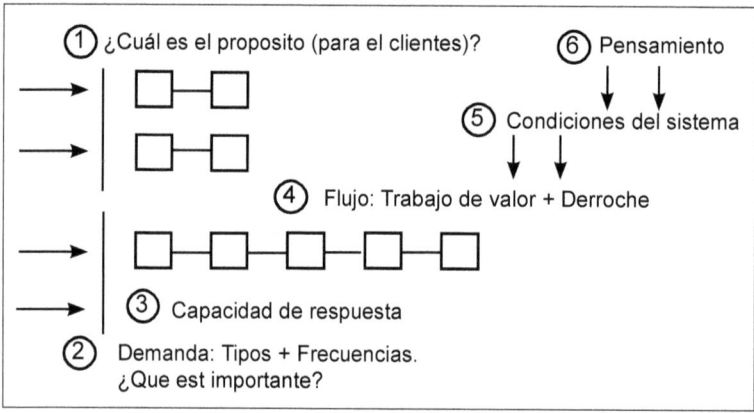

Figura 5.5: El Modelo Vanguard para *Check*

La revisión se compone de seis pasos:

1. ¿Cuál es el propósito?

La primera pregunta es: «¿Cuál es el propósito de este servicio desde el punto de vista del cliente?» En las subvenciones a la vivienda, el objeto era el pago del dinero correcto a las personas correctas, lo más rápidamente posible. El del alquiler de viviendas sociales era el de informar a los solicitantes si tenían derecho al alquiler y cuándo. No suele ser difícil enunciar el propósito de un servicio desde la perspectiva de un cliente, pero si lo fuera, puede saltar esta pregunta y volver a ella tras el paso dos, que debería dejarla más clara.

2. ¿Cuáles son los tipos de demanda y sus frecuencias?

La respuesta a estas preguntas requiere que los directores se dirijan a todos los lugares donde las organización trata con los clientes y estudien la demanda según el cliente: ¿por qué llaman? ¿qué quieren? ¿qué podría crear valor para ellos? ¿qué es lo importante para ellos? Es imposible pasar a la siguiente fase sin tener un entendimiento exhaustivo de los principales tipos de consultas de valor o por errores, así como su nivel de previsibilidad. Entender la previsibilidad es primordial. Organizar un sistema para lo imprevisible lo haría innecesariamente más complejo y más caro.

3. ¿Con qué eficacia responde el sistema a la demanda?

Al haber identificado la demanda según los términos del cliente, ahora necesita entender el nivel de respuesta del sistema en cuanto a lo que es más importante para el cliente. Por esta razón, en las subvenciones a la vivienda medimos los tiempos de principio a fin desde el punto de vista del cliente. Este paso le trae la primera sorpresa a la directiva. Sus *sistemas actuales de medición* le dicen algo bastante diferente.

4. Estudiar el flujo

Solo después de entender la demanda y medir el logro del propósito desde la perspectiva del cliente, es posible pasar al estudio del flujo de trabajo. Hago hincapié en este punto porque muchos directores quieren pasar directamente a la tarea de planificar el proceso, ignorando dos fuentes vitales de información: la demanda, que nos dice lo que se debe incluir en el plan, y la medición del rendimiento según los objetivos, que nos indica las prioridades.

Cuando estudie el flujo, no pregunte a la gente lo que hace, no meta a la gente en una sala y les haga escribir el flujo en *post-its* pegados en las paredes, no lea los manuales de procedimientos y no pregunte a los directores; probablemente sean los que menos sepan. En su lugar, entienda las tareas de un trabajo. Haga un seguimiento de las tareas y entienda lo que está ocurriendo. Conforme estudie el flujo, tenga en cuenta que hay solo dos aspectos: el trabajo de valor (que se define según la demanda del cliente) y el derroche (el resto). Si alguien le comenta que hay siete tipos de derroche, dígale que él es un "toolhead" (generalmente son hombres). Los «siete tipos de derroche» (defectos, superproducción, transporte, inventario, movimiento, tiempo de espera, superprocesamiento) son características del flujo de fabricación; en las empresas de servicios, el derroche se produce de formas distintas. En cualquier caso, si buscara las «siete formas de derroche», ¿aprendería tanto como si se centrara en encontrar cualquier trabajo que no añade valor y, por tanto genera derroche, en definitiva, si usted desarrollara su propia tipología? Las herramientas entorpecen el pensamiento.

5. Entender las condiciones del sistema

El derroche es producto del hombre. Es una consecuencia de las condiciones del sistema; medidas, funciones, diseño del proceso, procedimientos, tecnología informática, estructura, contratos, etc. En esta etapa la atención se centra en entender las condiciones especiales del sistema que crea derroche en un flujo determinado. Tratar la mejora simplemente como una mejora del proceso es absurdo; si los factores del sistema que causaron el derroche no son eliminados, cualquier mejora será marginal e insostenible. Al *mejorar* un proceso para *lograr un objetivo*, se ignora la realidad de que el objetivo, junto con otras medidas, pueden ser precisamente las causas de la baja optimización.

6. La forma de pensar del management

Siguiendo el modelo Check, se aprenden dos cosas: por una parte que se descubre el «qué y por qué» de un sistema, y por otra demuestra a los managers que creer en objetivos, procedimientos y ejercer control sobre el personal crea el derroche en el flujo, limitando la capacidad del sistema desde la perspectiva del cliente y generando un gran volumen de llamadas motivadas por errores en el servicio. Haciendo Check se crea energía para la acción, puesto que los directores, entienden lo que se hace mal y pueden tomar medidas al respecto.

En el fondo de un enfoque sistémico, existe un cambio de mediciones. La elección de mediciones está vinculada al propósito del servicio desde el punto de vista del cliente. La lógica del sistema es la de propósito / medidas / método; lo retomaré más adelante.

Capítulo 6: Propósito – Mediciones – Método

«Un sistema tiene un propósito. Sin propósito, no hay sistema».[1]
Dr. W. Edwards Deming

Existe una relación sistémica entre el propósito, las medidas y el método. En otras palabras, esta relación se da en cualquier organización, tanto para bien como para mal. La imposición de mediciones y medidas arbitrarias en forma de objetivos y normas crea un propósito de facto – cumplir los objetivos – y limita los métodos, puesto que el trabajo se organiza según los requisitos necesarios para la redacción de informes. Cuando las medidas derivan del propósito (desde el punto de vista del cliente) y se emplean en el lugar de trabajo, liberamos el método.

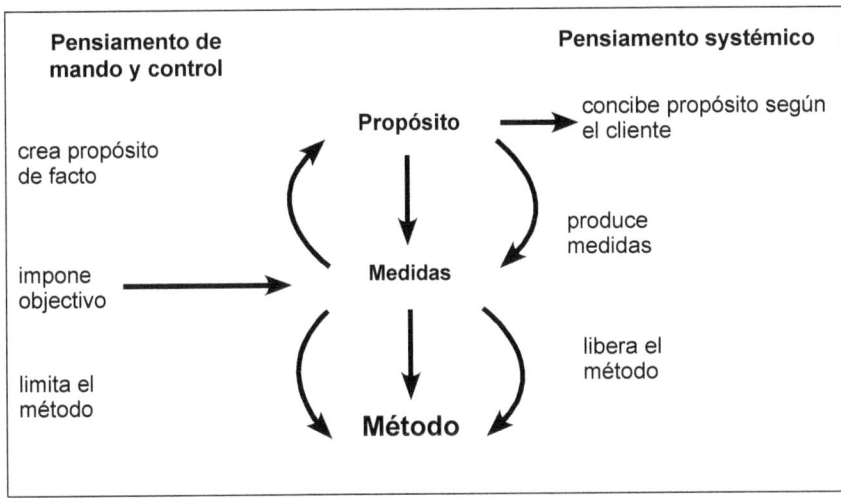

Figura 6.1: Propósito, medidas, método: una relación sistémica

Solicitud de permisos de obra

Tomemos, por ejemplo, la solicitud de los permisos de obra. A la planificación urbana se le llama «control del desarrollo urbanístico», según la jerga de las autoridades municipales. Opera con un objetivo de ocho semanas: los ayuntamientos tienen que informar sobre la proporción de solicitudes que se han contestado en ese periodo. Un estudio de los permisos de obra como

---

1 W. Edwards Deming, *The New Economics: For Industry, Government, Education.* MIT Press, P50. Massachusetts, 1994. Segunda edición.

sistema pone de manifiesto que el objetivo de ocho semanas provoca más rechazos, cancelaciones o más permisos concedidos con ciertas condiciones; se emplean todo tipo de artimañas para conseguir el objetivo. Hasta un 40 por ciento de las solicitudes de obra se tramitan de esta manera. La consecución de los objetivos genera más trabajo para el sistema. Es común encontrar servicios de planificación urbana con buena reputación (desde el punto de vista oficial), pero cuyos usuarios están muy insatisfechos. ¿Cómo se entiende desde la perspectiva del cliente que enviamos una solicitud de obra y recibimos una petición en la que se insta a retirarla, con la amenaza de ser rechazada si no lo hace? O bien que su permiso ha sido denegado porque no ha proporcionado todo lo que se requería (aunque usted no lo sabía), o bien obtiene el permiso pero no puede comenzar las obras hasta que no cumpla ciertas condiciones. En cada caso, los planificadores urbanísticos han cumplido su objetivo y, también en cada caso, a usted le han generado más trabajo.

Todos estos trámites podían evitarse si el sistema se diseñara desde la perspectiva del cliente. Comienza derivando las mediciones del propósito El propósito real de la planificación urbanística es el de aprobar proyectos que sean conformes a la ley. Lo importante para las personas que desean emprender una reforma o una mejora en sus viviendas es: «¿cuándo puedo decirle al albañil que empiece?». La medición del tiempo total de la tramitación, desde el punto de vista del cliente, nos dará una contestación a esta pregunta. Al igual que en otros servicios, los directores se sorprenden al ver que muchos solicitantes esperan más de un año para obtener una respuesta. Cuando los directores examinan las causas de las variaciones (es decir, las causas de los retrasos), se dan cuenta de que los procesos burocráticos, fijados para poder dirigir según los objetivos, son parte del problema porque ponen un límite a los métodos.

Los ayuntamientos que han adoptado el enfoque sistémico, para poder reorganizar el control urbanístico, toman sus decisiones en menos de 30 días (las llamadas decisiones «delegadas» que no se llevan a un comité, esto es, la mayoría de las solicitudes). Y este plazo incluye el periodo de notificación pública de 21 días (o sea, el comunicado que se coloca en los tablones de anuncios). Al igual que hemos visto con el procesamiento de las subvenciones, la solución está en poner la experiencia necesaria *al inicio* del sistema, para ayudar así a los ciudadanos a emprender obras que sean apropiadas y de acuerdo con las ordenanzas. Las personas aprenden que inputs *limpios* produce un flujo rápido y eficiente. Al aprender cómo se organiza un servicio que produce solamente trabajo de valor, eliminando el derroche y los factores que lo causan, se consigue una reducción del tiempo empleado y de los costes, a la vez que mejora el servicio.

Por desgracia, el régimen promulga una serie de directrices en la planificación urbana que pone la experiencia necesaria *detrás* del servicio de atención, resultando difícil para los ciudadanos (que quieren saber si el albañil puede empezar y cuándo) el poder «encontrar valor». Sin duda, al insistir en este error, el gobierno ha promovido la idea de la solicitud telemática de los permisos de obra como parte de su campaña de «e-gobierno», subcontratando empresas para la planificación urbana y firmando contratos de servicios, donde se estipula que los resultados sean medidos según las actividades. Esta política simplemente va a institucionalizar el derroche, y las mediciones que se usen serán la parte principal del problema.

Reparaciones en la vivienda

En el marco de los servicios de reparación que ofrecen las asociaciones no gubernamentales británicas de apoyo a la vivienda o los ayuntamientos, las reparaciones se clasifican en obras de emergencia, obras urgentes y otras obras, fijando un objetivo distinto a cada categoría. Cada organización puede establecer sus propios objetivos pero, generalmente, consisten en conceder 24 horas a las obras de emergencia, siete días a las obras urgentes y 28 días a la categoría de otras obras. Como podemos observar en todas partes, los objetivos estimulan una intención de facto: la organización que se encarga de las reparaciones considera que su trabajo está ligado al cumplimiento de los objetivos. Y, como ocurre en cualquier otro servicio que está organizado por clasificaciones, los encargados *juegan* con las categorías. Si cambiamos una obra de «emergencia» por una «urgente», o si hacemos que una obra «urgente» se convierta en «normal», estamos ganando tiempo. El régimen responde a estos problemas publicando una clasificación estándar; otro ejemplo, como podemos ver, de intentar hacer mejor las cosas equivocadas.

Hay más trucos. Los supervisores y los encargados de las reparaciones cancelan las obras si el inquilino no está en su casa; así se justifican muchas veces, ya que no hay motivos de penalización por no cumplir objetivos si la culpa es del inquilino. Pero, con frecuencia, el encargado del mantenimiento aparece a una hora distinta a la de la cita, porque ha reorganizado su agenda para maximizar sus ingresos. Esto se debe al hecho de que trabaja con un sistema de incentivos donde se premia con más *puntos* el hacer distintos encargos. Cuantos más *puntos* consiga, más dinero gana.

Mediante este sistema, lo que el inquilino ve como una obra son cuatro para la empresa de reparaciones. Una ventana rota puede requerir la visita de un carpintero, un cristalero, un yesero y de un pintor, cada uno portando sus propias especificaciones y objetivos. De esta manera, la obra puede tardar meses desde el punto de vista del inquilino aunque, sin embargo, la organización esté cumpliendo sus objetivos. Los directores invierten su tiempo en los análisis semanales de rendimiento; posiblemente estén utilizando un sistema de *semáforos*, en el que se presta atención a las reparaciones donde el tiempo se les está acabando (*luces rojas*). Todos las partes involucradas en el sistema centran sus esfuerzos en evitar las *luces rojas*, al coste de aumentar la variabilidad y el tiempo total de ejecución. El tiempo de principio a fin real, desde la perspectiva de los inquilinos, supera generalmente los 50 días, como media, pueden llevar previsiblemente incluso mucho más tiempo.

El primer paso para eliminar las causas de la variabilidad es la eliminación de los objetivos. El segundo paso es la eliminación del *programa de velocidades*, es decir, el manual que describe las obras que pueden hacerse en una casa con el tiempo estándar, los costes y los puntos correspondientes. El programa de velocidades es un ejemplo clásico de una serie de normas que impiden a un sistema absorber una demanda variada. ¿Este programa especifica la variedad completa de trabajos que, probablemente, deben realizarse en una casa? Si fuera así, sería un programa imposible de gestionar. ¿Con qué frecuencia debe un encargado, cuando termina un trabajo, completar un formulario donde dice: «me enviasteis para hacer este trabajo, pero he hecho este otro»?. El trabajador se ve obligado a hacerlo así, ya que su incentivo se fijará por el trabajo realizado; lo que puede animarle también al engaño, como anotar más labores de las que realmente ha hecho o *devolver* el trabajo a la organización porque va a superar el tiempo permitido. Para cada trabajo, lo más seguro es que haya que dedicar mucho tiempo a rellenar formularios, realizar cambios en los datos que se introducen en los sistemas informáticos y obtener autorización de retrasos, con la consiguiente autorización de los managers. Estas acciones no son más que derroche y, sin embargo, todas se llevan a cabo para cumplir con los objetivos.

Eliminando los objetivos, los programas de velocidades, los sistemas de incentivos y organizando el servicio para hacer frente a una demanda previsible – o sea, tener la experiencia adecuada en el sitio en que los inquilinos contacten con el servicio –, las empresas de reparaciones son capaces de completar todas las reparaciones en una media de cuatro a cinco días. Una vez más, es impensable conseguir estos resultados mediante la fijación de objetivos. La urgencia de la obra se acuerda con el inquilino sin seguir las indicaciones de unas reglas fijadas arbitrariamente. Los inquilinos obtienen lo que quieren al igual que las empresas de reparaciones y sus asociaciones contratadas, puesto que han podido ofrecer el servicio con una mayor eficiencia.

Lamentablemente, las organizaciones que han tomado este camino han visto que, en los informes que han tenido que enviar al régimen, sus resultados son negativos si se tiene en cuenta los objetivos fijados. Si dejamos de registrar una obra de urgencia como completada cuando solamente hemos sellado una ventana con tablas y, en su lugar, se mide el tiempo necesario para completar la reparación necesaria (lo que es importante para el inquilino), se podrán hacer todas las obras en una media de cuatro días, aunque las emergencias *completadas* en 24 horas serán pocas. Si sus inquilinos le piden que haga una reparación clasificada como «urgente» en un momento que les viene bien a ellos, en sus estadísticas oficiales de obras «urgentes», puede parecer que el trabajo realizado es poco. Sin embargo, está haciendo justamente lo que los clientes quieren, mientras que el tiempo completo (real) invertido deja los objetivos del régimen en un segundo plano.

Si usted trabaja en el área de vivienda y ha puesto en marcha un diseño sistémico en su trabajo, ahora tiene dos opciones: ¿ Prefiere hacer lo correcto y ceñirse a la medición real de los tiempos totales, corriendo el riesgo de ser ver su nota rebajada en una inspección y, por tanto, perder oportunidades de conseguir subvenciones del estado para nuevas obras o, por el contrario, prefiere *engañar*? ¿Se prepara usted para las inspecciones con la esperanza de que sus convincentes pruebas de mejora van a conseguir que el inspector pase por alto su fracaso en el cumplimiento de los objetivos? ¿Cómo se comportan sus colegas? ¿Qué es lo más importante para ellos; mejorar o cumplir los objetivos? Debido a la perniciosa cultura desarrollada por los objetivos y las inspecciones del régimen, hacer lo correcto es lo más complicado.

Retrasos en el pago de las rentas.

En el sector de la vivienda de protección, existen una serie de objetivos para reportar el retraso en el pago de los alquileres. Estos objetivos se centran en medir el fracaso del propio sistema; en cómo las organizaciones de vivienda social intentan cobrar los retrasos en lugar de cómo recaudar el dinero (es decir, evitar que ocurran esos retrasos). Las organizaciones están obligadas a informar del porcentaje de cobros realizados, el porcentaje de inquilinos con más de siete meses de retrasos y el porcentaje de inquilinos morosos que han recibido un aviso de desalojo. Para poder cumplir con estas obligaciones informativas, las organizaciones encargadas de la vivienda social dedican una cantidad considerable de tiempo en abrir procesos y contabilizar el tiempo que lleva cada uno.

Cualquier estudio sobre los arrendamientos revela que la mayoría de problemas ocurre al comienzo de las relaciones con el inquilino. Los retrasos en el pago del alquiler no es un problema de morosidad, sino un problema con la gestión de pagos. Hemos visto anteriormente cómo los errores en el servicio de subvenciones a la vivienda hace que los inquilinos normalmente contraigan una deuda antes de iniciar el alquiler. Los arrendadores, que son conscientes del problema, se aseguran que sus inquilinos vayan a la oficina de subvenciones con *todos los papeles en orden*, para asegurarse de que obtiene su cheque rápidamente. Cuando se asignan los primeros alquileres, existe un número de factores que van a hacer que los pagos no lleguen en el momento esperado. Los modos de pago y sus plazos (cuatro semanas o un mes) son dos cuestiones que requieren atención. Los que utilizan el enfoque sistémico miden el número de casos que comienzan *sin problemas*; es decir, en los que se recibe el dinero correcto dentro del plazo. Su propósito es garantizar que los inquilinos estén organizados para pagar. Si la cuenta está sincronizada desde el comienzo, será menos probable que caigan en la morosidad más tarde. Al fijar un comienzo sin problemas, los pensadores sistémicos solo trabajan en las excepciones; aquellos casos en donde no hay sincronización. Como hemos visto en otros ejemplos, los resultados conseguidos (el cobro de las rentas mensuales) superan a cualquier otro resultado que pudiera haberse fijado como objetivo (retrasos en los pagos). El propósito es ayudar a la gente a pagar su alquiler completo y a tiempo en vez de ir a la caza y captura de los cobros.

Las vacantes de la vivienda social

Otro ejemplo lo encontramos en la vivienda social. Las *vacantes* son viviendas vacías que las organizaciones de viviendas sociales quieren alquilar lo antes posible. Las pautas oficiales animan a estas organizaciones a fijar objetivos *locales* para gestionar las vacantes. Una organización tenía objetivos establecidos para cubrir dos categorías de vacantes: a corto plazo (cuatro semanas) y a largo plazo (nueve semanas). El rendimiento se basaba en estos objetivos. Pero una medición verídica del tiempo total empleado para cubrir todas las vacantes ofrecía una imagen distinta: el verdadero tiempo total rondaba entre los 34 y los 100 días.

Capítulo 6: Propósito – Mediciones – Método

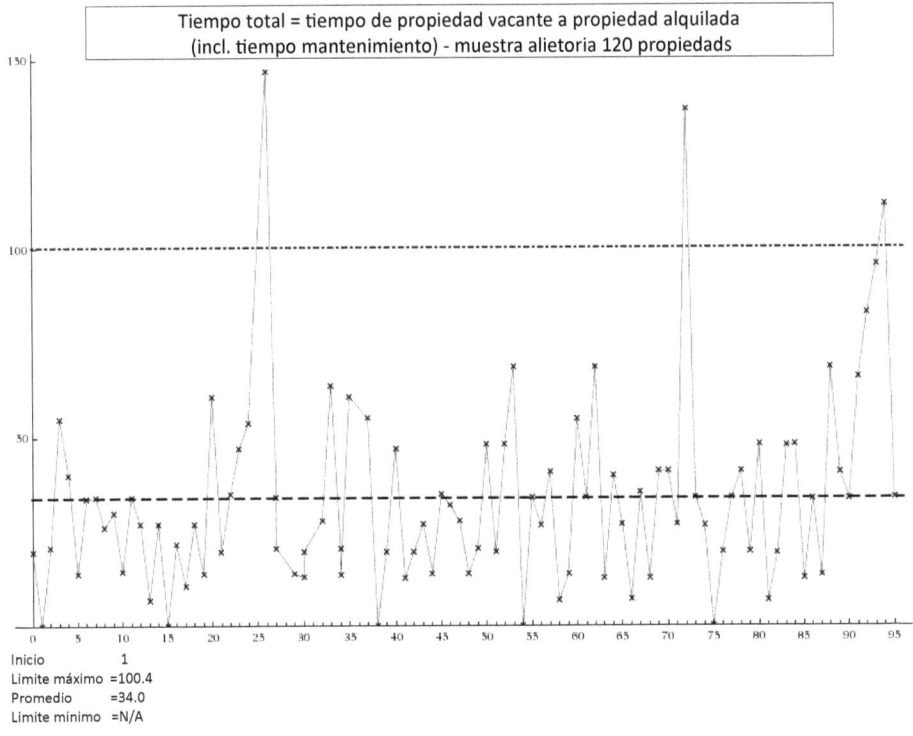

Figura 6.2 Capacidad (tiempo total) de todas las vacantes

Podrá advertir que este gráfico muestra algunas *causas especiales*, es decir, puntos que se encuentran por encima del límite superior de control. Esto llevó a los managers a investigar. Cuando descubrieron que esos encargos no eran distintos a los demás, se dieron cuenta de que el sistema se estaba volviendo inestable.

Para seguir la lógica sistémica: el próximo paso era aprender sobre las causas de esta irregularidad. ¿Cuál era la causa de que las viviendas quedaran más tiempo vacantes? Los principales motivos eran:

Actividades empleadas en la clasificación del trabajo

Como siempre, las clasificaciones tienen un impacto en la obtención de los objetivos. Los contratistas y los arrendadores tienden a clasificar como «largo plazo» todo aquello que pudiera llevar más de cuatro semanas. Esta acción mejora la media de las vacantes a corto y a largo plazo. La directiva del gobierno también prevé la exclusión de los objetivos de las *obras importantes*, de tal modo que aquellas viviendas que precisaran muchas obras para su alquiler pudieran entrar en la ventajosa clasificación de *importantes*. Por supuesto, ninguna de estas actividades de clasificar son de utilidad para conseguir el propósito final.

El gobierno requiere que las organizaciones a cargo de la vivienda social informen sobre el porcentaje de viviendas vacantes el 31 de marzo de cada año. Esta medida produce una mayor atención a la clasificación en enero y febrero y, lo que es peor, se minimiza el número de reparaciones durante ese periodo.

El uso del «coste por unidad» como medida básica

Los contratistas cobraban en función de un coste por unidad establecido en todas las vacantes a corto plazo, sin tener en cuenta las obras que cada vivienda necesita. De esta manera, una vivienda que solo necesitara un servicio de limpieza era más atractiva para un contratista que aquellas que precisaban un mayor trabajo; en cuyo caso, el contratista intentará reclasificar ésta última como «obra a largo plazo». Si resultaba complicado, el contratista entonces tratará de reducir el trabajo a realizar. El sistema de costes por unidad, junto con las clasificaciones, alimentó una conducta de rivalidad entre ambos lados

Aprovechar el periodo de aviso

El periodo de aviso de cuatro semanas siempre se inicia incluso después de que el inquilino se marchara y entregase las llaves. Por ejemplo, si la vacante era el resultado de una defunción, la autoridad local haría el registro y cumpliría con el aviso de un mes, incluso si ya tuviera antes acceso a la propiedad y pudiera llevar a cabo las obras. Existían muchos otros casos donde las llaves habían sido entregadas (de tal manera que las obras podían comenzar) antes de que se iniciara el periodo de aviso de cuatro meses. Aprovechar el periodo de aviso hacía aumentar el número de vacantes completadas en un tiempo *cero,* mejorando así la media en los resultados.

Pasar el trabajo a los nuevos inquilinos

Para minimizar el plazo de las obras, las «cuestiones de decoración» serían negociadas con el inquilino entrante para reducir así el volumen de trabajo.

Estudios sobre el amianto

In extremis, el contratista siempre puede hacer uso de la política del amianto, y solicitar realizar un estudio para la detección de amianto en el inmueble. Cualquier retraso en la obtención del informe podría emplearse para legitimar el incumplimiento del plazo fijado para las obras. Esta acción se utiliza si los contratistas tuvieran problemas importantes de recursos. La consecuencia es un retraso en las viviendas donde no existiera ningún riesgo de detección de este material.

Una vivienda vacante solo deja de estarlo cuando se encuentra un inquilino. Por tanto, el estudio de las vacantes tenía que estar ligado a los alquileres, puesto que pronto se hizo evidente que la gestión de las vacantes se veía afectada por el proceso de arrendamiento. Los responsables del alquiler tenían objetivos fijados para la designación de candidatos (es decir, posibles inquilinos nuevos). Para poder cumplir sus objetivos, normalmente designaban personas que no eran aptas para la vivienda. En este mismo sentido, los inquilinos potenciales recibían el consejo de señalar, en sus solicitudes, tantas opciones como fuera posible, puesto que así se iban con la idea de que tendrían más posibilidades de conseguir una oferta de alquiler. También se animaba a los inquilinos a creer que podrían tomar cualquier oferta, aunque no fuera apropiada, puesto que, en cuanto se convertían en inquilinos, ya estaban *dentro* del sistema y podrían probar a hacer un intercambio o intentar que los encargados les ofrecieran un traspaso a otra vivienda.

Cuando los arrendadores investigaron sobre la experiencia de los clientes en la prestación del servicio, se dieron cuenta de que el actual diseño estaba forzando a las personas a aceptar viviendas que realmente no querían. El sistema solo facilitaba tres oportunidades: si rechazaban las dos primeras ofertas, debían aceptar la tercera o, de lo contrario, serían enviados de nuevo al final de la lista de espera. Como consecuencia, los inquilinos aceptaban la tercera oferta, sea cual fuera. Era mejor ser inquilino de una vivienda para luego pedir un cambio que ser enviado al final de la lista.

En un caso extremo, una señora mayor con problemas de movilidad estaba desesperada por encontrar una casa que se adaptara a sus necesidades. Al haber rechazado dos alternativas que no eran apropiadas, se sintió obligada a aceptar la tercera, incluso si se trataba de un segundo piso que no era más adecuado que las dos primeras opciones. Para ella, no solo este proceso era inquietante e inducía al error: el ayuntamiento tuvo que hacer reformas para acondicionar el piso a su movilidad, mientras que la anciana volvió a la lista de espera para encontrar el tipo de alojamiento que estaba buscando desde un principio.

Todo lo que se ha explicado más arriba tenía un impacto en el tiempo total empleado en la gestión de una vacante. Una consecuencia adicional fue el incremento del número de solicitudes para llevar a cabo obras poco después de que el inquilino iniciara el alquiler. Imagínese gestionar una organización que, de una forma previsible, provoca que los inquilinos se quejen o reporten problemas nada más ocupar la vivienda. Además, los alquileres se convierte en un problema porque las personas responsables de ocupar las vacantes – o encontrar un inquilino – no son las mismas que gestionan los cobros. Los responsables de las vacantes se centran en cumplir el objetivo de encontrar un inquilino, lo que quiere decir, con frecuencia, que no han previsto los medios y modos de pago con los que cuenta dicho inquilino.

Si el propósito del sistema es preparar y acondicionar una vivienda vacante para el nuevo inquilino, el tiempo total invertido para alquilarla debe ser el indicador más útil para entender el trabajo y mejorarlo, sin tener en cuenta los detalles específicos de cada trabajo. Incluso con las vacantes que precisaban *obras importantes*, debe centrase la atención en los problemas correctos: en vez de preocuparse por la clasificación («¿cómo puedo eliminar esta vivienda de las estadísticas?»), comenzaron a preocuparse por cuestiones más útiles: «¿Por qué algunas viviendas requieren obras importantes?» «¿Cuáles son los tipos de requisitos y sus frecuencias necesarios para acondicionar las viviendas y volverlas a alquilar?» «¿Qué podemos hacer para poder entregar estas viviendas de una manera más eficiente?»

«¿Cuál es el trabajo-valor en el proceso de gestión de viviendas vacantes?» La definición rápida del trabajo a realizar y hacerlo de la forma mas eficiente, lo cual hará que la vivienda esté disponible antes. En la definición de las necesidades, el ayuntamiento debe dejar de utilizar un *estándar* y una inspección; lo importante para un inspector puede que sea distinto de lo que un inquilino entrante considere como importante. En la definición del propósito que, desde la perspectiva del inquilino, queda claro que es más razonable implicar al nuevo inquilino en las decisiones a tomar sobre qué hacer en la vivienda antes de que se traslade a la misma.

Bajo un enfoque sistémico la administración local debería medir la disponibilidad de alojamiento por tipos (véase el capítulo 2). Al conocer la previsibilidad del tipo de vivienda que se quedaba vacante, se mejora la planificación de la gestión de vacantes.

Cuando se actúa para eliminar todas las causas de variabilidad y se centra la atención exclusivamente en el trabajo-valor, se produce una mejora significativa, la cual se registró de la siguiente manera, teniendo en cuenta las nuevas mediciones:

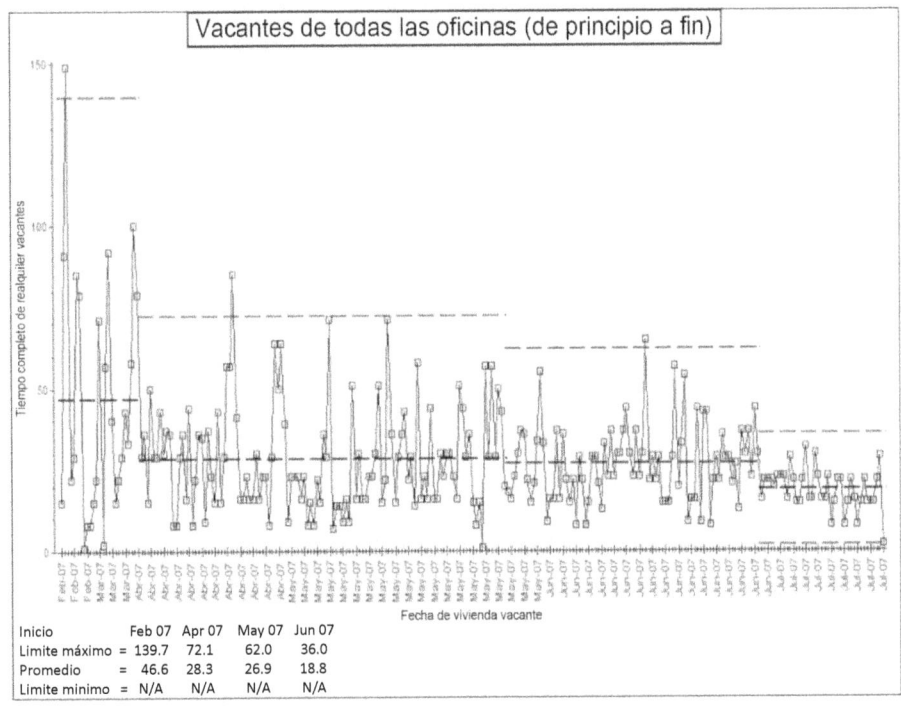

Figura 6.3: Reducción del tiempo completo en la gestión de vacantes

En seis meses, el rendimiento de las vacantes mejoró de una media de 50 días con un tope de 100 días a solo 20 días con un límite máximo de 30. Al igual que Ohno en Toyota focalizó su atención en la reducción de tiempos entre la entrada de un pedido y su cobro, los responsables del alquiler de viviendas sociales **están** reduciendo el tiempo para alquilar de nuevo una vivienda sabiendo, como Ohno, que la calidad y la eficiencia mejorarían también.

Exactitud en el procesamiento de las subvenciones

Retomando brevemente el tema de las subvenciones a la vivienda, los ayuntamientos tiene inspecciones para controlar la calidad de su trabajo. Su prioridad es el modo de poder pasar las inspecciones. Antes de la fecha de inspección, los inspectores envían información sobre los casos que son susceptibles de ser revisados. No debería sorprendernos que los gestores del ayuntamiento se aseguren de que esos expedientes sean abiertos y revisados antes de la visita del inspector. El propósito de la administración local debe ser la de garantizar la calidad en lugar de pasar la inspección. La calidad y precisión del trabajo va más allá de unos simples cálculos y tiene que ver con las personas.

La manera más efectiva de garantizar la calidad y exactitud es pensar en la prevención en lugar de la inspección. La formación basada en la demanda y en hacer al empleado partícipe de su propio trabajo, ofreciéndole apoyo y la ayuda necesaria cuando la requiere en función del *valor añadido*, provoca que la calidad mejore. Se trata de algo que los teóricos de la calidad tienen muy claro: no se puede inspeccionar la calidad. La calidad es un problema de diseño de la organización.

Las normas para comercios

En los ejemplos anteriores, he descrito solamente algunos de los objetivos que se utilizan actualmente, su impacto en los resultados y el uso de mediciones más útiles. Para ilustrar el volumen y la carga de objetivos, así como la burocracia que los acompaña, me gustaría tratar el asunto de las normas comerciales.

Los normas comerciales generan más de 1.731 extractos de información a las siguientes organizaciones en el Reino Unido[2]: Food Standards Agency, DEFRA, District Audit, Audit Commission, Best Value Inspectors, Office of the Surveillance Commission (RIPA), Community Legal Services, Consumer Support Network, Chartermark, Investors in People, National Weights and Measure Laboratory, Inter Authority Auditing, Quality Assurance Auditors, Business Excellence/EFQM Auditors, Cabinet Office (Enforcement Concordat), Office of Fair Trading, National Performance Framework. Imaginemos el tiempo que se dedica para rellenar informes, una actividad que no añade valor alguno al trabajo de nadie. Puesto que muchas oficinas de estándares comerciales son pequeñas (no cuentan con más de 20 personas), hay probablemente más gente ocupada en las actividades de especificaciones y control que haciendo el trabajo real. Un ejemplo extraordinario de la burocracia es el requisito de los departamentos de informar sobre las visitas. Como muestra el cuadro de abajo, hay mas de 30 formas de contabilizar las visitas:

---

2 Doy las gracias al funcionario de las normas comerciales que se tomó el tiempo de contarlas

Contar visitas
¿Cuántas maneras existen de contabilizar una visita?
Los profesionales de l estándares comerciales visitan varias instalaciones. Están obligados a contar las visitas a las instalaciones en más de 30 formas:
1. Porcentaje de locales visitados – objetivo metrológico (National Performance Framework)
2. Porcentaje de locales visitados – todos los objetivos (National Performance Framework)
3. Número total de visitas – objetivos metrológicos (National Performance Framework)
4. Número total de visitas – objetivos metrológicos (National Performance Framework y CIPFA)
5. Porcentaje de inspecciones con infracción procesable (National PI)
6. Porcentaje de locales analizados con riesgo que recibieron una primera visita basada en frecuencias normalizadas de visita (National PI)
7. Número total de visitas de ejecución a locales comerciales sujetos a inspección (National PI)
8. Porcentaje de locales (alto/medio/bajo) que recibe, al menos, una visita de ejecución (National PI)
9. Media de visitas (a cualquier local) por agente de campo (National PI)
10. Media de visitas por local con nivel de riesgo alto/medio (Statutory PI 1999/2000 & benchmarking)
11. Número de inspecciones – salud animal (se divide en 11 categorías) (Animal Health Return)
12. Número de primeras visitas a locales con riesgo alto (CIPFA & benchmarking)
13. Número de primeras visitas a locales con riesgo medio (CIPFA)
14. Número de primeras visitas a locales con riesgo bajo (CIPFA)
15. Número total de primeras visitas a locales con riesgo de inspección (CIPFA)
16. Media de inspecciones por local con nivel de riesgo alto/medio (benchmarking)
17. Número de inspecciones por local con nivel de riesgo alto/medio (benchmarking)
18. Número de inspecciones con nivel de riesgo medio (benchmarking)
19. Número de inspecciones con nivel de riesgo bajo (benchmarking)
20. Número de locales inspeccionados (inspección primaria) (benchmarking & annual/quarterly returns)
21. Tasa de visitas primarias (locales donde se manipulan alimentos) (benchmarking)
22. Porcentaje de locales con manipulación de alimentos inspeccionados que derivan en intervención (benchmarking)
23. Número de primeras visitas a locales con manipulación de alimentos de riesgo alto (FSA Annual return)
24. Número de primeras visitas a locales con manipulación de alimentos de riesgo medio (FSA Annual return)
25. Número de primeras visitas a locales con manipulación de alimentos de riesgo bajo (FSA Annual return)
26. Número de primeras visitas a locales con manipulación de alimentos de riesgo insignificante (FSA Annual return)
27. Número de primeras visitas a locales con manipulación de alimentos de riesgo sin calificar (FSA Annual return)
28. Número de visitas a locales con manipulación de alimentos (de todos los tipos) (FSA Annual return)
29. Número de locales visitados para el cumplimiento de la Ley británica de Contrastes (Hallmarking Act return)
30. Porcentaje de visitas planificadas y completadas (National Performance Framework))

Figura 6.4: Número de Visitas

A los objetivos de visitas a locales se añade el requisito de clasificar los riesgos asignados a cada local, de acuerdo con una clasificación fijada por el régimen y, lo que es increíble, además el requisito de contrastar la clasificación con otras autoridades de tamaño o geografía comparables. Resulta extraordinario, burocrático, irracional y un completo disparate; no se lo pierda.

El régimen ha creado un propósito de facto, cumplir con los objetivos de visitas y todo el trabajo se organiza para conseguirlos; el método se ve restringido por las mediciones. ¿Cuál es el propósito verdadero de las visitas? Asegurarnos de la seguridad y salubridad de los locales. ¿No sería, por tanto, más eficiente y efectivo definir la mejor manera de conseguir ese propósito? Al hacerlo de esta forma, necesitarían estudiar la demanda (¿dónde tenemos problemas conocidos?), y entonces su variación a la baja (menos problemas) serían sus pautas de orientación hacia la eficacia de los métodos que se utilizan en las visitas y el cumplimiento de las normas

Y así se hace también en otros servicios. Los objetivos en la recogida de diferentes tipos de residuos (domésticos, vertidos incontrolados, peligrosos, etc.) nos llevan a la clasificación del trabajo en lotes y en colas, para cumplir los plazos establecidos por los objetivos, haciendo que el tiempo sea menos eficiente y alentando un peor comportamiento de la comunidad. El esfuerzo de la gestión se centra en cumplir los objetivos y no en la resolución de problemas. Todos los servicios delatan los mismos fallos en la organización. El propósito de la gestión se convierte en el cumplimiento de los objetivos. La managers diseñan los servicios para facilitar la recolección de datos y la producción de informes. De esta forma estamos limitando el método, provocando que los servicios sean más deficientes.

Aunque los resultados sean malos, los trabajadores no lo son. Es el régimen, el sistema que diseña el trabajo, el que les obliga a actuar de esa manera.

> [Sin un propósito claro] solo podemos cavar más profundamente el foso en el que estamos metidos. El trabajo duro y nuestros mejores esfuerzos no van a sacarnos del foso.[3]

Los objetivos solo nos llevan a cavar más profundamente el foso, lo que desvía la energía del personal en la consecución de sus propósitos.

---

3 W. Edwards Deming, *The New Economics: For Industry, Government, Education*. MIT Press, P23. Massachusetts, 1994. Segunda edición.

Capítulo 7: Una creencia irracional en los objetivos

Siendo ministro responsable de las administraciones locales, Nick Raynsford se quedó estupefacto al observar que, mientras los objetivos (los *Indicadores del Rendimiento del Valor Óptimo*) que eran enviados al gobierno local estaban mostrando mejorías, las cifras que indicaban el nivel de la satisfacción pública mostraban lo contrario. Raynsford justificaba esta discrepancia sugiriendo que los ciudadanos necesitaban tiempo para cambiar de opinión; quizá muchos no habían usado los servicios recientemente y sus expectativas eran mayores en cualquier caso. La razón es muy simple: los objetivos han causado el empeoramiento de los servicios.

Los políticos me explican la gran paradoja de tener servicios *cuatro estrellas* y, sin embargo, las oficinas de atención al público están llenas de ciudadanos quejándose. Son frecuentes los problemas en los servicios destinados a las prestaciones a la vivienda, la asistencia social y la planificación urbana. Los objetivos son la causa: crean un servicio de mala calidad a un coste alto, un aspecto que a los políticos (y a muchos gestores) les es difícil de entender. Los políticos se imaginan que los profesionales que prestan el servicio deben ser malos. No lo son. Trabajan bajo un sistema que es nocivo, un sistema diseñado mediante objetivos.

No es cuestión de tener menos objetivos – la respuesta convencional –, sino más bien de no tener ninguno. Muchos piensan que la idea de trabajar sin objetivos es completamente irracional: se supone que es normal tener objetivos, puesto que se supone que lo normal, fundamental y esencial es contar con ellos para poder dirigir una organización. Debido a que se trata de un reto de tal magnitud contra el pensamiento convencional, se han racionalizado los casos de *fraude*. He notado que la respuesta usual de los ministros a los informes sobre la manipulación de las cifras es la de preguntar por los nombres de los culpables. Son los ministros y los técnicos que fijan los objetivos los verdaderos culpables.

En 2007, un doctor que usaba el pseudónimo de *Dr. Nick Edwards* publicó un libro titulado *Stitched Up*[1] [juego de palabras en inglés entre *cosido* y *amañado*], donde informaba, de manera gráfica, sobre los fraudes endémicos que tienen lugar en los servicios de salud. Cuando esta información saltó a la prensa, el *jefe* del Departamento de Urgencias (*A&E*), George Alberti, simplemente lo

---

1 Dr Edwards N., *Stitched Up: The Highs and Lows of Life as an A & E Doctor*, Friday Books. Londres, 2007.

negaba diciendo que, si había algo de verdad en las afirmaciones, se refería a problemas temporales que ya habían sido solucionados. Es típico. A pesar de todas las pruebas, el régimen mantiene que los *fraudes* o los *trucos* son casos aislados y anormales, a pesar de que están omnipresentes y resultan endémicos; se trata de un problema sistémico.

Antes de hablar sobre lo irracional del pensamiento del régimen en cuanto a los objetivos, me gustaría explicar lo que aprendí de Deming. Cuando me enseñó por primera vez porqué y cómo los objetivos contribuyen a empeorar los resultados, no tuve problemas para seguir su línea de pensamiento, por lo que la presento en esta obra de una manera sencilla.

No existe ningún valor en tener un objetivo, puesto que se trata de un número arbitrario; por su naturaleza, nos llevará a la sub-optimización (falseamiento) del sistema, permitiendo que algunas partes *ganen* en detrimento del conjunto. Sin embargo, es vital saber cómo rinde realmente el sistema, su capacidad (tan real como lo opuesto a un número arbitrario). Digamos, por ejemplo, que un sistema rinde normalmente a una capacidad de *10*. Si un objetivo queda establecido más allá de la capacidad actual, digamos *15*, la dirección tiene que reorganizar el trabajo, falsear el sistema (por ejemplo, mediante recortes arbitrarios de presupuesto) o engañar para *llegar a esos números*.

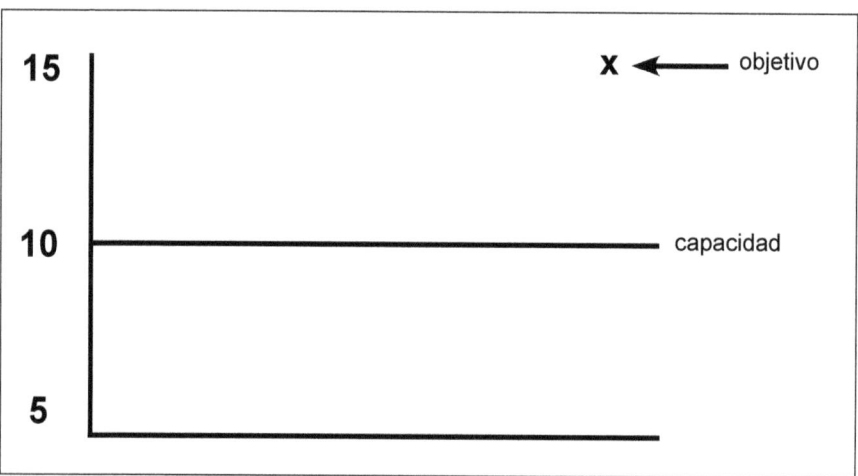

Figura 7.1: El objetivo va más allá de la capacidad

Supongamos que la dirección tiene el conocimiento técnico necesario para reorganizar el trabajo. ¿Por qué no ir a los 25 en lugar de a los 15? En cualquier caso, si disponen del conocimiento, ¿por qué no lo han hecho antes? Deming ponía de relieve dos aspectos importantes: es vital saber su nivel actual de rendimiento y que cualquier mejora será una cuestión de método.

Si un objetivo se establece por debajo del nivel de capacidad actual, se desincentiva la mejora. A los managers les gusta pasar desapercibidos y por lo tanto nunca lo harían.

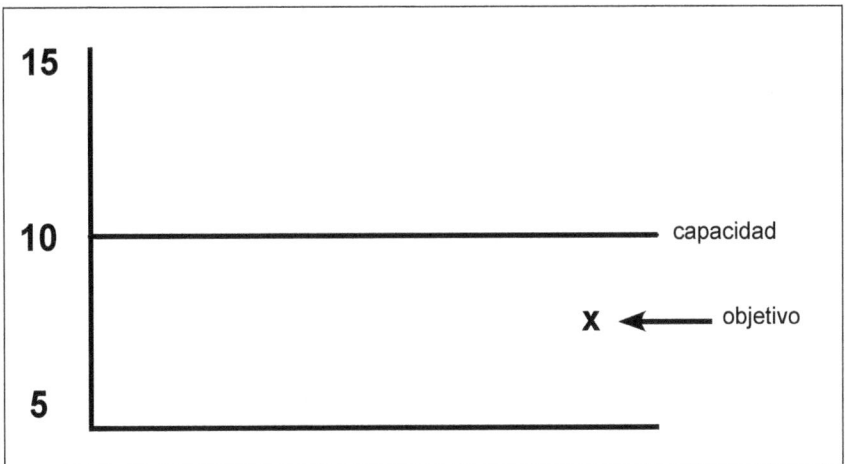

Figura 7.2: El objetivo está por debajo de la capacidad

Como ahora sabemos, todos los sistemas muestran una variabilidad. De esta manera, las capacidades pueden tener una media de 10, pero también podría registrar una cifra tan pequeña como 7 o una mayor, como 13. Todos los resultados en este intervalo son igual de previsibles, por lo que establecer ahí un objetivo solo nos llevaría a pensar que algunas veces se gana y otras se pierde.

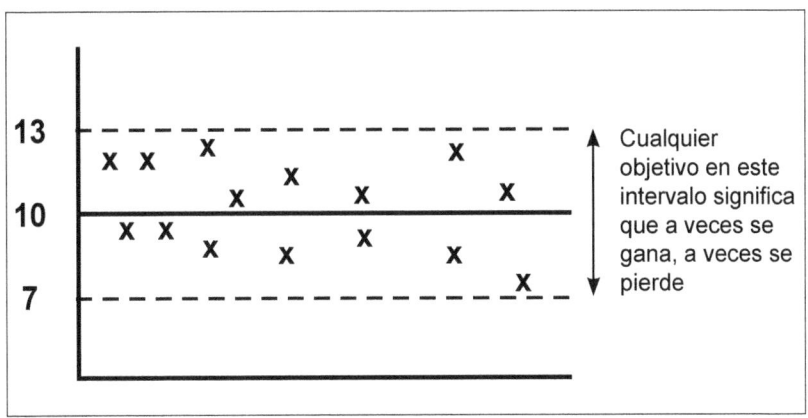

Figura 7.3: El objetivo en la variación actual

Capítulo 7: Una creencia irracional en los objetivos

Es precisamente este estilo de gestión parecido a la lotería el que ha creado la *explotación de personas* en los centros de atención telefónica y en los back-office . Para evitar el fracaso en la consecución de los objetivos, los empleados y la dirección aprenden a agudizar su ingenio para poder sobrevivir en el sistema en vez de intentar mejorarlo. Peor todavía, cuando la atención de los managers se centra en la variación de los datos, considerándolos excepcionales cuando, de hecho, son normales y probables, provocan que la variación en el sistema aumente. De esta manera, los managers consiguen sobrevivir en el sistema incluso si el rendimiento empeora.

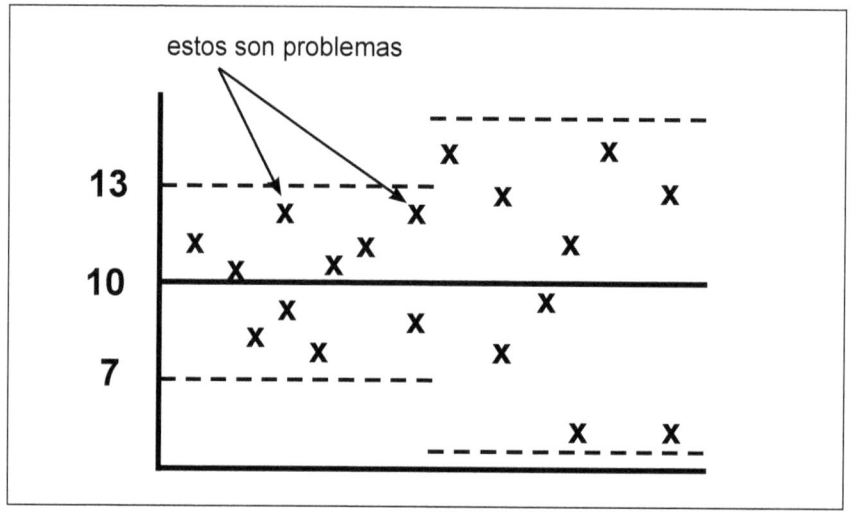

Figura 7.4: La atención enfocada a los datos provoca un aumento de la variación

Deming llamó a este fenómeno *tampering*. Lo describió como:

> Una confusión muy costosa. La confusión entre las causas ordinarias y las extraordinarias conduce a la frustración de todos y favorece una mayor variabilidad a un coste superior, precisamente lo contrario de lo que se necesita.[2]

El ejemplo de arriba es un error; tratar las variaciones provocadas por causas ordinarias como si se tratara de una causa extraordinaria. El segundo error es tratar las causas extraordinarias como si fueran causas ordinarias; reaccionando frente a una excepción como si fuera a ocurrir de nuevo. Este tipo de actuaciones complica la situación de manera innecesaria. Es triste, pero se trata de un error común en la gestión.

---

2 Deming, (ibid) P315.

Sin embargo, los managers no *ven* que sus acciones tienen estos efectos, porque no utilizan datos cronológicos ni miden la capacidad de su organización: qué es lo que conseguiremos previsiblemente desde la perspectiva del cliente, al igual que el alcance y las causas de la variación. En su lugar, están preocupados por gestionar para cumplir con los objetivos. Como resultado, no ven que su propia conducta supone una causa de sub-optimización.

Cuando se consigue un objetivo, se toma como prueba de buena actuación o de mejora mientras que, en realidad, el impacto del objetivo en el rendimiento está escondido; no ha sido medido por el objetivo fijado. El sistema se va a deteriorar al mismo tiempo que el objetivo da señales de mejora.

El lector se habrá dado cuenta de que todos los ejemplos utilizados en la medición de la capacidad en este libro han puesto de manifiesto que los servicios generan una gran variabilidad del rendimiento. La cusa es el uso de objetivos y de otras medidas arbitrarias. Deming utilizó el *experimento del embudo* para ilustrar que, con la gestión de medidas arbitrarias, los managers aumentaban la variación en el sistema. Y esto es lo que los objetivos consiguen; con la manipulación del sistema, el rendimiento empeora: y no ocurre algunas veces, sino siempre. Está en su naturaleza.

¿POR QUÉ CREEMOS EN LOS OBJETIVOS?

Ningún negocio que sea sensato podría operar sin objetivos[3]

Como el régimen de las Administraciones Públicas ha tenido que enfrentarse a los problemas inevitables que los objetivos han creado, los políticos han tenido que salir en su defensa. Así es como estas *cabezas pensantes* argumentan a favor de los objetivos:

Los objetivos motivan a la gente.

Si pensamos en un objetivo como una meta que una persona se fija a sí misma – perder peso, gastar menos –, entonces no ocasionan ningún problema. Si pensamos en un objetivo común o una meta global, tampoco hay problema. Por ejemplo, podríamos decir que queremos mejorar el servicio, mejorar en nuestra respuesta frente a las consultas de valor, reducir el derroche, desarrollar servicios mejores a un coste menor; en otras palabras, pensar en un objetivo como una declaración de la

---

3 Barber, M 2007 *Instruction to Deliver* Portico's Publishing: Londres, P82.

dirección a seguir no constituye problema alguno. En efecto, volvamos a la primera pregunta de Deming: ¿cómo estamos ahora?

Es cuando una ambición se convierte en un número arbitrario y se transmite a las instancias inferiores de una jerarquía cuando surgen los problemas. El objetivo se convierte en el propósito de facto, sin importar el impacto que pueda tener en el sistema. Algunos dentro de la Administración Pública han comenzado a reconocerlo, pero sostienen que la solución está en fijar el objetivo correcto. En seguida volveré a la pregunta sobre si existe un método fiable para fijar un objetivo.

Los objetivos hacen a las personas responsables.

Así es; y las personas se comportan de manera responsable haciendo todo lo que está en sus manos, ya sea sensato o no, con la intención de que los demás vean que cumplen con los objetivos. Pero ¿quién debería ser el responsable del empeoramiento de los servicios a causa de la consecución de los objetivos? La responsabilidad de la burocracia está al servicio de la jerarquía y no del trabajo. Por tanto, mientras la burocracia les dice a los políticos que existe una mejora en los servicios, la verdad es que lo único que mejora es la capacidad de la burocracia en producir las cifras que los políticos quieren ver. La responsabilidad de la burocracia controla el trabajo e interfieren en la manera en que operan los servicios.

La alternativa es la ambigüedad y la chapuza.

Falso. La alternativa es la claridad y la utilidad. Utilizando las medidas que surgen del mismo trabajo y utilizadas por aquellos que realizan el trabajo en sí, conseguimos un mejor control y una mejora continua; se emplean las capacidades para mejorar. La pregunta es: ¿qué es lo que debería medirse? Los pensadores del mando y control creen que las prioridades deben fijarse de acuerdo con el presupuesto anual y las aspiraciones políticas; los pensadores sistémicos creen que la prioridad es entender el logro respecto al propósito. Ganar en comprensión y en conocimientos es todo lo contrario a la ambigüedad y la chapuza. Por contra, el imponer objetivos arbitrarios en cualquier sistema probablemente va a hacer *aumentar* la ambigüedad y *promover* el amaño de los resultados.

Es una fantasía decir que los objetivos deberían ser eliminados; es imposible gestionar los servicios sin ellos.

Falso también. Considero que es mucho mas racional afirmar que, si los objetivos no funcionan, tendremos que tener menos objetivos. Y es *fundamental* gestionar los servicios sin ellos, utilizando una serie de medidas que se deriven del trabajo. Muchos directores se muestran incrédulos cuando conocen por primera vez el pensamiento sistémico, porque la idea de trabajar sin objetivos es un reto tan grande para sus esquemas mentales, que cuando escuchan que *no hay objetivos*, entienden que *no hay mediciones*

Los objetivos permiten hacer comparaciones.

Pero una comparación no es fiable en absoluto. Incluso si suponemos que el objetivo es una medición válida del rendimiento (que no lo es), dos organizaciones cualesquiera procederán a medir sus resultados de distintas maneras y ambas dispondrán de diversas maneras de engañar. Los objetivos, al igual que las calificaciones hechas con estrellas, no son medidas válidas ni fiables del rendimiento, por lo que compararlas solo nos inducirá al error.

Las «consecuencias no deseadas» es el argumento de aquellos que buscan defender su status quo.

Al menos, se reconoce que existen consecuencias no deseadas. Pero deducir que los objetivos son la causa de las consecuencias no deseadas no ayuda precisamente al status quo, sino más bien a reconocer que los objetivos impiden los cambios necesarios. Aquellos que apoyan esta línea argumental son testigos de la perversidad y la universalidad de las consecuencias no deseadas que, como bien saben, vienen motivadas por los objetivos. Es éste el razonamiento, por tanto, de aquellos que buscan mediciones mejores para emplearlas de una manera mejor. Todas las mediciones deberían superar la prueba de una buena medición: ¿puede esto ayudar a entender y mejorar los resultados?

Sin objetivos, los ricos dejarán de contribuir, mientras que los servicios públicos se convertirán en un último miserable recurso para aquellos que no tienen nada

Pero existen muchas prestaciones que los ricos no pueden dejar de pagar (impuestos municipales, recogidas de basuras, planificación urbana, etc.). Y esto es precisamente lo que ya ha ocurrido en la educación, por ejemplo, donde los ricos se han ido a la educación privada en masa, debido a sus dudas sobre el sistema público de educación

La realidad es bien distinta. Los más desfavorecidos reciben una serie de servicios (como, por ejemplo, las subvenciones a la vivienda) que fallan en darles lo que necesitan. Tanto ricos como pobres reciben servicios que son prestados con frecuencia de una manera deficiente (la planificación urbana o los impuestos municipales, por ejemplo). A pesar de que es cierto que los ricos pueden decidir sobre quedarse al margen de algunos servicios, los pobres no tienen elección con lo que se les ofrece.

La anarquía es la alternativa.

Los políticos advierten del problema de la «anarquía de Hobbes» si se eliminan los objetivos.[4] Thomas Hobbes (1588-1679) fue un filósofo y político en los tiempos de la guerra civil inglesa. Hobbes defendía que el punto de partida de la sociedad era un estado de la naturaleza donde los hombres tenían relativamente las mismas capacidades y la misma fuerza, pero todos entraban en competición con el resto. Hobbes describe este estado pre-social como un «estado de guerra», donde el único instinto del hombre es su autodefensa y, por tanto, la vida es «solitaria, pobre, cruel, hostil y corta». Sin embargo, la guerra no es lo que más interesa a la humanidad, por lo que los hombres llegan a un acuerdo para formar una sociedad (Hobbes fue uno de los teóricos precursores del *contrato social*), eligiendo un líder autoritario que consiga poner en vereda sus tendencias belicosas. Sin ese gobierno, según Hobbes, la sociedad se desmembraría y volvería a un estado de guerra.

El nivel de incapacidad de los políticos es tan extraordinario cuando nos referimos a una vida sin objetivos, que deberíamos citar a Hobbes en defensa de éstos: los objetivos generan el desorden y la competición innecesaria, que es precisamente lo que ellos temen.

Los objetivos son buenos si se hace bien.

Enfrentados ante la evidencia, los defensores de los objetivos suelen admitir que «demasiados» objetivos o los que están «mal fijados» causan confusión y problemas. Pero no ofrecen orientación alguna sobre lo que el vocablo «mal» significa para ellos ni aclaran la manera en la que un menor número de objetivos resolverá la confusión. Aceptan el riesgo según las consecuencias no deseadas, pero presuponen que éstas son mínimas e infrecuentes; sugieren que existe confusión en el debate, pero no pueden arrojar ninguna luz al mismo.

Una vez más, estas personas sugieren que hace falta redefinir los objetivos, pero no ofrecen ningún método para hacerlo, ni tampoco

---

4 Se dice que Ed Balls, Ministro británico de Infancia, Enseñanza y Familia, defendió esta teoría en Barber (ibid).

un ejemplo de objetivos mejor definidos. «Todo se reduce a una mejor ejecución»; éste es otro comentario frecuente pero, una vez más, no nos aporta ningún método. Recomendar que las organizaciones hagan algo para resolver los problemas fundamentales nos lleva ineludiblemente a preguntarnos: ¿cómo? Y, mientras que los protagonistas reconocen que algunos engañarán, su consejo es encontrar maneras para limitar el efecto o castigar a los culpables.

De esta forma, volvemos a la pregunta:

¿Existe un método fiable para fijar un objetivo?

Si preguntamos a los managers qué método que debemos emplear, recibiremos las siguientes respuestas:

Basándonos en la experiencia.

Tomamos los resultados del año pasado y le añadimos/quitamos un 5 o un 10 por ciento. Pero si, como es probable, el sistema tiene un volumen muy alto de derroche, este método no es fiable. Un análisis del derroche puede indicarnos una capacidad de mejora del100. Ello demuestra lo parco de un 2 por ciento o incluso de un 5 por ciento de los objetivos que se fijan en el sector público. En realidad, existe un margen enorme de mejora.

Establezcamos objetivos «ambiciosos».

Este concepto es diametralmente opuesto al «basado en la experiencia»; se trata de levantar un dedo en el aire para medir el viento. ¿Cómo puede defenderse que este concepto es fiable? Conviene recordar que las administraciones municipales que siguen un enfoque sistémico normalmente registran unos tiempos totales para procesar las solicitudes de subvención que jamás podrían haber imaginado, incluso con objetivos «ambiciosos». Los responsables saben que, tras estas mejoras, vino un cambio en la manera de pensar sobre la medición de los resultados.

Dejemos que decida el subordinado.

En algunas ocasiones y con un ánimo localista, se escucha la opinión de que aquellos que prestan los servicios deberían fijar sus propios objetivos. De manera inevitable, esta decisión conduce al subordinado, aquel que es responsable de la ejecución, a tratar de *ablandar* los objetivos, mientras que los superiores van a intentar *endurecerlos*. Se crea así un diálogo basado en el farol y el contra-farol, sin conocimiento alguno, lo que lleva inevitablemente a formar una cultura de desconfianza y antagonismo. Dejar que las personas decidan sobre sus objetivos no constituye un método fiable.

Preguntemos al cliente.

Como los ministros han pasado de un enfoque a objetivos jerárquicos y verticales a la participación ciudadana, ahora piensan que un cambio promovido por la ciudadanía es el *motor* alternativo para conseguir una reforma de los servicios públicos. Este concepto encaja con su desconfianza en los funcionarios; éstos deben estar coaccionados por los cambios que pide la ciudadanía en vez de seguir objetivos verticales. Sin embargo, la consulta a los ciudadanos sobre lo que quieren es una manera segura de buscarnos demasiados problemas. Obligados por el Ministerio británico del Interior, la policía y las fuerzas de seguridad hicieron una consulta a los ciudadanos sobre lo que querían de la policía. Encontraron que, a causa de la *lista de preferencias* («quiero que los agentes estén más visibles cuando voy al trabajo, llevo los niños a la escuela, hago la compra», etc.), la policía invirtió más tiempo en su visibilidad, lo que no equivalía a ser productiva. Retomaré este despropósito más adelante. Las autoridades municipales gastan ingentes cantidades de dinero en encuestas, con la intención de obtener la opinión de aquellos que tienen poco interés en el servicio o que no lo conocen de primera mano. Estas encuestas solo pueden desprender datos poco fiables y llevarnos a conclusiones que no son válidas. Los ciudadanos fundamentan sus opiniones sobre los servicios públicos según las interacciones que han experimentado con los mismos; quieren servicios que funcionen. La consulta a los clientes es una idea que superficialmente nos parece plausible pero, llevada a la práctica, es una completa equivocación. Volveré a comentar con ejemplos esta estupidez y el derroche que genera.

¿Es inteligente el concepto S.M.A.R.T.?

Son muchos los que se dejan embaucar por las siglas inglesas que forman la palabra *SMART* [inteligente en inglés]: los objetivos deben ser Específicos, Medibles, Alcanzables, Realistas y con Plazos concretos. ¿Hay algo más propio de la gestión y de los negocios que estas siglas? Sin embargo, el concepto *SMART* sobre los objetivos carece de sentido. No nos dice cómo debemos definir lo que tenemos que medir y presupone que tenemos el conocimiento; de otro modo, ¿cómo sabemos lo que es *alcanzable* y *realista*? El marco *SMART* es creíble, pero es probable que solo promueva el uso de medidas arbitrarias que van a perjudicar la optimización del sistema.

Cuando me preguntan por mi opinión sobre el concepto *SMART*, les pregunto si conocen las siglas que forman el concepto *DUMB* [tonto en inglés]: Falsea, Perjudica, inspirado por Ministros, Bloquea el progreso. No deberíamos permitir que nos engañen con unas siglas que, en apariencia, son admisibles y nos hagan creer que detrás de las mismas se esconde un método fiable. Compare la idea de fijar un objetivo *smart* o inteligente con la idea de llevar a cabo Check. Puesto que Check genera y aporta conocimiento sobre cuáles son los resultados actuales del sistema y sus causas, aumenta la capacidad de la dirección de predecir en qué mediciones conseguiremos mejores resultados en el futuro. Incluso con este conocimiento, sin embargo, es imposible poder hacer una previsión exacta de la mejora que se conseguirá en el futuro.

Puesto que no existe ningún método fiable para fijar objetivos, siempre estarán rodeados de una tendencia política, sea cual fuere el sistema. Lo mismo ocurre en el gobierno. Barber[5] describió la reacción de los ministros cuando el objetivo de la alfabetización se fijó en un 80 por ciento. Cuando Blair preguntó si estaban seguro de que se podría alcanzar el objetivo, todos guardaron silencio y miraron a Barber. Más tarde, David Blunkett, el entonces Ministro de Educación, se dio cuenta de que su mente se quedó en blanco, envió una nota a Barber diciendo que si él se hundía, Barber se iría con él. Aparte de la estupidez viril evidente, estas conversaciones nos muestran la realidad: la consecución de los objetivos era, para todos, pura adivinación. Nadie lo sabía.

HACER MENOS LO EQUIVOCADO NO ES HACER LO CORRECTO

Existe actualmente un consenso general entre los políticos de que los objetivos acarrean problemas; algunos incluso admiten que han fracasado en la consecución de su propósito. Pero la idea de desecharlos es todavía inadmisible. Incluso cuando anunció una reducción de objetivos, Andy Burnham, Secretario del Tesoro británico, afirmó que: «Los objetivos van a permanecer».[6] Este hecho demuestra la sorprendente falta de entendimiento del alcance de la problemática ocasionada por los objetivos. Si los ministros hubieran visto lo que yo he podido comprobar durante los últimos años, estarían dispuestos a abandonar los objetivos con total confianza. Al menos, dejaríamos de hacer lo incorrecto.

En el otoño de 2007, el número de objetivos fijados a los municipios descendió de unos 1.200 aproximadamente a 198. Pero hacer menos lo equivocado no significa que estamos haciendo lo correcto. No es una cuestión de fijar

---

5 Barber, M. *Instruction to Deliver* Portico's Publishing, P31. Londres, 2007.
6 *The Guardian*, 18 de julio de 2007

los *objetivos adecuados*; lo único que conseguiremos así es hacer mejor lo incorrecto. Lo mejor que se puede hacer es utilizar mediciones que nos ayuden a entender y mejorar el trabajo.

La creencia ciega en los objetivos es lo que no permite ver a los ministros lo que está ocurriendo. Los políticos y los responsables del sistema de mando y control están aferrados a los objetivos porque no pueden imaginarse otra alternativa. Esta creencia ha sido reforzada por el trabajo de la Unidad de Resultados del Primer Ministro (*PMDU*), que nos leva a la ciencia de los resultados o *deliverology* que el *PMDU* desarrolló para llevar a cabo las reformas.

Capítulo 8: *Deliverology:* ¿la ciencia de los resultados o engaño dogmático?

En septiembre de 2006, uno de los arquitectos del régimen actual establecido en los servicios públicos escribió un artículo en defensa de la reforma en los planteamientos del gobierno.[1] Sir Michael Barber, el primer jefe de la Unidad de Resultados de Downing Street, abrió el telón ofreciendo lo que él definía como «el contexto global» de la reforma del sector público, para facilitar una respuesta. No salía de mi perplejidad con lo que el «contexto global» quería decir; ¿cómo es posible que un contexto global nos ayude a entender la manera de mejorar los servicios públicos? Era interesante saber cómo, así que seguí leyendo.

Según Barber, los gobiernos tienen un reto de productividad ante ellos, es decir, los ciudadanos quieren mejores servicios pero no quieren pagar más impuestos. Para poder hacer frente a este desafío, proseguía, surgen tres modelos de gestión; el mando y control, los cuasi-mercados y, por último, la delegación y transparencia.

El mando y control, como él sugería, «es normalmente fundamental para un servicio que debe pasar de una calidad muy deficiente a una calidad adecuada». En apoyo a este argumento, Barber mencionó la alfabetización en las escuelas y los plazos de espera en la sanidad. Él entiende el planteamiento de mando y control como una forma de exigir la atención sobre un problema determinado. La cuestión de las mejoras conseguidas en las aulas y en la sanidad es dudosa. Si el mando y control es fundamental y puede conseguir que la calidad de una organización pase de horrible a adecuada también es dudoso. Retomaré estos temas más adelante.

Mientras argumentaba que el paso de calidad horrible a calidad adecuada ha sido un gran logro para el gobierno, Barber admitía que la ciudadanía quería un servicio *excelente*. Un servicio excelente, sin embargo, no podría conseguirse a través de una orden, sino que debía ser *motivado*. Por tanto, el segundo modelo trata sobre esa *motivación*; los cuasi-mercados. Las reformas en la sanidad y la educación eran dos ejemplos: la delegación de la responsabilidad a las escuelas, a los médicos de familia, los hospitales y la proposición de más opciones para el consumidor, ya sea un padre o un paciente. Para promover la variedad de opciones, se propuso la idea de añadir proveedores alternativos para dichos

---

1 *Reform of our public services is a test for managers*, Financial Times, sábado, 30/9/06.

servicios como, por ejemplo, los proveedores privados o voluntarios que pudieran ofrecer asistencia sanitaria o las academias municipales.

El propósito era reconocer que los servicios públicos, a pesar de ser distintos de las empresas por su carácter universal y equitativo, podían gestionarse de manera similar. No estaba seguro de que Barber y yo le diéramos el mismo sentido a las mismas palabras. Barber mencionaba un ejemplo a sus lectores con él ánimo, presuntamente, de esclarecer cualquier duda: «El sistema de tarjetas de crédito inteligentes (con chip) se ha extendido en el sector de la distribución en menos de un año». Y preguntaba: «¿Cuántas innovaciones fructíferas se han extendido entre los servicios públicos a esta velocidad?».

¿Lo entiende el lector mejor ahora? Yo no. ¿Qué tiene que ver la adopción de un nuevo sistema de seguridad incorporado a las tarjetas de crédito y de débito con el avance de los servicios públicos? La única relación que me parece posible es la manera en la que los nuevos servicios públicos, dependientes de la informática, están favoreciendo la posibilidad de fraudes; todo lo que un estafador necesita es saber lo cuando se van a generar pagos y se introducen en un ordenador, ya que están suministrando datos a una máquina en vez de presentarlos a una persona con una cabeza pensante. Pero dudo de que Barber esté aludiendo a esa relación.

El tercer modelo propuesto es la *mezcla de delegación y transparencia*. Según Barber, este modelo se aplicaría en aquellos casos donde ninguno de los anteriores, el mando y control o los cuasi-mercados, fueran procedentes. El gobierno contrata proveedores externos y delegaba los servicios para después publicar los resultados. Este modelo aplicaría la *presión de la competencia* para así aumentar el rendimiento.

Los tres modelos parece que se emplean en el resto del mundo, lo cual tenía sentido para la aprobación de Barber, donde los resultados variaban en un servicio determinado: «un hospital con dificultades y un déficit grande necesita una dirección adaptada al mando y control, mientras que un hospital efectivo y bien dirigido puede seguir la disciplina de un cuasi-mercado».

«Si éste es el planteamiento correcto, ¿dónde está la polémica?». A pesar de las crecientes expectativas de los ciudadanos, la mayoría de los resultados iban en la dirección correcta tras seis años de gobierno de Tony Blair. «Sin embargo», Barber apuntaba, «los desafíos presentes no se reducen solo a eso». La transición crítica del mando y control precisaba un «liderazgo estratégico que fuera sofisticado». ¿Que querría decir con esto? Barber nos decía que un error común es pensar que, para pasar del mando y control al modelo de los cuasi-mercados, era necesaria una cierta *permisividad*. En realidad, afirmaba, citando el famoso concepto de David Osborne y Ted Gaebler[2], se requiere que el gobierno «se ocupe más del timón y menos del remo». (Osborne y Gaebler decían que la función del gobierno central era la de establecer la política general con acuerdos sobre los presupuestos y los objetivos de los servicios, delegando su ejecución y gobernanza).

Para Barber, esto quería decir que los *funcionarios* debían cambiar el papel que desempeñaban, pero sin aclarar quiénes y de qué manera. Salvo, quizás, el papel central: la presión que los ciudadanos ejercen sobre el gobierno, decía, lo sitúa en un dilema que se resuelve mejor con la implantación de excelentes sistemas de rentabilidad y riesgo. Y por esta razón, como Barber explica, los líderes políticos tan diferentes como Canadá o Australia han creado un organismo equivalente a la «Unidad de Resultados» de Downing Street.

Entonces, nos encontramos con lo que Barber ofrece en forma de «contexto global», como en principio había prometido: puesto que otros países están copiando al Reino Unido, debemos estar haciendo las cosas bien. Para terminar su teoría, Barber nos informa de que los profesionales del sector público necesitan la mentalidad y la capacidad, no solo para liderar un cambio radical, sino también para gestionar los servicios reformados. ¿Que quiere decir con esto? A pesar de que muchos directores en las escuelas y en los servicios sanitarios mejoran con sus nuevas responsabilidades, otros tienen dificultad. Como él dijo: «Todo está en la ejecución». Pero Barber no nos contó nada sobre el método.

Entonces, me fui a su libro *Instruction to Deliver* para encontrar más información. Al principio de éste, cita la frustración del Primer Ministro:

> Tras dos años en el gobierno, llevo las cicatrices en mi espalda. Los trabajadores del sector público, más que cualquier otro colectivo que he conocido, están aferrados al concepto de «siempre lo hemos hecho así y así debemos hacerlo siempre».[3]

Quizás fue la frustración que sentía Tony Blair fue la que le llevó a crear la Unidad de Resultados del Primer Ministro (*PMDU*) para emprender las reformas en la función pública. Esta unidad tenía la sede en su oficina y debía rendirle cuentas directamente. Puso a Barber a cargo de la dirección, quien entonces no

---

[2] Osborne, D and Gaebler, T. *Reinventing Government*, Reading. Massachusetts, Addison-Wesley, 1992. Véase especialmente el capítulo: *Catalytic Government: Steering Rather Than Rowing*.

[3] Barber, M *Instruction to Deliver* Portico's Publishing, P46. Londres, 2007.

ostentaba el título de *Sir* y que, anteriormente, había estado a cargo de ejecutar la estrategia del gobierno para la alfabetización.[4] Esta estrategia implicaba la entrega a los profesores de instrucciones precisas sobre la manera de enseñar la llamada hora de alfabetización en las aulas. Barber había conseguido resultados en la educación y quizás su modelo podría funcionar para todo el sector público.

¿Pero realmente había obtenido resultados en la educación? ¿Había mejorado la alfabetización realmente o se le había pedido a los niños que aprobaran algunos exámenes? Si había funcionado entonces, ¿la razón de su éxito fue dedicar un determinado número de horas a la semana para la alfabetización o fue gracias al método (fonético) especificado? Es difícil saber si la hora de alfabetización funcionó y, si fue así, por qué. En efecto, hemos visto muchas pruebas que nos conducen a cuestionar si la estrategia de la alfabetización tuvo un impacto real en el aprendizaje de los niños.

El año pasado, Warwick Mansell publicó un fulminante informe que condenaba los objetivos en la educación.[5]

> Describe de una manera exhaustiva y en ocasiones espantosa la presión ejercida sobre los profesores para mejorar las estadísticas de los exámenes, por lo que todo el mundo las juzga como contraproducentes. Las escuelas se han convertido, cada vez más, en fábricas de hacer exámenes.... Se reprime la curiosidad intelectual. Y las habilidades culturales, morales, deportivas y espirituales de los jóvenes se ven marginadas por un sistema en el que todos deben someterse a un mejor resultado en las pruebas y los exámenes.

Otros han expresado sus dudas sobre esos logros. Por ejemplo, Peter Tymms, de la Universidad de Durham, cuestionó la base estadística que apoya el éxito de la estrategia de alfabetización.[6] Tymms concluyó que los procedimientos estadísticos que mostraban los impresionantes resultados, sobre los que Barber había conseguido su buena reputación, eran incorrectos. Cuando el error estadístico fue corregido, los resultados se nivelaron. Tymms hizo comparaciones con el estado norteamericano de Texas, donde se cosecharon igualmente resultados espectaculares, cuando el *milagro tejano* se desveló como un mito. Atribuyó las sustanciales mejoras conseguidas a que los profesores

---

4 Véase http://www.leeds.ac.uk/educol/documents/000000153.htm

5 Anthony Seldon en el prólogo de *Education by Numbers, the tyranny of testing*, Warwick Mansell, Politico, 2007.

6 Tymms, P. *Are standards rising in English primary schools?* British Educational Research Journal, Vol 30, No. 4, agosto, 2004, P477-494.

enseñaban para los exámenes y concluyó que lo mismo estaba ocurriendo en Inglaterra.

En los primeros días de debate sobre los objetivos con los reformadores del sector público, me sorprendí por la frecuencia con la que se citaba la estrategia de alfabetización como una prueba de que los objetivos funcionaban. ¿Por qué no hacían mención al resto de objetivos que se contaban en cientos? ¿No resulta alarmante, seguramente, que se escoja solo uno (siempre el mismo) para hablar de los demás?

Deliverology: ¿con qué método?

Como él mismo admitió, Barber se inventó el término «deliverology» o la *ciencia de los resultados*. Desarrolló cinco preguntas sencillas que todo líder responsable de un cambio debía hacerse:[7]

- ¿Qué intenta hacer?
- ¿Cómo intenta hacerlo?
- ¿Cómo sabe que lo está consiguiendo?
- Si lo está consiguiendo, ¿cómo cambiará usted las cosas?
- ¿Cómo podemos [la Unidad de Resultados] ayudarle?

Todas las preguntas suenan convincentes.

Barber constató que existían nueve problemas principales que abordar a la hora de poder cumplir un objetivo:[8]

- Responsabilidad y liderazgo
- Gestión de proyectos
- Palancas para producir el cambio
- Opiniones y comunicación
- Calendario para la implantación
- Riesgos y obstáculos

---

7   Barber, M *Instruction to Deliver* Portico's Publishing, 2007.

8   Barber, M *Instruction to Deliver* Portico's Publishing, P76-77. Londres, 2007.

Capítulo 8: Deliverology: ¿la ciencia de los resultados o engaño dogmático?

- Colaboración entre departamentos
- Recursos
- Análisis comparativo

Todos estos asuntos suenan convincentes.

Los funcionarios veteranos tenían la obligación de hacer una planificación sobre todas estas cuestiones y problemas, para ser más tarde discutidos en lo que Barber llama «evaluaciones»: reuniones donde el personal de su Unidad de Resultados (en vez de los responsables del trabajo de los funcionarios) presentaban los planes y las mejoras registradas en ciertas medidas seleccionadas, donde se contaba con la presencia del Primer Ministro. Se levantaba acta de cada evaluación y se acordaban las acciones a seguir. Cada sector del servicio público sometido a la *deliverology* tenía su rango «RAV». Éstas son las siglas de «Rojo, Ámbar y Verde», una idea que se desarrolló previamente en el sector privado. El verde significa que se avanza correctamente, el ámbar significa que existen algunos problemas y el rojo quiere decir que es probable que el objetivo no se cumpla. Nadie quiere tener el estatus rojo.

El enfoque de la *deliverology* se caracterizaba por una coacción desvergonzada. Barber nos cuenta que los ministros valoraban la coacción:

> David Blunkett [como Ministro de Interior]... quería un informe de resultados que fuera provocador porque, según su opinión, provocaría el cambio necesario en su ministerio.[9]

Tony Blair quería informes mensuales. Cuando la Unidad de Resultados tenía datos, los usaban; cuando no, entonces *se esforzaban en contar historias interesantes*. Barber muestra una actitud sincera frente a la *presión* ejercida por la Unidad de Resultados en cuanto a la reforma. Su argumento es que con la atención es suficiente: la gente hablaría de ello, lo entendería y mejoraría; conforme entraran en la rutina de su modelo, serían mejores en la obtención de resultados. ¿O serían mejores enfrentándose a ello? ¿Serían mejores en la redacción de informes? ¿Acaso redactar un informe equivale a mejorar?

Conforme avanzaba la *ciencia de los resultados*, se ampliaban sus instrumentos de gestión. Surgieron el "registro de marca" como *ciencia* en el mundo del consulting y el modelo de las cuatro cajas. Se le llamó el «mapa de resultados». Trazando un eje de vertical para indicar la «importancia de la reforma» y un eje orizontal para la «calidad de la ejecución», era posible clasificar un cambio

---

9 Barber, M *Instruction to Deliver* Portico's Publishing, P118. Londres, 2007.

en cuatro tipos: poco importantes y de baja calidad sin cambios (el status quo), poco importantes y de buena calidad que son los «resultados mejorados», reforma importante pero de baja calidad que es una «polémica sin impacto» y, por último, las reformas importantes de buena calidad que se calificaban como «transformación».

Este marco conceptual solo puede servir para poner etiquetas. Solo puede usarse para elogiar o dar un puntapié. Estas acciones dan por supuesto la fiabilidad de los análisis. Pero las etiquetas no sirven para conseguir un cambio.

Los directores de este proyecto, enfocado al cumplimiento de los objetivos, tenían la obligación de investigar las «cadenas de obtención de resultados», es decir, las jerarquías que conectaban a partir de la atención al público y, por tanto, la experiencia del usuario hasta el ministro. El «análisis de la cadena de resultados» significaba implicar a todos los que ejercían alguna influencia en la cadena. Los datos y las evoluciones estaban a la orden del día. Elija un lugar donde quiere estar, compruebe dónde se encuentra ahora; trace una línea entre esos dos puntos. Ahora puede controlar su progreso. Pero, ¿qué nos enseña la ciencia de los resultados sobre los métodos? ¿Cómo podemos llegar a nuestro destino? ¿Cuáles son las consecuencias de reducir los planes de ejecución a través de la cadena de resultados?

No es sorprendente que la ciencia de los resultados sea la causa de ciertos problemas para conseguirlos. Barber nos cuenta que en octubre de 2001 – en dos años – la situación era mala.[10] Se estimó que era necesario un impulso mayor; las personas, a título individual, debían ser las responsables. Al final de 2002, en la tercera ronda de evaluación de los resultados, el progreso no era mejor según los colores: el rojo era el color dominante en los informes RAV de situación. En efecto, Barber informa que en 2002, la mayoría de los gráficos iban en la dirección incorrecta. Al parecer, Tony Blair se estaba preocupando: «De verdad, no podemos permitirnos tantos objetivos incumplidos como parece probable que esté ocurriendo».[11]

Barber justificaba el problema argumentando una falta de concentración conforme la reforma pasaba de las ideas a la ejecución. Sostenía que los funcionarios estaban bastante dispuestos a comprometerse si los grupos de presión se oponían a los cambios. Culpaba a la implantación chapucera y a los burócratas que escribían las leyes sin ningún sentido práctico en su ejecución. Es cierto que tenía razón en lo último. En vez de cuestionar el régimen que

---

10 Barber, M., *Instruction to Deliver* Portico's Publishing, P104. Londres, 2007.

11 Barber, M., *Instruction to Deliver* Portico's Publishing, P135. Londres, 2007.

había inventado – con su propósitos y sus métodos – Barber reaccionó, sin embargo, como cualquier otro que cree en los objetivos pero ve que no los puede cumplir: atacar o culpabilizar a los demás.

El segundo planteamiento de la *deliverology* que pedía un *mayor esfuerzo* era el «proceso de revisión de prioridades». La idea trataba de redirigir la atención, de mejora en los servicios en general a la mejora de aquellos que fueran una prioridad política, «enfocada especialmente en los problemas principales para la obtención de los resultados». La policía se concentró en los delitos callejeros y la sanidad en los tiempos de espera. En la sanidad, la unidad de accidentes y emergencias ($A+E$) fue seleccionada como una prioridad porque, según los datos de Barber, a mediados de 2002 no había cambiado nada. El personal de la Unidad de Resultados encontró y publicó una solución: «ver y tratar». Entiendo que esto significa poner la experiencia correcta al frente de la unidad de emergencias para permitir que la gente pudiera ser vista y curada, reduciendo así todos los retrasos. Barber apunta que, como todas las ideas revolucionarias, ésta era tan sencilla que nos preguntaríamos cómo no se le había ocurrido a nadie antes. Por desgracia, no siguió adelante con esa idea. Si lo hubiera hecho, hubiera llegado a la conclusión de que el régimen en sí era un obstáculo para conseguir un cambio efectivo.

Probablemente se le ocurrió que era mejor que el régimen promoviera el cumplimiento de los objetivos antes que la experimentación. El personal de sanidad estaba preocupado por los plazos para cumplir con los objetivos pero no por razones clínicas, sino por el régimen. ¿Merece la pena preocuparse por esto? Recuerdo que escuché un programa en la radio hace algunos años sobre el servicio de ambulancias. En una región, el servicio había clasificado la demanda por zonas geográficas – esto es, las zonas donde la población pedía una ambulancia con más frecuencia – y mudó sus unidades a esas zonas. Como es obvio, el acierto de esta estrategia *no daba lugar a dudas* y el periodista viajó a otras zonas del país para preguntar a los responsables por qué no hacían lo mismo. «Porque eso no funcionaría aquí» fue la respuesta.

Reflexioné sobre este hecho que es un fenómeno común en todas las organizaciones jerárquicas; el síndrome de «aquí no se ha inventado». Los buenos líderes saben cómo rodear el obstáculo. En vez de preguntar: «¿por qué no se hace esto aquí?», los buenos líderes (en este caso) se preguntarían: «¿Qué sabe usted de la demanda por zona geográfica?» La respuesta sería, por supuesto, que no mucho. El líder respondería entonces: «Consiga los datos y vuelvo». Entendiendo la demanda por zona geográfica sería evidente que existe un amplio margen para la mejora. Sin embargo, el régimen que gobierna el servicio de emergencias nunca preguntará sobre la naturaleza de la demanda, sino en «¿cómo está funcionando según los objetivos?» Los directores van a agudizar el ingenio para cumplir los objetivos en vez de cubrir la demanda real. Una manera de hacerlo es con la reclasificación de las condiciones necesarias para determinar un estado de emergencia a cubrir con ambulancia (de tal manera que habrá que responder a menos llamadas para cumplir el objetivo de los ocho minutos). Ésta es la equivocación que se comete y que solo va a inducir a los errores; un mayor número de personas en una peor situación.

Un conductor de ambulancias me escribió lo siguiente:

> Mi servicio comenzó a rebajar el grado de ciertos tipos de emergencias hace tres años, aparentemente, con el interés de crear respuestas más apropiadas según el estado del paciente. Pero hay dos hechos que delatan este juego: en primer lugar, la gran mayoría de lo que la dirección llama «reclasificación de categorías» eran circunstancias que pasaban del objetivo de una mayor respuesta (ocho minutos) a categorías que admitían un mayor tiempo de respuesta. Y en segundo lugar, en algunos de estos trabajos, aunque no implicaban realmente un posible fallecimiento, entre sus riesgos sí que podía interpretarse la pérdida potencial de una extremidad o se dejaban sin atender a pacientes doloridos durante un periodo demasiado largo de tiempo (hasta dos horas, dependiendo de la presión que tuviera el servicio público en ese momento). Era inevitable que se escaparan algunos incidentes potencialmente mortales.
>
> Por supuesto, muchos de los trabajos que se clasificaban en la categoría de respuesta de ocho minutos llamada «potencialmente mortal» ¡resultaban ser efectivamente potencialmente mortales! Y todo esto se debe a que nuestra concentración estaba en el objetivo impuesto por el gobierno en vez del estudio de la demanda desde la perspectiva del paciente.
>
> Hemos intentado llamar la atención de los directores veteranos y el director médico sobre este caso en repetidas ocasiones, pero sin éxito aparente. Continuaron con este sistema porque creen el público no es consciente de que las respuestas tardías en estos casos no son necesariamente una excepción, sino que hay un sistema detrás que es defectuoso.

El juego de las clasificaciones para cumplir los plazos establecidos, como indica este conductor, simplemente está mal enfocado. La futilidad de enfocarse en los tiempos de respuesta en vez del logro de los propósitos ha sido objeto de una investigación[12], pero, como el pensamiento que se esconde tras las cuestiones tan evidentes supone una ofensa para el pensamiento del régimen, se pasa por alto.

---

12 *Treating the clock and not the patient: ambulance response times and risk*, L. Price, Qual. Saf. Health Care 2006; 15; 127-130.

En los últimos días del reinado Barber, el régimen de los resultados pasó del énfasis en el mando y control vertical al llamado «progreso sostenible, dirigido por la presión de los clientes». Quizá se dieron cuenta de que el cambio vertical no era sostenible, aun si no conseguía llevarles a admitir que el planteamiento completo estaba haciendo aguas. Tony Blair habló de este cambio como el paso de «agitar el sistema» a realizar una reforma estructural. Los ministros y funcionarios comienzan a describir este paso como la «permisividad».

Todo esto ocurrió en 2004, después de más de tres años de *deliverology*. Para Blair, este cambio supuso una nueva visión de la reforma, implicando mayores estándares de actuación con una mayor receptividad ciudadana. La adaptación y personalización de los servicios, que se centraban en el cliente y no en el suministrador, sonaba convincente como es habitual. Pero, paradójicamente, era el mismo régimen que obstaculizaba la labor del suministrador de los servicios con las especificaciones masivas, que crecieron a raíz de la deliverology, el que dictaba las medidas y los diseños organizativos: el programa diseñado para obtener resultados tenía como fin el programa y no la reforma. Por esta razón, mientras mejoraban las cifras del régimen en 2004, la satisfacción de la opinión pública con los servicios iba en sentido contrario.[13]

El cambio de prioridad significaba una mayor concentración política en la «libre elección» y la competencia. También quería decir que los ciudadanos participaban en el diseño y la prestación de los servicios públicos. Como describiré mas tarde, este cambio de prioridades hacia un compromiso de los ciudadanos nos ha traído algunas consecuencias absurdas.

Barber describe la *deliverology* como una serie de «herramientas y procesos de primer orden». Yo lo describo como un sistema Mickey Mouse basado en el mando y el control. Aunque esta comparación es generosa para Barber e injusta para el ratón. El método de *deliverology* de Barber consiste en provocar el cambio en función de las opiniones y el envío de la actividad al sistema, sin conocer el impacto ni el modo en que éste responderá. Es *"tampering"* a gran escala.

Las ideas en apariencia convincentes – las cuestiones y los problemas planteados por la *deliverology* – no eran ideas que promovían el conocimiento, sino más bien lo contrario; favorecían la planificación, la gestión de proyectos, la redacción de informes, la justificación y otras conductas disfuncionales. Al igual que los sistemas basados en el mando y control, la ciencia de los resultados (deliverology) pretende controlar la conducta de las personas para reducir sus

---

13 Barber, M., *Instruction to Deliver* Portico's Publishing, P236. Londres, 2007.

oportunidades de comportarse de un modo oportunista; sin embargo y lo que es paradójico, este sistema tendía a generar y potenciar estos comportamientos.

Para repasar la lógica empleada por Barber: lo que él llama el reto de la productividad, personas que quieren mejores servicios sin pagar más impuestos. Aquí suponemos, como lo haría un pensador del mando y control, que la única manera de conseguir mejores servicios es teniendo más recursos. Sin embargo, la mejor manera de mejorar la productividad es mejorando la calidad, tal y como Deming nos enseñó. Ohno lo plantea de la siguiente forma: si la capacidad del sistema es el trabajo más su derroche, la forma de mejorar la capacidad es mediante la eliminación del derroche. Y, tal y como he mostrado, el derroche viene causado por el régimen. Los ciudadanos quieren servicios mejores *y* no quieren pagar más impuestos.

Barber cree que los objetivos, concebidos bajo la óptica del mando y control, permiten que los servicios pasen de una muy mala calidad a una calidad aceptable. Es una idea basada más en la suposición implícita de que los managers del sector público no están dispuestos a actuar, que en una demostración de la validez de la gestión por objetivos. Al darse cuenta del estado en que se encuentra el sector público por la imposición de los objetivos, Barber ahora defiende que los servicios necesitan un modelo distinto de intervención, para pasar de una calidad aceptable a una calidad buena. ¿Y por qué tendría que ser así? ¿Cómo es posible que dos estrategias enfocadas a mejorar sean diferentes pero útiles como un punto de partida?

Las consecuencias de la *delegación y transparencia* – subcontratar los servicios mediante acuerdos con empresas – son alarmantes. El régimen ha establecido verdaderas fábricas para ofrecer, entre otras cosas, asistencia sanitaria, asesoría jurídica, atención al consumidor y distintos servicios municipales. En muchos casos, los contratos estimaban (y se pagaban por) unos niveles de demanda que no eran reales, lo que causaba un increíble derroche de fondos públicos. Peor aun, como el régimen mide estas "fábricas" según sus costes operativos, se engaña al suponer que unos costes operativos más bajos es sinónimo de un mejor rendimiento. Retomaré el tema de la producción industrial de servicios públicos en el capítulo 11.

Barber informó de que el Primer Ministro estaba preocupado por no llegar a los objetivos. Un objetivo clave entre ellos era el número de extranjeros que solicitaban asilo político. Entre los meses de abril y junio de 2004, el número de solicitudes de asilo descendió en un 13 por ciento, al igual que descendió el número de solicitudes denegadas y sus posteriores deportaciones. ¿Estos descensos en las cifras fueron el resultado de la mejora del proceso o, por el contrario, se permitió que más gente entrara en el país para que el gobierno pudiera cumplir su objetivo? El Ministro de Interior en la oposición, David Davis, acusó al gobierno de repartir permisos de trabajo «como si fueran confeti» para alcanzar los objetivos ligados al asilo político.[14] En aquellos momentos, recuerdo que en las noticias contaban que algunos trabajadores habían recibido instrucciones para cambiar las normas (y admitir las solicitudes); si esto fuera cierto, no sería sorprendente para un pensador sistémico. La burocracia de los objetivos domina la gestión del trabajo; la consecución de esos objetivos se convierte en el foco de atención en vez la mejora del trabajo.

Como otros muchos que escriben sobre las organizaciones, Barber hace referencia a Norman Dixon, el psicólogo que escribió *Sobre la psicología de la incompetencia militar*.[15] La tesis de Dixon es que, en las organizaciones militares, los atributos de liderazgo se van perdiendo conforme se asciende en la jerarquía hasta el punto en que, cuando llegan a lo más alto, ya no están capacitados para liderar. Barber utiliza esta tesis para crear un paralelismo con el sector público, alegando que los funcionarios ponen de manifiesto un «conservadurismo fundamental», una «tendencia a rechazar o ignorar la información que es difícil de digerir», así como «una contumacia en una tarea determinada a pesar de contar con pruebas sólidas y contradictorias».

Es discutible que haya sido el propio Barber el que se haya vuelto incompetente aferrándose un montón de ideas convincentes en apariencia, pero ignorando la evidencia de su fracaso y mostrando su propia contumacia frente a las pruebas .La inteligencia es una característica distintiva de los líderes más veteranos del sector público. ¿Se puede pensar que la oposición a la *deliverology* de Barber puede haber sido una reacción lógica frente a ideas estúpidas? Cualquier resistencia de este tipo habría sido analizada y requerido el análisis de terceros, con la participación del Primer Ministro.

Barber sostiene que un artículo académico escrito por Steven Kelman[16] desacredita cualquier leyenda urbana sobre los objetivos. Si se hace una lectura cuidadosa, no encontramos nada por el estilo. Kelman no hace mas que relacionar los trabajos de la Unidad de Resultados con los conceptos de la teoría de los cambios en la organización. Su trabajo empírico consiste en algunas

---

14 http://www.guardian.co.uk/immigration/story/0,,1422806,00.html

15 Norman Dixon, *On the Psychology of Military Incompetence*, Futura Books, 1976.

16 Kelman, Steven, *Improving service delivery performance in the United Kingdom: Organisation theory perspectives on central intervention strategies*, Journal of Comparative Policy Analysis: Research and Practice, 8:4, 393-419, 2006.

entrevistas realizadas a personas implicadas. Las únicas conclusiones fundadas en la evidencia son aquellas sobre el personal que trabaja en la Unidad de Resultados, en cuanto que tenían cierta preponderancia a imponer sus prácticas y que estaban poco convencidos del compromiso de los trabajadores de primera línea con los objetivos y eran más escépticos en relación a la disposición de los funcionarios en escalas más bajas a mejorar el rendimiento utilizando objetivos. En otras palabras, el personal que trabajaba en la Unidad de Resultados eran más de la opinión de que el cambio tenía que venir motivado desde el centro.

La teoría de Barber sobre los resultados es parca en cuanto a métodos. Y solo el método puede contestar la siguiente pregunta: ¿cómo podemos mejorar los servicios? El método de facto empleado por Barber es la creación de una burocracia para la medición de resultados y la redacción de informes, que induce al personal a suponer erróneamente que las mejoras son reales. Sus estrategias de *motivación* solo motivaron burocracias enfermas y defectuosas. En un servicio donde hemos visto el efecto directo de la teoría de Barber es en la policía. La teoría de los resultados fue la causa de las políticas burocráticas que afectaron el registro de delitos y denuncias que, como veremos, no equivalen a la vigilancia policial.

Capítulo 9: Prescindir del valor en la policía

En el otoño de 2007, un programa de la BBC, *Panorama*, trataba de la vigilancia policial.[1] Mientras que ha aumentado el número de agentes de policía en Inglaterra y Gales, las quejas de los agentes recogidas en el programa decían que mucho del trabajo que hacen es una pérdida de tiempo. El propósito de la policía – evitar la delincuencia y velar por el orden público – se veía perjudicado por lo que describían como «papeleo». El problema es tan grave que los agentes de policía están marchando al extranjero para trabajar en Canadá y Australia y, cuando lo hacen, les reciben con un enfoque más sensato y pragmático. Un cuerpo de policía que permite a los agentes utilizar su criterio está haciendo lo importante y promueve el uso de su propia iniciativa; son policías que invierten su tiempo en la vigilancia.

¿Qué es lo que ha apartado al cuerpo de policía británico de su criterio, iniciativa y su buen hacer? En breve, los resultados de Barber. La *ciencia de los resultados* ha generado una burocracia que asfixia el logro de los propósitos y, en su lugar, ha creado la administración del registro y el informe. No solo es desalentador, sino que también reduce el rendimiento y genera una cultura de miedo.

Una unidad de policía se compone de alrededor de 350 efectivos. En zonas urbanas, con una unidad puede cubrirse la mitad de un distrito. Si hacemos caso de los turnos, de esos 350 agentes, tendríamos 10 oficiales disponibles trabajando para servir al ciudadano en cualquier momento. En la práctica, es probable que la mitad de esa unidad esté procesando los delincuentes detenidos ayer, por lo que generalmente solo hay cinco o menos agentes de servicio.

¿Dónde está el resto? La respuesta es un buen ejemplo sobre la insensatez de la ciencia de los resultados. Los agentes están organizados en *unidades*, muchas de las cuales atienden las prioridades del gobierno: la protección de testigos, gestión de delincuentes, violencia doméstica, protección al menor, protección y vigilancia en los barrios, prevención del crimen, trabajos en la escena del crimen, inteligencia, oficinas de asistencia, delincuencia *común*, apoyo a las víctimas, Departamentos de Investigación Criminal (CID), oficina de denuncias, armas de fuego, licencias, coordinación con las escuelas – todas representan la funcionalización de la policía –, en lo alto, se asienta una jerarquía encargada de redactar informes y realizar una plétora de inspecciones con las que revisan cada función. Esto es lo que consume los recursos de la policía.

---

1 *Panorama*, 17 de septiembre de 2007.

La fragmentación del trabajo ocasiona que los directores pasan horas y horas supervisando y organizando reuniones para tratar de juntar todas las piezas y la principal prioridad de la dirección es la de conseguir buenos números.

Debemos culpar al pensamiento centralizado del mando y control y los cambios por proyectos. Cualquier iniciativa requiere sus propios recursos, un programa, prioridades, objetivos y procedimientos. Con frecuencia, el dinero del gobierno está reservado para las *prioridades,* alentando la creación de esas unidades específicas, cada una con su propia administración. De esta manera, cada una de las iniciativas desvía los recursos del trabajo principal para gestionar la administración policial. Es un triunfo de la administración sobre la policía y una causa de inmensa frustración entre los que intentan convertirse en agentes. También supone un enorme volumen de derroche.

Los agentes que fueron entrevistados en *Panorama* estimaban que emplean hasta un 80 por ciento de su tiempo completando informes en la comisaría. Cuando consiguen detener a un delincuente, tenían que dedicar tanto tiempo al papeleo que tenían que preguntarse si merecía la pena realmente identificarlo. Del mismo modo, las faltas más leves eran registradas para conseguir buenas estadísticas: por ejemplo, las peleas en los parques y las *domésticas* (discusiones entre parejas) eran buscadas con anhelo por los agentes que iban cortos en sus objetivos mensuales, ya que éstas eran fáciles de *detectar y de cerrar; dos pájaros de un tiro si ambas partes estaban convencidas en interponer una demanda.* Al final de un mes *malo,* los superiores pedirán a sus agentes que *aumenten las cifras.* Una consecuencia de ello es la criminalización de la sociedad. Panorama informaba de que el número de jóvenes con antecedentes de participación en una actividad criminal había crecido en un 25 por ciento durante el último año. Las multas in situ – una iniciativa ministerial de reciente creación – son otra manera fácil de hacer que suban las estadísticas. Admitiendo que estar en los primeros puestos de las listas de objetivos no tenía mucho significado para sus policías, el jefe de la policía de Surrey admitió de forma valiente a finales de 2007 que «corremos el riesgo de tener éxito en las estadísticas, cuando los verdaderos problemas operativos estaban todavía sin resolver».

Cualquiera que entre en la burocracia de la policía aprende pronto que su funcionalización crea una cultura de archivador, de consultas, de procedimientos y de *apertura* y *cierre* de expedientes. El proceso empieza en el primer contacto con la policía, donde se deben registrar y remitir todos los incidentes al equipo especialista *correcto.* Donde sea que llega el asunto, la primera pregunta siempre es: «¿esto es para nosotros?». Se hace una criba del trabajo, se clasifica y se distribuye entre las unidades. Cada caso debe abrirse y cerrarse, lo que puede hacerse de una manera fácil desde el punto de vista del emisor al pasar el expediente, aunque el trabajo policial de identificar y detener delincuentes no haya finalizado. Si se ha abierto un caso, el agente será consciente de los procedimientos requeridos (puesto que deberá inspeccionarse el trabajo) y, una vez más, se estará haciendo trabajo sin *valor*. Una vez más, las normas evitan que el sistema sea capaz de atender una demanda variada; el seguimiento de los procedimientos obliga a los agentes a realizar tareas que carecen de valor. El estudio del flujo de trabajo en el ámbito de la policía nos revela una enorme cantidad de actividad dedicada a la apertura, a la administración y al cierre de archivos electrónicos, cuyo valor en ese proceso es escaso. Estimamos que entre un 60 y un 80 por ciento del trabajo ejercido en esta profesión es derroche; ordenado e institucionalizado.

El derroche no solo se encuentra en esta especie de fábrica de gestión electrónica. Los robos con escalo se convirtieron en una prioridad en el régimen de reformas durante sus primeras etapas. Muchas fuerzas de seguridad, por tanto, situaron estos robos como un asunto al que había que darle respuesta *inmediata*, a pesar del hecho de que solo la inmediatez en una respuesta puede ser valiosa (es decir, atrapar a los ladrones), si el ladrón se encuentra todavía en la escena del crimen (que no es usual). Los agentes que operan en las escenas del crimen, obligados a atender cualquier caso de allanamiento de morada para poder cumplir con la *política*, necesitaban solo asistir a la escena en aquellos casos donde había una posibilidad de conseguir información que pudiera ser útil para la investigación, es decir, aproximadamente la mitad de los casos. Imagínese el impacto del agente cuando tiene que acatar los procedimientos en vez de lograr los propósitos.

El allanamiento de morada es un delito que se encuadra dentro de la unida de *delitos comunes*. En su mandato como Ministro de Interior, David Blunkett decidió que la unidad de *delitos comunes* – robos con escalo, robos con violencia y hurtos – estaba detrás del «miedo a la delincuencia». Es cuestionable si esta opinión se basaba en el conocimiento. Quizá estaba preguntando en encuestas *a clientes* si tenían miedo de la delincuencia, de tal manera que hiciera subir el índice de miedo. Es verdad que recuerdo haber pensado que nunca tuve miedo a la delincuencia hasta que me preguntaron si lo tenía. En cualquier caso, las unidades de *delincuencia común* se crearon para seguir la iniciativa del Ministro de Interior. Estas unidades reciben todos los informes relacionados con este tipo de crímenes por parte de los oficiales que se encargan de la respuesta al crimen, que son generalmente aquellos que asisten a la escena del crimen, investigan y rellenan varios informes.

Es importante poner de relieve que en nuestro estudio de la policía como sistema, hemos aprendido que la mayoría de delincuentes solo son detenidos cuando la policía aparece rápidamente. Con el diseño actual, un *agente de respuesta* informará sobre el delito y tomará declaraciones, rellenando no uno, sino varios formularios, aunque exista la oportunidad de detener o arrestar al delincuente. Las denuncias sobre los incidentes ocurridos y los informes se envían a una oficina administrativa que se encarga de su administración; no se envían al agente en primera línea. Considerado un control útil del sistema, se duplica el esfuerzo y se elimina la inmediatez, el contexto y la discreción.

El equipo de delitos comunes abrirá los archivos electrónicos del caso que haya recibido, leerá los informes y las declaraciones para decidir más tarde la acción que deberá tomarse. En la mayoría de casos, la acción más útil que puede tomarse es no hacer nada. Si se logra un arresto, los equipos que se encargan de los delitos comunes se llevan los honores, lo que sirve para desmoralizar al resto de compañeros, puesto que en realidad, el personal que se encuentra en la fábrica de gestión electrónica hace poco para conseguir un arresto. Muchos de estos grupos de especialistas trabajan de nueve a cinco, de lunes a viernes; no es difícil comprobar que sus horarios no coinciden con los de la actividad criminal. En torno a la mitad del total de casos creados se cierran sin más trabajo hecho cuando son remitidos a la unidad pertinente. Entonces, **¿por qué** se crean?

Es fácil comprobar el nivel de derroche que se produce en cuanto al empleo de los recursos. Al echar un vistazo en todas las unidades, la extraordinaria conclusión es que la mayoría de las actividades no tienen relación alguna con el logro del propósito. La mayoría del trabajo se hace para cumplir con las especificaciones (en este caso, procedimientos) y los requisitos de información. Cada unidad contabiliza la actividad. Los datos de la actividad son enviados al Ministerio de Interior británico; las auditorías internas regulares y las inspecciones del Inspector de Su Majestad (*HMI*) se detienen en la calidad de los archivos y de la investigación, centrándose en contestar la siguiente pregunta: **¿se han aplicado los** *requisitos mínimos de calidad?* Para asegurarse de salir airosos de esas auditorías, las fuerzas del orden añaden otras revisiones suplementarias por cuenta de la casa y así garantizan que el trabajo se ha finalizado correctamente. Como resultado, estamos ante una cultura defensiva donde es necesario cubrirse las espaldas.

Un pensador sistémico se interesa por conseguir los propósitos: en este caso, ¿con qué frecuencia detenemos y encarcelamos a los delincuentes? De hecho, las sentencias condenatorias son poco frecuentes. Además, la mayoría de los informes y declaraciones nunca verán la luz del día. ¿Por qué se requiere que cada delito cuente con la declaración de los testigos? Una *condición del sistema*; la falsificación de los delitos (una función de inspección y de registro) es lo que motiva la necesidad. La opinión es que los delitos pueden clasificarse de una manera más fiable cuando existen declaraciones hechas por testigos; refleja la falta de confianza en los agentes de policía y el límite a su discreción.

Puede existir alguna justificación (errónea) para ejercer ese *control* sobre los atestados. Se han dado muchos casos en los que los agentes han tenido que reclasificar los delitos para poder cumplir con los objetivos fijados; por ejemplo, la reclasificación de un hurto en una tienda como un allanamiento de morada. Pero este tipo de acciones también estaban motivadas por el Ministerio de Interior en su requisito de conseguir datos sobre ciertos tipos de delito. No estamos hablando de policías malos o corruptos, sino de policías que trabajan para un sistema que es malo y corrupto. La captación de datos no ayuda a los agentes a capturar delincuentes. Los datos que clasifican los delitos arrojan una supuesta luz sobre el impacto de la delincuencia en una comunidad, pero no ofrecen mucha información sobre los patrones de conducta ni las causas; una agresión se registra como agresión cuando se trata de un caso de violencia doméstica, una reyerta en un bar o dos jóvenes peleándose en un parque. En la práctica, los datos apenas tienen valor para el cuerpo. Pero son requisito del régimen y los agentes aprenden que lo importante es completar el papeleo correctamente.

Un agente de policía fue cesado por criticar la cantidad de documentos que él y sus colegas tenían que procesar.[2] Se quejó de que llegaba a registrar la declaración de 56 personas y 128 papeles distintos para llevar a juicio un simple caso de agresión. Dijo:

> Como resultado de la cultura que se ha creado, los principios fundamentales de la policía se han tenido que comprometer en aras de cumplir los criterios de actuación. En última instancia, son el público, el servicio y... los agentes los que sufren, lo que se demuestra con los retrasos en las llegadas de los agentes, una presencia menos que evidente de la policía en las calles y, en muchos casos, un servicio inadecuado que se presta a los ciudadanos.

El programa de televisión *Panorama* presentaba la historia de un agente que emigró a Canadá para unirse al cuerpo de policía de ese país. Había escrito un *blog* en Internet con el pseudónimo de «David Copperfield». Según su relato, se sorprendió al saber cuántos compañeros más compartían su opinión sobre la pérdida de tiempo, el fracaso en el logro de su propósito y la falta de iniciativa en la policía. El ministro que por entonces era responsable del cuerpo, Tony

---
2 Philip Johnston, editor de noticias nacionales, Daily Telegraph, 5 de abril, 2007.

McNulty, declaró a la Cámara de los Comunes que el *blog* era una ficción más grande que las escritas por Dickens, una declaración de la que luego tuvo que retractarse; pero aunque lo aceptara a regañadientes, existía algo de cierto en el *blog*, así que solo tenía valor de admitir que el *blog* tenía razón en algunos detalles.

El autor del *blog* corría el mismo riesgo que el agente que fue suspendido, pues es un acto punible que un policía desprestigie el cuerpo. Pero los ciudadanos cuestionan cada vez más el valor de la actividad policial. Es cada vez más frecuente escuchar comentarios sobre agentes que no son capaces de hacer cosas simples o incluso básicas. Cuando llegan a oídos de un periodista, entonces salta a la prensa. El periodista Graham Duffill describió una agresión en *The Sunday Times*[3]. Tras haber sido apaleado, avisó a la policía dónde vivía su agresor. Al ver que no pasaba nada, Graham hizo un seguimiento y recibió la visita de un agente, quien le dijo que no podía actuar porque no era el agente que investigaba el caso (la burocracia asigna delitos a cada agente). Al haber comprobado el nombre de la persona que estaba registrada en ese domicilio, Duffill se lo entregó al agente, pero éste le dijo que podría estar cometiendo un delito según la Ley británica de Protección de Datos. Dos días más tarde, Duffill hizo otro seguimiento y encontró que el agente responsable no había procesado el caso en el sistema informático correcto. No cabe duda del escepticismo de la opinión pública. Como en muchos otros casos, la burocracia del informe, destinada a controlar el trabajo de la policía, interfiere en el correcto funcionamiento de este cuerpo de seguridad.

El régimen ha creado una cultura de aversión al riesgo y de autoprotección. Lo que importa es lo que se piense de la policía y no lo que hace. Es paradójico, pero se trata de una cultura que entraña un riesgo mayor, puesto que el riesgo se gestiona con las inspecciones y todos sus componentes. Los cuerpos de seguridad destinan una ingente cantidad de recursos a las inspecciones; deben asegurarse de que todos se comportan según las normas. Cualquier agente que dé parte sobre un delito será investigado por su sargento, su inspector (de policía), el equipo de investigación, un auditor interno y otro externo. El equipo de investigación puede estar formado por hasta siete miembros en un comando. Su misión principal es garantizar que los delitos se han registrado correctamente para la posterior producción de informes. Una mayor inspección solo trae un mayor número de errores o, para ser más exactos, una mayor sub-optimización. Los requisitos de los informes no aportan ningún valor al trabajo realizado, sino que consumen los recursos. En términos sistémicos, se trata de un derroche.

---

3 *Beaten up by a neighbour and police did... nothing*, Sunday Times, 14 de octubre de 2007.

Mientras que el derroche económico es tangible, el derroche derivado de la moral de los agentes y de su reputación pública resulta incalculable.

La burocracia electrónica permite a las fuerzas del orden señalar con una *banderita* los incidentes y dar prioridad a los casos que el régimen estime oportuno. Cualquier delito o incidente con un cierto sabor a raza, odio, violencia o que implique a colectivos vulnerables, niños especialmente, se designa como un caso donde se requiere investigación, declaraciones, informes y control. Estas actuaciones dan lugar a una conducta que mancilla la reputación de la policía. Por ejemplo, una discusión familiar entre paquistaníes puede no derivar en un delito ni en violencia cuando llega la policía pero, como aquí entra en juego la etiqueta de *raza,* todos los miembros de esa familia tienen que prestar declaración sobre los incidentes ocurridos. De esta manera, el agente de policía debe esperar a que cada miembro de la familia conteste una serie de preguntas y completar un formulario por teléfono. El formulario contiene una serie de preguntas estandarizadas que se repiten algunas veces lo que, para algunos, puede resultar ofensivo. El agente se disculpa (encogiéndose de hombros); es el procedimiento.

Como la policía tiene que prestar declaración sobre cualquier incidente donde encontramos la etiqueta de *niños*, a pesar de que ese niño esté a salvo, los padres y otras personas implicadas pueden sentirse criminalizados en el proceso. Cualquier accidente en el hogar donde haya un niño atrae una expectación tan grande que la mayoría pensará que la respuesta es excesiva. Pero el agente que acude al lugar del incidente encuentra una mayor seguridad centrándose en cumplir los requisitos de la política; de hecho, hacer un análisis razonable sobre la necesidad de una mayor atención o apoyo en el caso sería muy peligroso para este agente o para el niño. Todo será revisado, incluso una segunda vez; nadie puede hacer uso de su propia iniciativa. A lo largo de los años, la policía ha aprendido a cubrirse sus espaldas. Por desgracia, al concentrar sus estrategias en evitar los titulares de los diarios, paradójicamente, están ayudando a crearlos. Muchos se quedaron sorprendidos cuando supieron del comportamiento de dos policías de barrio que fueron avisados porque un niño se estaba ahogando. En vez de zambullirse en el agua para rescatarlo, presuntamente los agentes se quedaron en la orilla sin hacer nada. Fue aun más sorprendente escuchar a su inspector jefe salir en su defensa diciendo que los policías de barrio (*PCSO*) no estaban formados para tratar «incidentes graves» como éste. Los jefes que se encuentran sometidos a las reglas pueden verse tan encorsetados en sus propias normas y procedimientos que pierden el sentido común y práctico más elemental atribuible a todo ser humano.

La policía de barrio o *PCSO* fue un invento de David Blunkett cuando era Ministro de Interior. En efecto, son una especie de policía barata: parecen agentes pero no pueden actuar como tal. Su propósito es conseguir visibilidad y, por tanto, detener a los delincuentes y tranquilizar a los ciudadanos. Pero si el público interactúa con ellos y se da cuenta de que la policía no puede actuar, ¿cómo es posible que eso les tranquilice? La policía de barrio no tiene poderes para arrestar, interrogar sospechosos o investigar un delito. Lo único que pueden hacer es pedir el nombre y el domicilio de los que merodean por la zona (generalmente niños) o de personas a las que se ha visto drogándose, ya que pueden confiscar drogas y alcohol de los adictos identificados. Pueden multar a aquellos que ensucian las calles, los que no limpian la suciedad de sus perros y a los ciclistas que circulan por lugares indebidos. Pueden controlar el tráfico. Si lo piensa usted bien, los policías de barrio tienen una función enfocada posiblemente a crear la frustración de la opinión pública en sus relaciones con el cuerpo.

Este dispositivo se creó para atajar el problema de visibilidad que se percibía. El origen de este *problema* vino a raíz de unas encuestas realizadas a los ciudadanos sobre lo que esperaban de la policía. En vez de identificar lo que impedía que la policía fuera menos visible (el hecho de que están al servicio de la burocracia y no del ciudadano), el ministro llegó exactamente a la conclusión equivocada. Los verdaderos agentes de policía deben tener la máxima *visibilidad*; quizás de una manera inevitable, la visibilidad se ha convertido en un objetivo.

Dentro del cuerpo se han elaborado listas de tareas que se clasifican en «visibles» y «no visibles». Por ejemplo, *patrullar* es una tarea «visible» evidentemente, mientras que *completar el papeleo* es un ejemplo claro de tarea «no visible». Sin embargo y como ocurre con cualquier intento de clasificación, las reglas quedan abiertas a su interpretación. Estar *en la comisaría pero disponible* se inscribe para muchos como una tarea «visible». De esta inevitable manera, los agentes no registrarán la tarea de hacer el papeleo incluso si es lo que tienen que hacer, ya que las reglas les permiten estar «visibles» en la comisaría. De igual manera, *aportar pruebas en un juicio* es una tarea «no visible», pero *estar en el tribunal sin aportar pruebas en un juicio* es una tarea «visible». Una vez más, consideremos lo que se inscribe. La cultura es la que está motivando las conductas. Cuando la *invisibilidad* se ve como un problema, los agentes tratan de evitar ser *invisibles*, aunque lo sean. Los análisis de estas actividades requiere que los agentes hagan un registro cada 15 minutos de su jornada. ¿Puede usted imaginarse la fiabilidad (dejando a un lado la eficacia) de esta acción? En algunos cuerpos, el análisis de las actividades queda recogido en un ordenador, de tal manera que los agentes pueden elegir una actividad con un código predeterminado. Ambos métodos quedan abiertos al falseamiento y, sencillamente, son erróneos.

La maliciosa cultura creada por el régimen se extiende entre los agentes. Si una policía descubre que se ha denunciado las marcas de una rayuela como un *grafiti,* no tendrá valor para decirle al denunciante que se busque otra cosa mejor que hacer. Igualmente, si un padre se queja de que a su hijo le han llamado *gordo mariquita* por un mensaje de texto, el agente puede sentirse obligado a tomarse este caso en serio e investigarlo, redactar una denuncia y tomar declaración. El agente está incapacitado para usar su discreción (y, por tanto, hacerse responsable), mientras que se anima al ciudadano a ser irresponsable. Es una farsa de la relación entre el ciudadano y el policía.

Esta farsa comenzó desde arriba. Los ministros y sus asesores estaban, naturalmente, preocupados por saber qué labor de los policías era importante para el público. Inconscientes de lo que ya se sabía, lanzaron una serie de iniciativas consecutivas para tratar la delincuencia. Durante varios años, los cuerpos de seguridad hablaban de vigilancia «fundada en la inteligencia». Se creó un módulo de inteligencia nacional (*NIM*) y un sistema de gestión asociado. Sin embargo, solo son efectivos en *apartar* la inteligencia de la policía. La unidad de inteligencia se ocupa de analizar las denuncias y cualquier otra información. La unidad decide sobre la respuesta policial que se requiere en el terreno. Para el agente que patrulla, parece (y es) un sistema que les dice a los lugares donde tienen que ir a realizar actividades como se les ha ordenado, sin saber por qué, sin participar en la decisión y con la obligación de informar después de lo sucedido. No es sorprendente que lo tomen como un insulto en vez de una ayuda a la inteligencia. Como ocurre con cualquier otro sistema, su diseño debe hacerse en el proceso, lo que significa poner la inteligencia donde se hace el trabajo, en primera línea, en vez de ponerla lejos del mismo, como se hace en la fábrica de gestión.

En 2007, Sir Ronnie Flanagan, el Jefe Inspector de Policía de Su Majestad, publicó un informe provisional donde se analizaba la labor de la policía. Flanagan describe la actual carga burocrática como *sorprendente* comparado con la que había en sus tiempos en primera línea, reconociendo que ha crecido una cultura de aversión al riesgo, la cual perjudica gravemente la discreción o, en el peor de los casos, la elimina. Queda por ver si en su informe definitivo, aprovechará la oportunidad para hacer lo correcto (en vez de mejorar lo erróneo). El cambio de normas en las inspecciones y la redacción de informes no modificará el hecho de que estos dos elementos son la causa principal del problema.

La ciencia de los resultados de Barber ha socavado la esencia de la policía. Esta ciencia y su costosa parafernalia es la que debe eliminarse con el fin de restaurar el cuerpo de policía y permitir que el sistema funcione para que logre sus propósitos. Parece que existen pocas posibilidades, cuando los ministros afirman que quieren más policía en primera línea y, sin embargo, insisten en que, no queda otra, hay que analizar los datos que se han recabado. Ésta es una prueba de que no entienden el problema.

En 2005, informamos de un caso simple pero grave cuando se reorganizó el cuerpo de policía.[4] Como viene siendo habitual, la policía a nivel local fue organizada sin tener absolutamente nada en cuenta la demanda. Cuando el sargento aprendió que, primero, la mayoría de la demanda estaba relacionada con los disturbios juveniles y, en segundo lugar, que la capacidad de su sistema para dar respuesta era espantoso (creaba más demanda y un ejército de ciudadanos insatisfechos que, como resultado, tenían una visión negativa de la policía), este sargento decidió cambiar el diseño del servicio. Al diseñar el sistema de nuevo para poder ofrecer una respuesta rápida a los disturbios juveniles, no solo reaccionó mejor frente a los alborotadores, sino que también recobró la confianza de su comunidad en la policía. Al mismo tiempo, pudo reclutar a otras partes interesadas (instituciones educativas y los ayuntamientos) para resolver los problemas de una manera más efectiva.

Cuando colaboramos con la justicia penal escocesa, demostramos que existe un margen enorme para mejorar el sistema completo, de principio a fin.[5] Pero el margen de mejora solo puede conseguirse cuando el sistema se gestiona como una sola unidad, lo que complica las cosas con el actual régimen.

En nuestro trabajo con los cuerpos de seguridad, hemos aprendido, por ejemplo, que la mayoría de delitos son cometidos por el mismo colectivo reducido. Para reducir la delincuencia y enfrentarnos a los incidentes, deberíamos trabajar, al menos parcialmente, con los delincuentes en vez de con lo delitos. Actualmente, aquellos que deben ser el centro de atención de la policía lo son también de muchas asociaciones, lo que duplica el trabajo en la policía, libertad condicional y servicios sociales y, además, multiplica el número de errores potenciales, lo que permite que los delincuentes puedan aprovechar estas grietas para escaparse.

---

4   Sargento Norman Dixon describe cómo organizó a la policía para adaptarla a la demanda en *Freedom from Command and Control*, en DVD.

5   *West Lothian Criminal Justice Project*, Lothian and Borders Criminal Justice Board, informe definitivo, marzo de 2007.

Sabemos también, gracias a la observación, que los delitos son bastante previsibles si se ordenan por tipo, momento y zona geográfica. Sin embargo, la gestión actual de la policía pasa por alto este dato crucial. Una razón se debe a que la policía no estudia la demanda. Otra razón es que se organizan mediante una jerarquía vertical, en vez de usar un planteamiento de fuera hacia dentro. Cuando el trabajo de la policía comienza con el estudio de la demanda, le sigue rápidamente un progreso que reduce su volumen y mejora los servicios prestados a los ciudadanos que dirigen sus consultas a la policía.[6]

Cuando nos ocupamos de las preocupaciones de la sociedad por los colectivos vulnerables – niños y mayores –, hemos aprendido sobre la utilidad de identificar el lugar donde tenemos el primer conocimiento de los problemas. ¿Dónde se dan los avisos en un primer momento? En el caso de la policía, quizás no sorprende aprender que la mayoría de avisos procedan de las escuelas y de los servicios sociales. En otras palabras, aquellos que ya son conocidos por la policía y que se dan a conocer en todo el sistema. Como muchos de los delincuentes ya son conocidos, tanto la policía como otras agencias ya conocen cuáles son las familias disfuncionales. En vez de recoger información y así trabajar sobre las causas, la policía se queda paralizada por los requisitos de información que tiene que cumplir en el diseño del actual sistema.

Al igual que sucede con otros sistemas de trabajo en los servicios, la única manera de poder tener conocimientos reales en el desarrollo y el trabajo es adaptando el trabajo de la policía a nivel local. Los agentes en el terreno deben conocer su parcela y la función de la inteligencia debería centrarse en obtener una nueva percepción de este conocimiento local, complementándolo con la inteligencia nacional cuando sea necesario. El uso del servicio de inteligencia en las operaciones garantiza que los usuarios también se preocupen por la calidad de las fuentes. Es necesario superar los problemas derivados de la inteligencia centralizada (nadie se siente responsable y la inteligencia se emplea para dirigir las actividades de otros, sin permitir que los agentes que hacen el trabajo puedan decidir cuál es su mejor acción). Los servicios actuales de inteligencia son ridículos. La primera línea del sistema debería ser sensible a la demanda, de tal manera que tenga un conocimiento de lo que está ocurriendo en cualquier momento. Si no se emprende ninguna acción para conseguir este propósito, es crucial que se establezca lo antes posible en el proceso, donde aporte valor para recabar pruebas y declaraciones. Esta manera de organizar el trabajo

---

6   *Citizen-focused policing guide*, Home Office 2006, capítulo 4. Véase http://police.homeoffice.gov.uk/news-and-publications/publication/community-policing/citizen-focus-guide/citizen-focus-section-2.pdf?view=Binary

devuelve la responsabilidad y el criterio a los agentes. Los agentes pueden trabajar de una manera efectiva en un contexto local. Lo que une el sistema es la medición, no los objetivos ni la actividades, sino la medición de la demanda y de la capacidad (de aquellos detenidos, ¿cuántos están condenados y cuánto tiempo se tarda en hacerlo?). Esas mediciones nos ofrecen los recursos para aprender sobre la calidad del sistema en el logro de sus propósitos. Lo que es más importante, este diseño hace que los agentes se pongan a trabajar de nuevo en vez de sumergirlos en la burocracia electrónica. Las *prioridades* dictadas por el Ministerio del Interior pueden estar presentes en aquellos que hacen el trabajo como sea necesario, pero es importante advertir que las prioridades reales serán dictadas según las características especiales de la demanda local.

Como el régimen de los resultados o *deliverology* se ha hecho cada vez más fuerte, es cada vez más difícil actuar de forma sensata, práctica y sencilla, puesto que los requisitos del régimen obligan al cuerpo efectivamente a anteponer el método de información a la manera de trabajar del policía, limitando así su capacidad para lograr su propósito.

Capítulo 10: El fracaso frente a aquellos que necesitan los servicios

El impacto que el régimen de reformas ha tenido en los servicios sociales ha sido, cuanto menos, espantoso. Los colectivos más vulnerables no reciben la atención necesaria de los servicios que, se supone, deberían ofrecérsela. En primer lugar, me gustaría relatar el caso del servicio de asistencia social a los mayores en el Reino Unido (ASC) que ayuda a las personas mayores a realizar sus tareas rutinarias, como levantarse de la cama, asearse, comer, ir de compras o hacer una vida social. Pasaré más adelante a hablar de lo que se llama «Apoyo a las Personas», un programa cuyo propósito es ofrecer apoyo a un colectivo de la comunidad que lo necesita.

Cuando entramos en contacto con el servicio de asistencia a las personas mayores, nos quedamos sorprendidos de la enorme cantidad de normas que sobrecargan este servicio. Más tarde, descubrimos algo bastante parecido en el programa de Apoyo a las Personas. Mucha gente, en representación de varias instituciones que fijan las especificaciones y las inspecciones, dictan la organización del trabajo y cómo debe gestionarse, medirse sus resultados e informar de los mismos. Los controles impuestos por el régimen son, al igual que con otros servicios, una fuente enorme de derroche sistémico; la asistencia ofrecida es mala y los costes son altos.

Fracaso en la asistencia a la tercera edad

En torno a 15 millones de personas reciben asistencia en el Reino Unido; la gran mayoría (12 millones) tiene más de 65 años. El propósito de la asistencia, en términos sencillos, es que dichas personas puedan llevar una vida en su municipio lo más normal e independiente posible. La asistencia a personas mayores tiene un coste de 13 mil millones de libras esterlinas al año. Está financiada por las autoridades municipales (a través de los impuestos locales) y el gobierno central. Las autoridades municipales también generan ingresos al cobrar algunos servicios complementarios como la asistencia diaria, el reparto de comida o la asistencia a domicilio. La asistencia social de los mayores puede describirse, a grandes rasgos, como una «bomba de relojería» financiera. Se espera que los costes aumenten porque habrá más ancianos en un estado débil durante más tiempo, por lo que hará falta una mayor asistencia.

De esta manera, el número de personas mayores de 65 aumentará, según las expectativas, en un 81 por ciento durante los próximos 50 años, de 9,3 millones en el año 2000 a 16,8 millones en 2051. Se espera también que el número de ciudadanos mayores de 85 aumente incluso a mayor velocidad: de 1,1 millones en el año 2000 a 4 millones en 2051. Los costes derivados del servicio, según las previsiones, van a cuadruplicarse en 2051, pasando de 12.900 millones de libras esterlinas en 2001 a 53.900 millones en 2051.[7] Todos los expertos suponen que una mayor demanda va a requerir automáticamente disponer de más recursos. Pero debemos asumir que no existe derroche en el sistema. La manera más rápida de mejorar la capacidad de un sistema es eliminando el derroche. No puede eliminarse el derroche sin eliminar sus causas. La asistencia a los mayores no puede mejorar hasta que los requerimientos del régimen sean desestimados.

La primera vez que una persona necesita asistencia, contactará normalmente con un call center. El empleado que responde a la llamada estará siguiendo un guión determinado, generalmente una *herramienta* de evaluación aprobada por Sanidad o algo parecido, para cumplir con las pautas de orientación del Gobierno. El propósito del empleado no es escuchar la necesidad, sino pedirle al paciente la información que necesita otro empleado del centro para determinar a qué departamento debe remitir la llamada. La falta de atención es manifiesta. La razón de muchas llamadas no es otra que saber dónde se puede comprar algo que ellos, o un miembro de la familia, necesitan; un soporte para bañera, por ejemplo. Sin embargo y cualquiera que sea la necesidad, la llamada es transferida a lo que se ha convertido en un sistema de «provisión», el cual se inicia rellenando formularios.

Si la persona que hace la llamada ha superado el primer obstáculo[8], le dirán que alguna persona le contactará en 24 horas si su consulta se estima urgente y dos días si no. Estos dos días es el objetivo para *iniciar* todas las evaluaciones a las personas mayores de 65. Lo que suele ocurrir es que se clasifiquen las llamadas en lotes y se remitan a una cola de trabajo. Las «consultas» son remitidas a los directores que, a su vez, las delegan a los trabajadores sociales. Y así se pasan los dos días. Entonces la gente vuelve a llamar. Generalmente, las consultas generadas por errores en el servicio («¿Qué pasa? No he recibido respuesta todavía.») se encuentran en una fracción entre el 40 y el 70 por ciento del total

---

7 Joseph Rowntree Foundation: http://www.jrf.org.uk/knowledge/findings/socialcare/944.asp

8 Muchas personas que buscan ayuda se le ha sido denegada en el primer punto de contacto puesto que su necesidad no era demasiado urgente o no disponen de suficientes recursos propios.

de llamadas, debido a los retrasos y obstáculos encontrados en cada fase del flujo de trabajo.

Cada departamento trata necesidades diferentes. Cada uno cuenta con su propio presupuesto y, en el mundo en el que vivimos donde las preocupaciones se centran en la subida de costes, los presupuestos deben protegerse. Pero las *consultas de los ciudadanos* no pueden ceñirse a un presupuesto o a un departamento. Por tanto, la consulta de un ciudadano (que ahora se traduce en una *consulta* por escrito pendiente de *evaluación*) con frecuencia debe duplicarse y remitirse a varios departamentos. Cuando un departamento la recibe, la primera pregunta es siempre la siguiente: «¿esto es para nosotros?». Si lo es, nos concentramos en completar la evaluación de acuerdo con los plazos fijados: *comienzo en dos días, completo en 28*.

Este desmenuzamiento del trabajo para adaptarlo a los requisitos departamentales implica que las personas con necesidades tienen que soportar varias evaluaciones, con la obligación de responder las mismas preguntas a cada una de ellas. Imaginemos cómo se sienten las personas, que ya de por sí son vulnerables, cuando se les pide, como suele ser el caso, que repitan los mismos datos personales cuatro o cinco veces más. Si esa persona es admitida, los proveedores de cada departamento desarrolla un *paquete de asistencia.* Para aprobar ese paquete, la decisión tiene que pasar por un comité para su aprobación, que más tarde será discutido con personas que no se han reunido con la persona interesada.

Nos encontramos así ante una historia que ya viene siendo familiar: efectivamente, todos los departamentos están cumpliendo sus objetivos, pero las personas mayores pasan por un proceso previo largo, fragmentado y estresante para conseguir la atención que necesitan (si es que la consiguen). De esta manera, ellos o sus familiares continúan llamando para saber lo que está ocurriendo. Los departamentos podrán cumplir sus objetivos remitiendo los expedientes y, cuando llegan los formularios en el siguiente departamento, el cronómetro vuelve a marcar cero a partir de esa fecha. Mientras que los directores y los inspectores piensan que las evaluaciones se están completando en los plazos fijados, la experiencia del usuario nos cuenta una historia diferente. Lo peor está por venir. Cuando muchas autoridades municipales solo evalúan la situación financiera una vez que el paquete de asistencia ha sido organizado (y a menudo entregado), quizá los interesados no solo descubren que tienen que pagar, sino que puede tratarse de una cantidad que está fuera de su alcance. Por consiguiente, posiblemente deben rechazar el servicio integrado que se les ofrece; tanto trabajo hecho para nada.

La medición del tiempo de espera que los usuarios experimentan, desde su comienzo hasta el final – es decir, desde el primer contacto hasta la prestación de la asistencia –, demuestra cómo los objetivos inducen al error. En una administración local, era necesario un plazo medio de espera de 20 días para que un usuario admitido recibiera ayuda pero, como era de prever[9], ese plazo podría extenderse hasta los 80 días. Sin embargo, se subestimaba la situación real, puesto que los sistemas de información no podían medir el tiempo que un usuario esperaba desde el momento que hace su contacto inicial, para resolver sus problemas financieros, al final del proceso. En otra administración municipal, era necesario un plazo medio de espera de 68 días para que un usuario recibiera ayuda pero, de igual manera, ese plazo podía extenderse hasta los 230 días. En una tercera administración municipal, el tiempo empleado desde el primer contacto hasta la recepción de la asistencia doméstica contaba con un plazo de 110 días y podía retrasarse hasta los 253. En los casos de asistencia sanitaria, la media era de 78 días, pero podía llegar hasta los 160 días. Estas administraciones tenían distintas calificaciones oficiales, las cuales usaban el baremo con estrellas, pero las tres mostraban las mismas características disfuncionales, así como un rendimiento muy pobre para los usuarios.

Cuando se estudian las experiencias personales de los usuarios que reciben asistencia sanitaria, aprendemos que las organizaciones no solo son lentas en sus respuestas, sino que también fallan en la comprensión de las necesidades desde la perspectiva del usuario, puesto que la *necesidad* se empaqueta en un sistema de suministros. Incluso cuando reciben asistencia, la situación de los usuarios se deteriora cuando esas necesidades continúan sin ser cubiertas. Normalmente, una solución simple – como, por ejemplo, una pasarela para acceder al baño o a la ducha – podía haber evitado el tener que recurrir a una asistencia más cara. Pero pocas administraciones municipales ofrecen ayuda a las personas con necesidad, como ellos deben llamarla, «escasa» o «moderada». Solo se ofrece ayuda en el fin «crítico» y «sustancial» del proceso de evaluación. Como resultado, los trabajadores sociales tendrán que esforzarse para *incrementar* la gravedad de la necesidad y sortear así los obstáculos; deben agudizar su ingenio para luchar contra el sistema en favor de los necesitados.

Una gran parte de la asistencia es subcontratada. Las personas que reciben asistencia a domicilio no tienen ni idea de quién va a venir a bañarlos; solo saben que alguien va a llegar a la hora de la cita (o no, puesto que los servicios

---

9 El límite superior de previsión se fija por estadística utilizando medidas de capacidad. La amplia variabilidad en el rendimiento es causada por las características de la organización actual.

subcontratados a menudo son poco fiables para el usuario). Los asistentes reciben un salario muy bajo, generalmente cerca del salario mínimo, mientras que sus directores están centrados en la actividad: los trabajadores reciben la asignación de una tarea y el tiempo previsto que debería llevar acometerla. Los asistentes saben que estas condiciones eliminan cualquier pretensión de dar un servicio holístico en el cuidado de los mayores. Este control ejercido sobre los asistentes resta valor a su trabajo y se convierte en ingrato.

Las empresas subcontratadas para cubrir la asistencia son pagadas por hora de servicio, por lo que no existe ningún incentivo para reducir las horas de asistencia. Los gestores municipales trabajan bajo la suposición de que no se puede confiar en los subcontratistas, así que se asigna una partida de los recursos para controlar e inspeccionar su trabajo. De esta manera, no solo aumentan los costes, sino que también se impide que los subcontratistas formen parte del sistema. Los asistentes deberían ser una fuente útil de información; un termostato en el sistema. Sin embargo, debido a que el contrato se basa en las horas trabajadas en vez del grado de independencia o mejora conseguida (estimándose que la evaluación es una competencia asumida por el personal de la administración municipal), la prioridad no es mejorar.

El trabajo voluntario que ofrece asistencia en los barrios, entre amigos y familiares, también resulta ahora menos atractivo. Muchas administraciones municipales solían emplear bastante a los ciudadanos que quisieran pasar unas pocas horas con otra persona necesitada en el municipio. El régimen decidió que estas personas deberían estar formadas y tener un título, una decisión que tuvo un efecto disuasorio en muchos.

Las experiencias de los asistentes fueron relatadas hace poco en el programa de radio *Usted y los suyos* (*You and Yours*)[10], donde se ilustra la realidad de los hechos desde la óptica de los usuarios. Todos eran personas con 60 años que cuidaban de sus padres. En el programa decían que conseguir la aprobación de la asistencia era una batalla intensa y desgastadora ; la gente tiene que poder conseguir sus derechos. Un usuario contaba cómo tenía que acudir a diferentes sitios: asistencia nocturna, centros de ayuda a personas que viven solas, fondos de financiación complementaria (acceso a un plan de trabajo); y lo explicaban como si eso fuera lo mas normal, «la vida misma». Una persona que optó por el pago directo, (una *opción* según la jerga del gobierno) encontró la solución añadiendo dinero de su propio bolsillo a la subvención que le daba

---

10 BBC Radio 4, *You and Yours: The future of social care*, 07/05/07 http://www.bbc.co.uk/radio4/youandyours/items/01/2007_19_mon.shtml

la administración municipal para poder contratar (a un precio mas caro) lo que consideraba «un equipo fantástico». ¿Qué es mas importante, su capacidad de *elegir* su propia asistencia o su *elección* de salirse de un sistema que no le daba lo que ella necesitaba?

Éste es el sistema que se interpone en el camino hacia una mejor asistencia para las personas mayores. Al igual que pasa con la policía, la asistencia a los mayores se organiza como una burocracia que alimenta al gobierno y no un servicio que cubre las necesidades de la tercera edad. El régimen restringe el método. Una burocracia llena de call centers, especialización funcional, objetivos por actividades, gestión de presupuesto, cumplimentación de formularios y contabilidad, diseñada según los requisitos impuestos por la Administración Pública. Y la burocracia se construye gracias a la tecnología de la información (I.T), la cual ha sido diseñada para obtener una mejor gestión de la información y los datos, no para resolver el problema de los ciudadanos. Como en cualquier otro sistema, la concentración en los objetivos marcados da lugar a *trampas* (se considera que una evaluación ha empezado cuando en realidad no se ha hecho nada de trabajo real y se archivan como «completadas» cuando en realidad acaban de empezar). El resultado se traduce en consumo de recursos para alimentar la máquina de información, en vez de producir valor. Por ejemplo, puede llevar hasta seis horas completar el papeleo para una sola evaluación. Los directores, además, amañan el sistema para intentar controlarlo como, por ejemplo, creando más formularios para decidir si una persona debería recibir asistencia (y ser admitida en el sistema) o haciendo cambios al ordenador para generar más informes y controles, en definitiva, añadiendo una dosis extra de complejidad.

Existen tres tipos principales de derroche que se dan en la asistencia a las personas mayores:

1) El derroche en la administración

La cumplimentación de formularios, la duplicidad de las evaluaciones, el re-trabajo, errores y retrasos son una consecuencia natural de la organización funcional y departamental. Como en el caso de la policía, el régimen ha creado la pesada burocracia del derroche. Las consultas generadas por errores, la demanda-fallo, en esta organización consume más recursos.

2) El derroche de los recursos materiales

Es común encontrar un enorme derroche en el suministro de material. Por poner un ejemplo extremo, una señora mayor recibió más de 17 elevadores de baño. Al recibir el primero, llamó diciendo que no podía ponerlo en marcha.

Esta *reclamación* llegó a un centro de llamadas cuya labor es la de enviar las peticiones. La llamada fue transferida al departamento que se ocupa de las averías en los equipos, que hizo el correspondiente cambio de elevador, figurándose que el problema estaba en un mal funcionamiento. La misma respuesta se dio otras 16 veces. Sólo fue posible descubrirlo cuando estudiamos la demanda haciendo *Check*

Toda la organización se preocupa por el *suministro* y no la recogida de equipos y materiales. Si habla con alguien que haya tratado de devolver algún equipo que ya no es necesario, descubrirá que los servicios de asistencia no están diseñados ni organizados para recoger y recuperar material usado.

3) El derroche ligado a la denegación de asistencia

Al repasar las experiencias de los usuarios que han recibido asistencia social, comprobamos que su situación generalmente se deteriora mientras esperan la provisión de materiales. Las necesidades simples y baratas pueden acabar convirtiéndose en necesidades caras. Por ejemplo, la falta de prestación de una actividad social puede conducir a una depresión que, a su vez, puede llevarnos a la medicación, que afecta a la dieta, la cual afecta a la salud. Un problema que pudo haberse solventado localmente con el suministro de material a un coste bajo se convierte en un problema que solo puede resolverse con una alta en el hospital o el ingreso en una residencia. Hay que hacer notar que la prestación de asistencia residencial está sometida a un objetivo que puede llevar a cometer otro error: asignar una residencia a ciertas personas cuando no es necesario o no es la solución ideal. La provisión de duchas – que tiene una demanda alta – puede tardar años, porque las normas requieren especificaciones, tres presupuestos y, después, un proceso de aprobación. ¿Qué hace el anciano mientras tanto?

Debido a que no reciben una asistencia lo suficientemente rápida, aumentan los costes. Tienen que ser reingresados en el hospital (generando más beneficios al hospital gracias al «pago por resultados»). Muchos son dados de alta demasiado temprano o sin el equipo necesario, causando una mayor demanda de ingresos hospitalarios o de servicios sociales. Existen también algunos casos donde se produce un exceso de especificaciones, donde los usuarios reciben más ayuda de la que necesitan, una consecuencia inevitable de la organización en *paquetes*.

Se desconoce el alcance total de estos fenómenos. Puesto que la mayoría de administraciones municipales solo prestan asistencia a los que tienen necesidad «crítica» o «sustancial», aquellos con necesidad «escasa» o «moderada» son excluidos del sistema al inicio de la tramitación, hasta que tienen que volver de nuevo cuando sus necesidades son lo suficientemente graves.

A pesar de la carga de la Administración Central, algunos ayuntamientos han podido hacer mejoras sorprendentes en la evaluación y la provisión de material utilizando principios sistémicos. Por ejemplo, con el conocimiento de la previsibilidad de la demanda en términos del cliente, es posible preparar un sistema de evaluación que puede evaluar la demanda in situ. Como siempre sucede, el principio fundamental es que el tipo de demanda nos dice qué experiencia es necesaria al inicio del proceso para garantizar una evaluación fiable y rápida. En vez de poner un dispositivo *tonto* al inicio del proceso, el lugar donde acuden los usuarios por primera vez cuenta con empleados con experiencia que comprenden las necesidades de los clientes, así como lo que hace falta para servirles. Se trata de abordar el valor nominal del cliente (es decir, lo que es más importante para ellos). Los tiempos de respuesta, que se miden desde el inicio hasta el final que duran semanas, se reducen a uno o dos días. La percepción del consumidor mejora (ven a una persona que les ayuda en vez de una que no lo hace) y el sistema se ahorra una cantidad ingente de consultas motivadas por errores en el servicio (demanda-fallo). Es fácil rediseñar el flujo de trabajo para garantizar que las personas sepan lo que costará la asistencia durante el proceso de evaluación. La experiencia necesaria para evaluar el coste se mueve a la primera fase del proceso. Pueden conseguirse mejoras parecidas en el suministro, garantizando que las personas consiguen lo que necesitan más rápidamente. Cuando se entrega el equipo, éste se instala en el hogar y se hace una demostración, en vez de dejar que otra persona haga el siguiente paso.

Lo discordante de estas ideas es que ignora las pautas impuestas por el Gobierno. Por ejemplo, éste ha desarrollado plantillas de evaluación que requieren una información detallada sobre las personas cuando se presentan por primera vez. En realidad, es más rápido y más rentable saber lo mínimo necesario para resolver el problema de una persona, pero actuar así supone un desafío al requisito del régimen de obtener una información «completa» y estandarizada. Además, evaluar el valor nominal del cliente es pensar desde su punto de vista en lugar de hacerlo en términos de aprovisionamiento (qué paquetes de asistencia pueden ser *suministrados*). Por lo tanto trabajar con conocimiento y sentido común no solo significa hacer una reestructuración fundamental del personal y la eliminación de todos los objetivos funcionales, sino también supone prestar servicios a nivel individualizado en vez de prepararlos en *paquetes*. Estos cambios también afectarían en gran medida al sistema de información y, a su vez, precisarían un cambio en los sistemas informáticos.

Por si estos retos no son suficientes para los directores, todavía sería más extraordinario imaginar cómo quedaría el servicio de asistencia si se aceptaran casos de personas con necesidades que ahora son catalogadas como «escasas» o «moderadas». Pueden ser «escasas» o «moderadas» para la administración municipal, pero aquellos que las padecen probablemente no las describirían en esos términos. Éste es otro ejemplo de una norma que impide que el sistema absorba una demanda variada.

Las mejoras conseguidas utilizando el enfoque sistémico ven mermado su desarrollo por la obligatoriedad de cumplir con los requisitos informativos del propio régimen de las Administraciones Públicas. Es asombrosa la lista de informes que se necesitan y la cantidad de instituciones del Gobierno que los exigen. Todas las consultas, evaluaciones y paquetes de asistencia concedidos deben estar documentados y reportados. Se requieren informes de gastos, costes por unidad, prestaciones de asistencia a domicilio, planes de rendimiento de Valor Óptimo, Indicadores de Evaluación del Rendimiento, Marcos de Evaluación de los Resultados (*PAF*), encuestas de opinión de los usuarios, el uso de pagos directos, encuestas de evaluación interna, etcétera. Existen resultados ligados a las personas invidentes o con dificultades graves de visión, o personas con pérdida parcial de la visión, usuarios registrados con deficiencia auditiva total o parcial, usuarios con permisos de aparcamiento para minusválidos, residentes ayudados por la administración municipal para su ingreso en residencias, rendimiento del personal, subvenciones, la custodia de acuerdo con la Ley británica sobre Salud Mental y muchos más.

Todos estos resultados se complican todavía mas por el hecho de que la información requerida en cada periodo informativo cambia anualmente, pero los datos necesarios a menudo no son confirmados hasta pasados unos meses, cuando ya ha comenzado el periodo en el que hay que redactar el informe. Esto fomenta la mentalidad de «archivarlo todo» por si acaso, y una vez que el régimen confirma los datos que quiere, provoca una enorme cantidad de re-trabajo en los equipos de «gestión de resultados», los equipos informáticos, entre los trabajadores sociales y la dirección. Es enorme el trabajo relacionado con el análisis, la clasificación, la revisión, la reelaboración y la notificación de datos que debe hacerse a varios organismos del gobierno. Cualquier resultado debe pasar por varias iteraciones para asegurarnos de que los datos están preparados para ser enviados.

Por si no fuera suficiente, la asistencia social a las personas mayores está sometida a una cantidad enorme de supervisiones. Estas inspecciones son motivadas por el hecho de que el servicio se presta a un colectivo vulnerable, cuesta mucho dinero y no es muy bueno. Pero es irónico que las inspecciones empeoran la situación en todos sus aspectos. La Comisión dedicada a la Inspección de los Servicios Sociales toma como punto de partida la autoevaluación y el cumplimiento de los objetivos marcados en la organización. Esta supervisión es de gran importancia para los gobiernos municipales, pues representa una parte importante de la puntuación que se obtiene en el Análisis Exhaustivo de Resultados (*CPA*). El propósito de facto (y, por consiguiente, la atención de los líderes y directores en los departamentos de servicios sociales) es el de «conseguir las estrellas y las calificaciones».

El resultado neto conseguido de todo el trabajo para recaudar los datos, hacer que los administrativos introduzcan estos datos en el ordenador, contratar a expertos informáticos para hacer el trabajo dos veces y notificar las excepciones, hacer que los trabajadores sociales y los directores vuelvan a consultar los expedientes originales para revisar los datos, notificarlos (de nuevo) y volver a gestionarlos en el ordenador (otra vez) para que puedan ser enviados a la junta (cuyos miembros suelen pedir que se revisen porque «no parece que estén correctos»), es el resultado del que toma en cuenta el organismo encargado de los servicios para obtener su clasificación en el ránking de servicios o su calificación estrella. Dada la importancia de la calificación general de un ayuntamiento – a pesar de ser un auténtico derroche –, este resultado es una prioridad.

Para el gobierno el propósito de la asistencia a las personas mayores es «reducir la necesidad y capacitar». En la práctica, el sistema crea más necesidades y favorece la discapacidad. Al igual que en otros servicios, el régimen impuesto en este caso crea su propio propósito de facto destructivo. La asistencia a los mayores está pidiendo a gritos experimentar con métodos para saber lo que funciona y cómo tener en cuenta todas las necesidades, no sólo las mas críticas y sustanciales. Si el propósito es el de ayudar a la gente, a todos, para mantener su autonomía, el servicio debe aprender la mejor manera de conseguirlo con todos los recursos de la comunidad. Para que esto suceda, deben eliminarse las barreras que impiden que los ciudadanos ayuden en las necesidades de la comunidad. Necesitamos saber hasta qué punto pueden prevenirse prestaciones más costosas en el futuro si hoy prestamos ayuda a las personas con necesidades más simples. Tenemos que entender la verdadera economía de los servicios sociales. Pero, con independencia de lo que aprendamos de estas reflexiones, ya sabemos que la eliminación del derroche en el sistema actual será una manera fundamental de mejorar su capacidad y así conseguir su propósito. Para poder hacerlo, necesitamos un cambio radical en el sistema.

Este sistema de Administración Pública continúa auto-generándose. Ahora está inmerso en un programa de consultas sobre el papel del trabajador social, qué deberían hacer estos trabajadores y qué no y qué tareas deberían ser encomendadas a trabajadores sociales certificados. Hacer esto es un ejercicio ridículo que llevará a crear más normas y ejercer un mayor control en el sistema. La clave de los servicios sociales se encuentra en entender los conocimientos necesarios para evaluar cada caso y llevar a cabo una prestación eficiente de los servicios, es decir, una forma de pensar de fuera hacia dentro (outside-in). Analizar el papel de una de las funciones solo nos lleva a la especialización en el trabajo y, por tanto, a la creación de derroche.

Y, pese a la juventud de este nuevo organismo – la Comisión de Inspección de los Servicios Sociales se creó en abril de 2004 –, debe ser sustituida por un nuevo órgano regulador: «De Asistencia». AVOVE.[11]

El fracaso en ayudar

Se estima que 1.2 millones de personas reciben ayuda a través de la iniciativa «Apoyo a las Personas». Este apoyo incluye actividades diarias de asistencia, educación, contacto con la sociedad y otras similares. Algunos servicios de apoyo se prestan como parte de los planes de vivienda para los más desfavorecidos; muchos servicios de ayuda se prestan a domicilio y a través de diversas actividades en la comunidad.

Al igual que con la asistencia a las personas mayores, el Gobierno requiere que, antes de ofrecer cualquier ayuda, se complete y documente un análisis y una planificación. No tiene en cuenta que para muchas personas que solicitan el servicio, éste cubre en gran parte muchos aspectos que ya obtienen por otras agencias: ¿cómo se desenvuelve sola esta persona (con las puertas, las escaleras, poniendo una lavadora, qué riesgos tiene de caerse al andar) y en qué actividades necesita ayuda? La planificación deben ser evaluada cada seis meses con el usuario-paciente. Pero los inspectores se centran en los papeles y archivos, así es fácil imaginarnos lo que les importa y en lo que prestan atención los directores.

Es comprensible que los trabajadores piensen que los análisis, las planificaciones y las evaluaciones son innecesarios y engorrosos; ellos tratan personalmente con la gente a diario – muchos son sus inquilinos – y, por tanto, están al tanto de sus necesidades. El trabajo administrativo es molesto y burocrático, tanto para el asistente como para el cliente. Las planificaciones y evaluaciones no tienen valor alguno para los que hacen el trabajo; su único propósito de sustentar el sistema de la Administración Pública.

---

11 Agáchate que Viene Otra Vez.

Y además de toda esta burocracia analítica de planificaciones y evaluaciones, hay que añadir los indicadores clave de rendimiento (KPI). El gobierno quiere saber el número de usuarios que reciben la ayuda, cuántos de ellos han dejado de necesitarla y si ahora viven con autonomía, cuántos han cambiado de residencia temporalmente, etc. Como es habitual en la Administración pública, se miden todas las cosas que los técnicos que redactan las especificaciones pueden imaginarse, en lugar de pensar en la mejor manera de conseguir cumplir con los propósitos reales.

El Gobierno dicta una serie de criterios a tener en cuenta para que un persona pueda recibir ayuda. Inevitablemente, la consecuencia es encontrar ejemplos de personas que «no encajan bien». Siguiendo la jerga de este libro, demuestran cómo el sistema es incapaz de absorber la variabilidad de la demanda. Por ejemplo:

> Una mujer que vive en una vivienda subvencionada se queda embarazada. Aunque, según las normas, está clasificada como "correctamente alojada" y, por lo tanto no tiene derecho a otra vivienda social. Sin embargo, la vivienda que ocupa no es adecuada para criar a un niño. Los trabajadores sociales solo tenían un medio de garantizar que la mujer obtiene lo que necesita: a través de un aviso de desalojo. De esta manera entrará en el registro de personas sin vivienda y tendrá derecho a una vivienda que se adaptase mejor a sus necesidades. No obstante, ello implica que la mujer tiene que mudarse a un *bed and breakfast (hotel barato)* en otra ciudad, alejada de su comunidad y de su equipo de apoyo. Un buen ejemplo de cómo una persona que en un momento determinado necesita ayuda se la deniegan

Cuando los ministros hablan de «exclusión social», me pregunto si saben de quién están hablando; ¿sabemos quién es una persona excluida socialmente? ¿Cuántos son? Dudo que los ministros aludan a personas como esta joven que, efectivamente, ha sido excluida por el régimen de la Administración Pública. Estos son los excluidos que conocemos.

Muchos inquilinos de vivienda subvencionados han abandonado la enseñanza formal. El plan de viviendas les incita a ir a la escuela, pero cuando el inquilino cumple 20 años, si ha faltado algún día a la escuela, pierde su derecho a la subvención para la vivienda. De esta manera, muchos se ven forzados a abandonar la educación y muchos no vuelven. Hay más excluidos de lo que tenemos constancia.

Las normas de Apoyo a las Personas dictan que no se pagará nada a los trabajadores sociales por hacer reformas o reparaciones que puedan necesitarse en la vivienda. Los trabajadores entonces clasifican estos trabajos como educar a los inquilinos a cómo realizar mejoras y así, mejorar su autonomía. Si los trabajadores se aferran demasiado a los criterios de admisión, muchos de estos problemas se olvidan hasta que se tornan más graves.

Muchos inquilinos que residen en viviendas sociales confían en que **ésta** sea su última mudanza, donde vivirán el resto de sus vidas. Pero esta visión puede toparse con otras normas:

◊ Una anciana de 95 años que vivía en una casa de acogida se encontró en una situación en la qué necesitaba más de 30 horas de ayuda a la semana. Al supera el umbral impuesto por la normativa de lo servicios sociales el departamento insistió en que debía mudarse o, de otro modo, no recibiría más ayuda financiera. Conscientes de que su estado le impedía mudarse, con peligro de fallecer en el intento, el personal encontró maneras de continuar su asistencia durante otros nueve meses sin tener en cuenta la normativa.

◊ Otro inquilino, un hombre anciano, recibía periódicamente un vendaje en sus piernas ulceradas. Debido a los recortes en sanidad, de pronto estos servicios dejaron de prestarse, así que los trabajadores del plan de vivienda subvencionada se encargaron de este servicio a pesar de no tenerlo «permitido» por la normativa.

Debido a este tipo de normas, estas personas son rebotadas de una agencia a otra, las cuales se comportan como si no quisieran aceptar la responsabilidad. Interesados en proteger sus presupuestos, prefieren que se hagan cargo otros.

Las personas que suelen llegar al servicio de vivienda subvencionada acaban de ser dadas de alta en un hospital. Los hospitales están obligados a dejar camas libres, por lo que no sorprende que los pacientes sean enviados a su casa sin ningún servicio programado («sin paquete de asistencia» según la jerga actual). Por ejemplo:

◊ Un paciente remitido al servicio de vivienda subvencionada había sido evaluado y necesitaba ayuda para salir de la cama y acostarse. El *paquete* solo ofrecía asistencia para cinco noches, fines de semana no disponible. Si otros – trabajadores sociales, amigos o familiares – no podían ayudar a esa persona, al paciente solo le quedaba volver al hospital o asumir su propio cuidado con los riesgos inherentes.

El fondo de Apoyo a las Personas excluye expresamente el pago por las necesidades personales (levantarse, vestirse, ir al baño, asearse) puesto que, según el régimen, es responsabilidad de los servicios sociales. El presupuesto se concentra en lo que se define como «apoyo», con el propósito de «permitir que el residente mantenga su autonomía».

La normativa, las restricciones que impone y la burocracia existente en la prestación de ayuda están forzando a los pequeños organismos de voluntarios a retirarse de la iniciativa de Apoyo a las Personas. Algunos están cobrando directamente a los usuarios, cosa que puede interesar al Gobierno puesto que son otros quienes incurren en los costes. La constante focalización en los costes en todas las agencias de apoyo hizo que se tomara la decisión de no seguir cubriendo los costes por las ayuda a ir a comprar y lavanderías. La iniciativa de Apoyo al Pueblo hizo lo propio en su normativa. La consecuencia es que las organizaciones de apoyo están obligadas a cobrar por estos servicios. Si el inquilino es incapaz de pagarlos, al personal le corresponde entonces resolver el problema.

Como apareció en la prensa recientemente, «Las presiones presupuestarias, los medios de comunicación alarmistas, los cambios en la legislación y ciudadanos asustados están haciendo más difícil el trabajo de los asistentes».[12] Los asistentes sociales no quieren correr riesgos y, sin embargo, no pueden hacer su trabajo sin saltarse las reglas. Me entrevisté con un asistente que me dijo:

◊ «Una señora minusválida se cayó de su silla de ruedas, pero el personal de apoyo no tenía la financiación ni el seguro para ayudarla y ponerla de nuevo en la silla. Si no la hubieran ayudado, la mujer hubiera tenido que esperar a que viniera un asistente formado. [En otro caso] un hombre con esclerosis múltiple progresiva hacía una vida independiente, por lo que no tenía derecho a asistencia personal por parte de los asistentes. Cuando se ensuciaba, los asistentes no podían ayudarle, en teoría. Pero claro que lo hacían».

El exceso de normas y las inspecciones ejercen mucha presión sobre los trabajadores en este ámbito y hacen que la buena asistencia sea un trabajo mucho más duro. En vez de analizar qué es lo mejor para las personas y dárselo, los trabajadores, al estar saltándose las normas, tienen miedo. Sin embargo, están haciendo exactamente lo que su criterio profesional les manda: responder a las necesidades de las personas vulnerables.

---

12 Simon Fanshawe, *Risky Business*. The Guardian 01/08/07.

Todos estos ejemplos nos muestran cómo los asistentes sociales hacen lo posible por las personas que están bajo su cuidado, incluso si para ello tienen que hacer cosas prohibidas. Invariablemente hacen lo correcto pero solo por su compromiso profesional de dar un buen servicio de apoyo a sus «clientes». Todo lo que necesitan del Gobierno es un sistema que les apoye en su propósito de ayudar a la gente, en lugar de uno al que tengan que enfrentarse.

A lo largo del desarrollo de la iniciativa de Apoyo a las Personas, no ha existido una comprensión de la demanda; ¿qué sabemos del apoyo que necesitan las personas? La consecuencia es una normativa confusa y obstruccionista para el supuesto beneficiario: el individuo vulnerable. En vez de la actual carga burocrática que ofrece el régimen, los trabajadores necesitan ser el centro de un sistema que reconozca su lugar privilegiado para decidir lo que es correcto hacer, en definitiva, ayudar a la gente que lo necesita.

Capítulo 11: Una triste visión: las fábricas de servicios públicos

Muchos trabajadores públicos describen a Sir David Varney como un «dios». Habiendo ejercido altos cargos de responsabilidad tanto en el Ministerio británico de Hacienda y Aduanas como en British Gas, Varney es un asesor del Primer Ministro en la reforma del sector público. Su visión es que los servicios públicos deberían prestarse a través de enormes fábricas; los directores de servicios públicos esperan sus decisiones y deliberaciones con una mezcla de asombro, desconfianza y preocupación. Tras estar varios años encasillados como «sólo interesados en sí mismos» y obstruccionistas que muestran resistencia al cambio, silenciosos y reacios a expresar sus preocupaciones, esperan las próximas ideas de Varney.

En 2006, Varney redactó un influyente informe[1] asentando las bases, según su opinión, de cómo los servicios podrían ser más receptivos a las necesidades de los ciudadanos. Él sostenía (con razón) que era difícil acceder a muchos servicios y que, desde el punto de vista del usuario, no estaban unidos. Pone como ejemplo la notificación de un fallecimiento: en un momento de ansiedad, hacen falta muchas gestiones y una buena dosis de paciencia para pasar por toda la burocracia necesaria y al mismo tiempo tratar los asuntos propios de los difuntos. Varney argumentaba que los servicios deben agruparse en «temas» comunes que fueran de importancia para los ciudadanos y las empresas. Quería que los ciudadanos y las empresas participaran en la organización de los nuevos servicios y anticipar así que los «e-servicios», o la Internet en otras palabras, serían el canal primario por el que serían prestados.

Todo suena muy plausible, y apenas cabe duda de que servicios como éste podrían y deberían mejorar. La atracción del *e-service* como canal es también evidente; la promesa de reducir costes. Retomaré este argumento en el capítulo 14.

La idea de unos servicios integrados, organizando un servicio en torno a un tema, conlleva el problema de las definiciones operativas. En otras palabras, puede ser una buena idea (una propuesta susceptible de aprobarse), pero ¿por dónde se empieza? ¿Qué servicios deberían integrarse? ¿Cómo se determina un *tema*? La Unidad de Resultados del Primer Ministro estableció un Consejo

---

[1] *Service Transformation: A better service for citizens and business, and a better deal for the taxpayer*. Ministerio británico de Hacienda y Aduanas (HMSO), diciembre de 2006.

de Resultados para estudiar estas cuestiones. Aun tiene que marcar una hoja de ruta. Este Consejo también se encargó del asesoramiento sobre cómo obtener «conocimiento de los clientes» (customer insight). En este asunto, su asesoramiento se reduce a «probar una serie de cosas», incluyendo las preguntas del personal en primera línea, las encuestas de opinión, mapas de la experiencia del cliente, pruebas de navegabilidad y análisis de sitios web, etnografía, consultas, contacto formal e informal con los organismos, información de los agentes e intermediarios, correspondencia escrita y cobertura mediática. Algo que no se les ocurrió fue estudiar la demanda, el único método para obtener un conocimiento fiable de lo que ocurre con los clientes de un servicio determinado.

Varney sugiere que debería haber solo un lugar donde los ciudadanos notificaran un cambio en su situación. Él propone que el Ministerio británico de Trabajo y Pensiones, el Ministerio de Hacienda y Aduanas y el Ministerio de Interior trabajasen conjuntamente para crear un servicio que tratase los «cambios de circunstancias». El ciudadano notificaría un cambio de su situación en un sitio, lo que permitiría que dicha modificación fuera comunicada a muchos servicios, que actuarían en consecuencia. Suena bien, ¿pero qué quiere decir? ¿Cuántos tipos de consultas se realizan del tipo «cambio de circunstancias»? ¿Cómo trabajan estos servicios actualmente y con qué calidad? ¿Qué importancia tiene un cambio de circunstancias en los informes para la prestación de un servicio? ¿Acaso la separación de las notificaciones por cambio de circunstancias y la prestación del servicio no abre la puerta al fraude en el sistema? ¿Va a hacer falta un nuevo sistema informático para poner en marcha los servicios de cambio de circunstancias o preparar los ordenadores existentes para que hablen entre ellos? ¿Cuánto podrían costar estos cambios antes de que sepamos si funcionan? Quizá éstas son preguntas que responderán las personas que tienen que diseñar los nuevos servicios cuando empiecen sus estudio de viabilidad aunque, por alguna razón, lo dudo.

El gran esquema dibujado por Varney es que estamos dando el primer paso hacia un centro compartido de atención telefónica y de back-office, y el autoservicio por Internet. ¿Cómo podemos estar seguros de que estos nuevos organismos funcionarán y no obstruirán el sistema con más derroche? Varney espera que los call centers utilicen los indicadores clave estándar (KPI's) y que consigan la acreditación de centro de llamadas estándar para finales de 2008. Las medidas y los estándares están ineludiblemente inspirados en el enfoque de mando y control. En el momento en que los directores de estas nuevas fábricas se preocupan por el cumplimiento – estableciendo los indicadores clave y los estándares – solo podemos anticipar que el derroche, el servicio y los costes serán peores. Los indicadores clave del rendimiento (KPI's) y la estandarización de los call center dictarán en gran parte la forma en que estará organizado el trabajo dentro de estas fábricas y como se gestionarán, de tal forma que los métodos de mejora se verán ahogados. A su lado estarán los inspectores, que buscarán pruebas de su cumplimiento. Juntos se convertirá en un especie de "meta-sistema" de la ignorancia.

A medida que se han ido presentando las ideas de Varney a varios grupos de gestores municipales, encontramos la siguiente orden complementaria: «Aquellos que no comprendan el cambio probablemente dejarán de prestar sus servicios». Una amenaza: obedece, únete o serás desterrado.

En su informe, Varney pone como ejemplo las administraciones municipales que han creado centros de servicios comunes. Cuando visité estos centros, no encontré ninguna evaluación seria sobre el cambio en la calidad de los servicios prestados a los ciudadanos, ni tampoco información alguna de la relación coste/beneficio de este plan. Varney los tilda de servicios ejemplares simplemente porque casan con sus prejuicios. Si las administraciones locales carecen de información sobre el ratio coste-efectividad de la iniciativa, es probable que él tampoco la tenga. Asimismo, los casos que cita muestran las características habituales que se han ido describiendo en este libro. Se crearon traspasando la atención telefónica en lugar de reflexionar sobre la mejor manera de organizar unos servicios adaptados a la demanda. Debería dar crédito a las personas que conozco que han estado trabajando en estos servicios, pues algunos de ellos están ahora organizándolos de acuerdo con su demanda.

Entre sus ejemplos, Varney utiliza la Comisión de Servicios Legales (LSC) como un ejemplo memorable de «transformación». El «Programa de Transformación Estructural» de la LSC se compromete a reducir los costes de los servicios jurídicos en torno a un 30 por ciento, o 30 millones de libras esterlinas. Para conseguir este objetivo, se tienen que crear "fábricas" de asesoramiento legal por teléfono y centros regionales. Las licitaciones públicas para suministrar estos servicios solo están a disposición de aquellos que crean las fábricas, lo que significa que muchos proveedores pequeños no tienen ninguna opción. El objetivo es comprar servicios jurídicos por volumen y usar economías de escala, el clásico ejemplo de la producción en masa de antaño. Las licitaciones parten de un precio estándar que se basa en los costes históricos de la prestación de servicios. El efecto será la congelación de estos costes pues el proveedor no tiene ninguna interés en reducirlos y mejorar los servicios. Es el mismo problema que hemos visto con el programa de precios en la vivienda y el pago por resultados de la Sanidad. Al fijar precios estándar para gestionar los costes, éstos solo pueden crecer.

No es sorprendente que los proveedores se las ingenien para maximizar el beneficio acatando las «normas». En los servicios jurídicos, esto conlleva clasificar los casos en diferentes epígrafes, con la justificación de que cada uno necesita un trabajo diferente y así evitan o limitan trabajar en los casos mas complejos (generalmente peor pagados). Los casos se *cierran* para meterlos en facturación; los proveedores no cobran hasta que el caso no se haya cerrado. Si las necesidades del cliente no han sido cubiertas satisfactoriamente, será difícil obtener más asesoramiento puesto que la normativa prohíbe que *ningún* proveedor reabra un caso. A su vez, la LSC trata de tapar cualquier *laguna*. Es complicado aprender cómo mejorar cuando ambas partes luchan para optimizar su posición.

Los indicadores clave de rendimiento (KPI's) exigidos a los proveedores – y que naturalmente se concentran todos en las actividades y la calidad del servicio – han sido objeto de un recurso contencioso-administrativo que se ha saldado a favor de los proveedores. Por visto, la LSC ha intentado cambiar los indicadores una vez iniciado el contrato. Obviamente algo en que los abogados querían hincar el diente.

El «programa de transformación» de la Comisión de Servicios Legales es un ejemplo clásico de un plan de cambio sin conocimiento. Si estos arquitectos del sector público hubieran investigado la demanda, quizá se hubieran asombrado al descubrir de que un gran porcentaje de casos que llegan a los servicios de asesoría jurídica son una consecuencia de los fallos cometidos en el Ministerio de Trabajo y Pensiones, problemas con las subvenciones a la vivienda (administradas por los municipios con orientación de este ministerio), combinados con problemas parecidos en otras subvenciones. Pero como todos los implicados en la debacle de la LSC consideran que la demanda es «trabajo a hacer» y como los proveedores cobran según el número de casos tratados, no tienen ningún interés en que caiga la demanda.

El Comité de Asuntos Constitucionales de la Cámara de los Comunes advirtió de que se ha producido un fracaso:

> El plan del gobierno es el de implicar menos pero más grandes gabinetes de abogados en el sistema de asesoramiento legal, con objeto de reducir los costes administrativos. Dudamos de que los ahorros potenciales de esa decisión justifiquen los riesgos inherentes a dicho cambio. No está

demostrado que los proveedores más grandes forzosamente lleven a cabo y entreguen un trabajo más eficiente que los pequeños en el ámbito del asesoramiento jurídico, con una calidad superior.[2]

Sin embargo pese a la evidencia, continúan los cambios basados en falsas ideologías. Si Varney supiera lo que realmente está ocurriendo en ésta y en otras iniciativas públicas *industriales* de reciente creación, quizá lo repensaría. Otro ejemplo que viene a ilustrar los riesgos de esta visión es el caso de los estándares en los comercios a las que ya se ha hecho referencia en este libro. Para explicar lo sucedido, necesito primero hacer un apunte histórico:

Los estándares comerciales

Los que se dedican a estándares en los comercios le dirán, con un brillo en su mirada, que hay razones para considerar su profesión como una de las más antiguas del mundo. Todas las civilizaciones antiguas disponían de pesos y medidas que facilitaban el comercio; si existían las normas, debería haber también una serie de medios para controlarlas.

Las normas del comercio, la función de los «pesos y medidas» se ha ido ampliando conforme crecía la legislación. Las leyes que regulan las descripciones, los créditos al consumo, la protección de los animales, la salud medioambiental y otras áreas han dado lugar al surgimiento de otras actividades de investigación y de control del comercio. Hoy en día la estandarización del comercio cubre una amplia y profunda gama de actividades; sus empleados calibran surtidores de gasolina y de cerveza, inspeccionando locales donde se comercia con alimentos, investigando a los comerciantes clandestinos, evitando la venta de tabaco, navajas y alcohol a los niños y dando consejos a consumidores y comerciantes, desde el transporte de animales hasta lo que hacer si hemos comprado un producto que no funciona.

La forma en que se han organizado las normas comerciales es diferente según la zona del país; encima, los recursos no han aumentado en proporción a los costes. En esas circunstancias, nació la línea de atención al consumidor llamada *Consumer Direct*. Aconsejar a los consumidores nunca ha sido una obligación legal (a diferencia de muchas otras funciones). Dado el tamaño reducido de los departamentos de estandarización comercial, los servicios de atención al consumidor han estado mal distribuidos, un ejemplo de la «lotería de los códigos postales». Para remediarlo, la idea fue concebida como un servicio centralizado

---

2 Constitutional Affairs Select Committee. Informe: Implementation of the Carter Review of Legal Aid (2007, HC-223-1): http://www.publications.parliament.uk/pa/cm/cmconst.htm

para responder a preguntas *rutinarias* que, al mismo tiempo, liberara a los funcionarios de la de la atención al público. Si casamos esto con la idea de que un consumidor bien informado, seguro y capacitado actuará como un trampolín para la mejora, podrá entender entonces por qué el gobierno decidió instalar call centers para dar asesoramiento a los consumidores. Nació Consumer Direct.

En aquel momento, el servicio fue pensado como la versión para los estándares comerciales del modelo de sanidad NHS Direct. Al contar con un apoyo (financiero) del Ministerio británico de Economía, esta iniciativa se convirtió en *imparable*, otra iniciativa «destinada al éxito». Las consultas a los funcionarios de estandarización comercial en todo el país, al igual que en otras iniciativas, tenían más un enfoque de "o lo coges o lo dejas" que uno orientado a la resolución de problemas. Muchos de los consultados comentaban que la función de aconsejar al consumidor debe desarrollarse a nivel local, pero la respuesta fue *"verboten"*; los nuevos centros debían ser regionales por razones de escala. Se trata, quizá, de un reflejo de la desconfianza del gobierno hacia la habilidad de los gestores municipales a la hora de tomar las decisiones correctas con la financiación necesaria. La única manera en que estos gestores municipales podían participar en los nuevos centros era haciendo una oferta conjunta por los call centers.

Los nuevos call centers se implantaron en oleadas por todo el país. Al mismo tiempo que las sucesivas implantaciones produjeron ciertas diferencias en la práctica (lo que se defendía como mejoras basadas en la experiencia), todos los contratos se basaban en la calidad del servicio (¿cogen ustedes las llamadas?), la actividad laboral (los tiempos de respuesta, los tiempos muertos entre llamadas) y en la tasa de abandono (llamadas que no llegaban a responderse). Lo que propiciaba «trucos en el volumen»; si sube el volumen de llamadas, los proveedores ganan más dinero. Los contratos fueron administrados originalmente por el (entonces) Ministerio de Comercio e Industria del Reino Unido y, desde entonces, han pasado a ser responsabilidad de la Oficina de Comercio Justo.

Actualmente, Consumer Direct tiene que hacer frente a varios retos. Los precursores del plan (o los «chicos que llegan lejos en el ministerio», como los describe el personal de estandarización) suponían que el volumen de llamadas aumentaría a medida que se fuera dando mas "empowerment" a la población. En realidad, no ha sido así. Y esto es importante, porque los contratos estimaban un aumento. Los proveedores de Consumer Direct ahora buscan otro trabajo para los call centers como, por ejemplo, las llamadas de Energywatch y Postwatch, que puedan crear un volumen suficiente para hacer que el servicio sea viable.

Como es natural, esta situación suscita una preocupación sobre el nivel de conocimiento necesario y si la ampliación de su cometido va a traducirse en un servicio más deficiente. Pero este debate es erróneo, pues se centra en intentar solucionar un problema que ha sido creado. Es mejor preguntarse en qué medida consigue su propósito el servicio de Consumer Direct. Pese a que no he estudiado a fondo el sistema, puedo aportar siguientes las observaciones:

Aunque se supone que Consumer Direct tiene que responder a consultas que requieren un «asesoramiento básico», muchas llamadas son transferidas a departamentos municipales de estandarización, con el fin de conseguir que Consumer Direct cumpla sus objetivos. Como es natural, se produce un conflicto entre las partes.

Durante una visita informal a una oficina de Consumer Direct, un consultor de Vanguard, pasó un rato escuchando llamadas. Su estimación de llamadas motivadas por fallos en el sistema era del orden del 70 por ciento. Aunque no puede apreciarse este dato sin un estudio más pormenorizado, la realidad es que los directores no prestan atención a este tipo de cuestiones; no están en el contrato. En efecto, como hemos visto anteriormente, al proveedor le interesaba que crezca el volumen de llamadas por errores en el servicio.

Si los consumidores llaman a su Ayuntamiento en relación a temas de normas comerciales, su llamada será transferida a Consumer Direct, pues los servicios a prestar están acordados en las cláusulas del contrato con el proveedor. Pero cuando los consumidores descubren que haciéndose pasar por una empresa pueden acceder a los servicios locales, se hacen pasar por una compañía.

Consumer Direct usa una tecnología telefónica para identificar la procedencia de las llamadas y a qué municipio pertenecen; esto es importante para mantener un registro a los efectos del contrato. Muchos prefijos no coinciden con un municipio. Asimismo, una llamada hecha desde un móvil será transferida a un centro de llamadas cuyo propósito es identificar a esa persona, de tal manera que la llamada pueda transferirse a la oficina regional *correcta* del servicio de Consumer Direct. Una auténtica industria que es útil para aplicar un contrato (derroche), sin añadir valor alguno al trabajo.

Cuando los consumidores contactan con un representante de Consumer Direct, la conversación se ciñe a un guión pre-preparado (script). Los directores han decidido que las llamadas deben discriminarse en función del lugar de residencia y de cómo han oído hablar de Consumer Direct, antes de abordar el motivo de esa llamada. Esto se come los seis minutos permitidos por llamada respondida y, como es natural, este servicio se vuelve insatisfactorio desde la perspectiva del cliente. Los empleados de Consumer Direct son evaluados por su habilidad en el control de la llamada (es decir, lo educados que son interrumpiendo la conversación); los clientes piensan, con razón, que no les escuchan.

Se supone que Consumer Direct gestiona consultas *sencillas* y, si la administración local pide un informe sobre lo que han hecho en un caso determinado, **éste** debe enviarse a la oficina de estándares correspondiente. Las consultas más *complejas*, Consumer Direct las remite a la administración municipal pertinente. No es extraño que se catalogue como *complejo* un trabajo que debería ser competencia de Consumer Direct (según el contrato); una consecuencia inevitable de la presión por llegar a los objetivos de actividad. El trabajo que se pasa a las administraciones locales exige más contacto con el consumidor para aclarar el motivo original de su llamada. La causa, una vez mas, está en dar prioridad al cumplimiento de los objetivos de actividad. Asimismo, dicho en términos sistémicos, las *reglas* que distinguen lo *sencillo* de lo *complejo* impedirán que el servicio pueda atender una demanda variada. No solo habrá discusiones sobre las llamadas que se transfieren, sino que también habrá conflicto con las llamadas que Consumer Direct haya respondido en vez de haberlas transferido.

Existen algunas características seductoras en la organización de Consumer Direct: sitios web, preguntas frecuentes, bases de datos que graban los motivos de las llamadas y la solución o consejo aportados. Sin embargo, solo son *características*. La única manera de determinar el grado de satisfacción que aporta a los usuarios es a través del análisis y la comprensión de la demanda (por qué llama la gente), así como las capacidades (cómo funciona el servicio desde la perspectiva del usuario).

En resumen, Consumer Direct es el símbolo de las prácticas inspiradas por el mando y el control. La gente buena se ve forzada a trabajar en un sistema que está mal organizado. La obsesión con los costes de las actividades esconde los costes reales (totales) de la prestación del servicio. La distinción entre *consejo sencillo* y *complejo* en las consultas es una cábala hecha por personas que sirven a la factoría de gestión ideada por el Gobierno. Una situación que parece simple puede no serlo cuando la gestionamos. Pero estamos ante un problema de mayores dimensiones: los consumidores que llaman a Consumer Direct son los *ojos y oídos* de lo que está pasando en cualquier municipio; esta información se pierde. Aunque Consumer Direct puede argumentar que en número de llamadas y las resoluciones coinciden, no es así desde la perspectiva del trabajador.

En los departamentos de normas comerciales que han adoptado un enfoque sistémico en la organización y gestión de su trabajo, el personal se destina al front office, a la atención al público (donde está la demanda); proporciona una buena visión de lo que está ocurriendo en su zona, así como un contexto para enmarcar el cumplimiento de su labor. Si saben lo que está ocurriendo en su zona de responsabilidad, serán mas capaces de resolver los problemas de los ciudadanos. Ven que su propósito es ayudar a los demás, solucionando problemas rápidamente y asegurándose de que lo mismo no le ocurre a otras personas. Consecuentemente, miden la demanda y la capacidad, medidas relacionadas con el propósito desde la perspectiva de los ciudadanos. Conforme aumenta su capacidad para resolver problemas, la demanda disminuye y su productividad aumenta, algo que nunca pasaría con Consumer Direct.

Y esta, en resumidas cuentas, es la preocupación sobre la propuesta de Varney. Acabará organizando un servicio caro e ineficiente que sea difícil de deshacer. La respuesta correcta a la estandarización comercial es, por ejemplo, volver a los primeros principios. Seguir un planteamiento sistémico nos permite responder a las siguientes preguntas: ¿qué consultas se resuelven mejor en un servicio centralizado? ¿Cuáles deben abordarse a nivel local? Si la demanda representa una fuente de información y está expresamente ligada al cumplimiento efectivo y al trabajo proactivo, los métodos de trabajo deben ser ideados desde esta información y ser usados a nivel local. Lo que se está discutiendo actualmente en Consumer Direct es la necesidad de dar **más trabajo a los** call centers, a pesar de que atienden un volumen grande de consultas motivadas por fallos en el servicio, lo que no ayuda a mejorarlo. O lo que es peor, la escasez de ocupación está provocando que los proveedores privados se centren en reducir la media de tiempo en las respuestas a las llamadas; en su modelo, gestionar el mismo volumen de llamadas con menos personal se traduce en mayores beneficios. Podemos adivinar lo que ocurrirá con la experiencia del consumidor y cuáles serán los costes reales de la obtención de un servicio.

Resulta relativamente sencillo, en términos comparativos, volver a poner en marcha los call centers municipales, eliminar las llamadas por errores y determinar los servicios a prestar en cada llamada y cuáles deben transferirse. No existiría ningún contrato inútil, porque todas las partes tienen un interés en mejorar el servicio (en lugar de los volúmenes), al mismo tiempo que los beneficios de diseñar un mejor servicio son percibidos por igual por los ciudadanos y las administraciones municipales.

El nuevo número 101, el «número único para llamadas no urgentes», fue acogido por el estudio de Varney como una mejora del acceso a los servicios de la comunidad, pero tiene los mismos inconvenientes que otras iniciativas mencionadas en este estudio. Llevado a la práctica, las llamadas se duplican. Lo que sucede es que las llamadas realizadas al número 101 se agrupan en lotes y son remitidas por la noche a los sistemas informáticos de la policía. Puesto que, aparentemente, no se está haciendo nada, los ciudadanos llaman de nuevo, tanto al número 101 como al de la policía, lo que se traduce en llamadas por errores en el servicio. Para un director que trabaja en esta "fábrica de gestión", parece que hay más trabajo cuando, en realidad, es el mismo trabajo duplicado. El derroche va más allá de las duplicidades; el impacto generado en la ciudadanía es una frustración aun mayor por no contar con un servicio que funcione.

Conforme se desarrolla el programa de reformas de Varney, él mismo podría echar un vistazo con lo que está pasando en el feudo del Ministerio de Hacienda y Aduanas del Reino Unido (*HMRC*). Durante un congreso referente al sector público, acudí a una presentación sobre lo que se denominaba el programa de «transformación *lean*» de Hacienda. Este programa contaba con varios objetivos: reducir la plantilla de trabajadores, ganar en eficiencia y mejorar la experiencia del consumidor. En palabras de la ponente, la organización había sido "machacada" por un Comité Selecto de la Cámara de los Comunes.

Es cierto que estaba siendo machacada. Había una polémica desatada entre el Tribunal británico de Cuentas y Hacienda sobre la manera de calibrar el número de empleados; existían dudas sobre los ahorros potenciales de costes, la moral de los empleados era baja, había problemas graves con un nuevo sistema informático – donde los costes se disparaban de mil millones a 8.500 millones de libras esterlinas –, temores de que Hacienda estaba perdiendo empleados con experiencia y clientes – o contables – que se quejaban porque era difícil obtener ayuda de los centros de atención telefónica; hacía falta realizar más operaciones para conseguir algo y se cometían más errores. Por tanto, invito al lector a reflexionar sobre la manera en que la «transformación *lean*» puede resolver estos problemas.

La ponente explicaba que, al comienzo del programa, los directores tenían dudas sobre la calidad del servicio y sobre si podía mejorarse reduciendo los costes, lo cual ilustra su forma de pensar. Nos dijo que en tres programas piloto iniciales, los costes habían aumentado a medida que la calidad mejoraba, pero que en uno de ellos, los dos indicadores habían empeorado. Podemos asumir que el problema tenía su origen en el método utilizado.

Además aprendí otras cosas: las encuestas mostraban que el personal que atendía al público en primera línea no estaba contento con sus jefes, pensaban que estaban demasiado alejados de ellos. En torno a un 30 por ciento de los trabajadores realizaban labores administrativas disociadas de los clientes, donde tenían que dedicarse a *cumplir con los números*; consideraban el trabajo como simples tareas que hacer, objetivos que cumplir, y perdían la perspectiva de que estaban sirviendo a los ciudadanos contribuyentes.

El programa del cambio tenía varias características. En primer lugar, se crearon dos unidades donde trabajaban representantes de todos los departamentos de la institución, cuyo propósito era defender los intereses de los contribuyentes. Fueron bautizadas como «customer insight teams», cuya responsabilidad era la de garantizar que las políticas y los procesos se diseñaban teniendo en cuenta al contribuyente. Se explicó que era una plataforma para facilitar la mejora continua. Imaginemos el poder real que cualquiera de estos *promotores (champions)* podría tener; si usted fuera un director al que le piden que se centre en la *producción* y, de repente, aparece alguien para *convencerle* de que debe hacer algo distinto; ¿qué atención le va a prestar?

En segundo lugar, esta institución utilizaba lo que vino a definirse como los «instrumentos y técnicas del lean». Se crearon diagramas de los procesos desde el inicio hasta el final, para definir el estado actual. Se cronometraron todos los pasos en cada proceso y a partir de aquí, se cuestionaba qué pasos añadían valor y los siete tipos de derroche identificados. Se destacó en que esta intervención permitía mejorar la comprensión que los empleados de primera línea tenían del trabajo y de su problemática. Sin embargo, mapear un proceso no es conocer un sistema. No se ha tenido en cuenta la demanda, la principal palanca para la mejora. Tampoco se han tenido en cuenta las condiciones del sistema, las causas del derroche. En su lugar, se utilizaron instrumentos estándar ("tool-head") para identificar los diferentes tipos de derroche, suponiendo que los derroches que se identifican en los procesos de fabricación son los mismos que los que encontramos en las empresas de servicios.

Entonces, entendí que se hacía una intervención para solucionar lo que se describía como problemas del liderazgo. En línea con una iniciativa del gobierno central llamada «habilidades profesionales para el gobierno», se diseñó un instrumento de evaluación de 360 grados para dar información a 400 directores. La presunción (puesto que no existen pruebas empíricas) es que las personas cuentan con habilidades distintas. Como consecuencia de estas evaluaciones los directores pasaron a realizar funciones distintas que se adaptasen a sus habilidades; los que tenían mejores aptitudes para definir las políticas, por ejemplo, fueron apartados de las funciones de gestión de personal. Esta iniciativa se extendió en todos los estamentos hasta llegar a los jefes de equipo. Es una locura, es centrarse en las cosas equivocadas. Es el sistema el que necesita ser entendido por todos los directores. Someterlos a un proceso de evaluación cuyos resultados que tienen ninguna validez es, cuanto menos, malgastar el esfuerzo. El trabajo de los directores debe ser actuar en el sistema, liderar es trabajar con y para los trabajadores.

Seguidamente, aprendí que se habían utilizado el *"visual management"* y la *resolución estructurada de problemas*. Cada equipo debía tener un tablón de resultados, es decir, una pizarra blanca donde el equipo hacía un seguimiento de los objetivos diarios alcanzados y se destacaban los problemas. Si el equipo fracasaba en el cumplimiento de un objetivo, las razones debían ser identificadas Cada día, el equipo tendría una breve *conversación sobre resultados* donde se pasaría a discutir los resultados obtenidos el día anterior y el equipo actuaría en las cuestiones que estuvieran bajo su control y las que no las *escalarían* a sus directores. Los resultados se medían teniendo en cuenta el cumplimiento de objetivos, las medidas de *calidad* (es decir, los errores) y el *"lead time"* (tiempo) en responder a los consumidores. Para la resolución de problemas, se empleaba una serie de técnicas estandarizadas, como los diagramas de causa-efecto y el *"brainstorming"*.

Existen muchas otras características de este programa de cambio. Se introdujeron las revisiones de calidad "al vuelo", de tal manera que se podía revisar el trabajo cuando se estaba haciendo en lugar de tres meses después, como ocurría antes. Asimismo se introdujeron los procesos estandarizados basándose en que, para los puestos que hacían el mismo trabajo, no tenía sentido hacerlo de una manera diferente. Se instauraron auditorías en los puestos de trabajo para monitorizar el progreso en el programa del cambio; además se introdujo una iniciativa de "go and see" (vé y mira), alentando a los directores a visitar lugares en los que estuvieran haciendo las cosas bien. También se organizaron eventos donde los trabajadores tenían la oportunidad de expresar sus ideas y se les animaba a elegir proyectos que podrían llevarles a mejoras en tres meses.

Se creía que los trabajadores necesitaban estar más orientados al cliente, por lo que se probó a utilizar un *lenguaje nuevo*. «Correo» pasó a llamarse «correspondencia con el cliente», «casos abiertos» (que eran los casos no completados) se rebautizaron como «evaluaciones del cliente».

¿Y cuales fueron los resultados? La efectividad de la planificación de los recursos para conseguir trabajar con volúmenes muy altos registró una mejora al igual que la calidad, la cual aumentó un 4 por ciento. Había procesos estandarizados en todo el país lo cual, junto a una mayor involucración de la gente, conseguía una plataforma de mejora continua. Pedí más información sobre cómo se medía la calidad, pero no recibí respuesta alguna. Sin embargo, hemos podido continuar las conversaciones sobre la situación en Hacienda con personas que trabajan allí, puesto que les gusta hablar de ello en conferencias.

Estoy convencido de que las acciones llevadas a cabo por los directores– siguiendo la guía de los expertos en el método lean – habrán desatado un aumento de las consultas por errores en el servicio, algo que la ponente desconoce (y que, seguramente, sería el título de una presentación sobre la mejora). En vez de entender el motivo de las consultas por errores en el sistema, los directores de Hacienda están trabajando con el paradigma del mando y control: la medición de la actividad. Toda la intervención está centrada en conseguir que los empleados trabajen para resolver problemas equivocados. No entienden que la variabilidad en los resultados individuales son una consecuencia del sistema, es decir, de la manera en que funciona y está diseñado el trabajo. Pero su atención está puesta en otra parte.

El Ministerio de Hacienda y de Aduanas utiliza una serie de *tiempos estándar* para cronometrar el tiempo que lleva realizar un trabajo. Sus asesores del sistema *lean* han alentado a los directores del ministerio a nombrar este concepto como «tiempo *takt*». Esto me recuerda a algo que me dijo uno de los precursores de la calidad, David Hutchings: «Coge un concepto, ponle un nombre japonés; es la manera de ganar dinero», poniendo de relieve la credulidad del mercado y la notable carencia de actitud crítica entre los directores.

Takt es, en realidad, un vocablo alemán. Pero se utiliza en el sistema de producción de Toyota para aludir a las pulsaciones del sistema, al ritmo que opera el flujo de producción. El «tiempo *takt*» es el medio por el que Ohno controlaba el flujo de trabajo, unificando elementos a través de un flujo armonioso. Supone una medida y un control vitales porque Ohno pone todos los productos en la misma línea de producción, si el flujo no está sincronizado y no se ejerce un control sobre el mismo, tendrá un problema grave. Hacienda no tiene los mismos problemas que Ohno. La tarea de este ministerio no es la de controlar el flujo de trabajo para que el ritmo de producción esté en consonancia con la demanda. Su naturaleza productiva es completamente distinta. Su trabajo es aprender cómo se puede diseñar un sistema que pueda absorber una demanda variada.

La gestión con tiempos estándar no hará más que ocultar los problemas. Todas las causas de variación que se dan en el rendimiento radican en el trabajo, una de las cuales será crear diferentes tipos de trabajo con sus correspondientes tiempos estándar. Todos estos procedimientos estándar, las inspecciones y el control de las actividades causarán mas variaciones, pero los directores no tendrán idea alguna de que se produzca esta situación. Su objetivo es el recorte de gastos y, al recortarlos, están *creándolos*.

Lo que este ministerio está poniendo en práctica es *"factory lean"*. Todo esto ha sido pregonado por personas que piensan que las herramientas desarrolladas para resolver los problemas en la fabricación, pueden también aplicarse a las organizaciones de servicios con el mismo grado de éxito. Varney fue el precursor del cambio en Hacienda. Debería volver a ver lo que está ocurriendo antes de que lleve esta triste visión de la realidad a otro sitio.

Varney hace un gran hincapié en la informática como el *puente* que ha conseguido implantar esta organización industrial. Dejando a un lado el hecho de que una gran parte de los nuevos sistemas de I.T. simplemente institucionalizan el derroche y, por tanto, *impiden* una mejora sustancial, el gobierno no tiene una buena trayectoria en lo que se refiere a los cambios propulsados por las tecnologías de la información. David Craig y Richard Brooks hicieron una descripción muy preocupante del derroche ligado a los programas informáticos del gobierno.[3] Se han invertido **más de 70.000** millones de libras esterlinas en reformas impulsadas para el uso de la informática a gran escala, lo que ha llevado a un caos administrativo y peores servicios. Muchas de las iniciativas impulsadas por estas nuevas tecnologías han sido enterradas en silencio para no tener que admitir sus fracasos. Estos dos autores señalan a asesores que ocupan altos cargos como consejeros en la administración, donde promueven sus ideas plausibles a los ministros crédulos, y se aseguran de que los únicos que ganan son los proveedores informáticos. Como los autores apuntan: «Preguntarle a un asesor si debería instalar un nuevo ordenador es como preguntarle a un tiburón blanco hambriento si el agua está caliente y puede bañarse».

Craig and Brooks aluden a un informe hecho por un comité multipartidista de primeros ministros en julio de 2004, el cual concluyó que la realidad del récord gubernamental en proyectos de consultoría informática, era «un terrible despilfarro de dinero público que las administraciones públicas estaban intentando ocultar bajo la alfombra del secreto comercial».

Me dispuse a visitar la Agencia británica de Pagos Rurales (*RPA*), justo unas semanas antes de que fuera acusada por la Unión Europea del impago de las nuevas subvenciones únicas a los agricultores. Si usted se perdió esta debacle, todo comenzó con un cambio en la manera en que los agricultores recibirían las subvenciones. En vez de pagarle a los agricultores para producir (o no

---

3 Craig, D. and Brooks, R., *Plundering the Public Sector: How New Labour are letting consultants run off with £70 billion of our money*, Constable and Robinson. Londres, 2006.

producir), la idea era de subvencionarles por tener tierras en su propiedad. En Escocia, la decisión era la de hacerlo fácil, de tal manera que los agricultores recibían lo mismo que en los años anteriores. En Inglaterra, los ministros decidieron tomar un camino distinto. En primer lugar, decidieron que el nuevo pago debería aplicarse no solo al suelo de las explotaciones agrícolas o ganaderas, sino también a los establos de caballos, ponis y otras instalaciones. Las consecuencias fueron no solo una avalancha de nuevas solicitudes; sino que además los agricultores que ya recibían la subvención tenían que aportar nuevas solicitudes y planos. Los proveedores informáticos trabajaron para cumplir las especificaciones dictadas por la dirección y, cuando fallaba de la manera más espectacular, culpaban a las especificaciones. Lo que todavía resulta más increíble es que, cuando se dan este tipo de situaciones, los proveedores informáticos normalmente tienen más trabajo al tener que resolver el entuerto. Cuesta creerlo.

Cuando visité la *ARP*, este organismo subcontrataba el servicio de atención telefónica a una empresa privada que no podía hacer más que tomar nota de los mensajes y prometer que devolvería la llamada. En efecto, estaba pagando a alguien para que cogiera el teléfono a causa de un fallo en el servicio y poder así cumplir con los objetivos de calidad. Era demasiado tarde para que yo pudiera ayudar a la *RPA*. A falta de dos semanas para que la UE le impusiera una sanción, no era un buen sitio donde estar.

El informe Varney sobre la transformación de los servicios promete ahorros importantes: en 2009, los ahorros en los servicios presenciales (cara a cara) serían de un mínimo de 250-300 millones de libras esterlinas; ahorros del 25 por ciento sobre los gastos en call centers (en torno a 400 millones de libras al año), y hasta 400 millones de libras ahorradas de la provisión del servicio electrónico (e-service), desarrollo web y del canal. ¿Cómo puede saberlo? Varney no aporta pruebas de los ahorros previstos. Me viene a la memoria lo que dice Ricardo Semler, el director ejecutivo de la empresa brasileña Semco, conocido por la franqueza de sus palabras: «¿ha visto usted alguna vez un plan a cinco años que diga que vamos a estar peor?».

Capítulo 12: ¿Es el «valor público» la respuesta?

Con el estruendoso descontento por la reforma del sector público, como se puede esperar, viene la búsqueda de una alternativa. La última idea en abrirse camino es el llamado «valor público». Todos hablan de este concepto, tanto los actores dentro del régimen como sus críticos. Brendan Barber, secretario general del Congreso nacional de Sindicatos (*TUC*), dijo que ha habido una «constancia tardía de que los servicios públicos no funcionan y nunca han debido funcionar como los mercados comerciales ».[1]

El «valor público» toma en cuenta lo que se le entrega a la comunidad como la beneficiaria. No solo como individuos en el momento de la entrega, sino también como miembros de una comunidad más amplia que se beneficia de bienes colectivos como la sanidad gratuita, una buena educación y una vivienda. Es importante mirar más allá del usuario final de un servicio, un consumidor en una transacción y, en esta línea, apreciar el valor que se aporta a todos los ciudadanos. En contraste con esta filosofía expuesta por el régimen de hoy, los teóricos del valor público piensan que los trabajadores tienen motivaciones más complejas que el puro interés propio y no pueden programarse para que cambien por "real decreto" o por las presiones de los cuasi-mercados. Si el valor público consigue apoyo, puede ayudar a favorecer un cambio en la filosofía.

La idea del valor público surgió por primera vez como producto del trabajo de Mark Moore en la Escuela de Gobierno de Harvard Kennedy a mediados de los noventa[2]. En 2001, Moore recibió una inesperada llamada de teléfono del profesor John Bennington, director del Instituto de Gobernanza y Gestión Pública de la Universidad de Warwick. Bennington estaba preparando un curso nuevo sobre administración del sector público. Explorando entre algunos libros de interés, se dio cuenta de que «la mayoría de los textos no eran de interés» para sus estudiantes. Entonces un día, por accidente, encontró el libro de Moore en la biblioteca. Se quedó impresionado. A sus estudiantes también les gustaba. Bennington tuvo una idea que «consideraba las actividades públicas como resultados, pero permitía que los gestores públicos pudieran pensar a largo plazo». Se dispuso a visitar a Moore en Harvard y decidieron invitar a cualquier interesado en la materia en el Reino Unido. Dio unas cuantas conferencias,

---

[1] Brendan Barber, secretario general del sindicato TUC en una carta al *Public Finance News* 01/06/07 http://www.cipfa.org.uk/publicfinance/news_details.cfm?News_id=30651

[2] Mark H. Moore, *Creating Public Value: Strategic Management in Government,* 1995.

a una de las cuales asistió Geoff Mulgan, el jefe del grupo de reflexión del Primer Ministro. Mulgan encargó un documento y éste fue el que sacó a la luz la idea del valor público[3].

A partir de entonces, las cosas comenzaron a moverse rápidamente. El entonces ministro de la Oficina del Gabinete, Douglas Alexander, anunció que se trataba de «una manera distinta de pensar y de hablar» sobre la reforma de los servicios públicos y, de esta frase, comenzó la moda de los folletos publicados por los grupos de reflexión, con Demos, el Instituto de Investigación de Políticas Públicas y todos los demás apoyando el concepto. Y muchas otras organizaciones – la Sociedad de los Directores Ejecutivos y los Directores Veteranos de las Autoridades Municipales, el Gobierno Autónomo de Gales y el Servicio de Policía de Irlanda del Norte, por ejemplo – quieren seguir hablando del mismo. Entre todas las teorías que pueden existir de la gestión pública, el valor público fue la que causó verdadero furor.

Deberíamos que echar un vistazo a lo que significa el valor público, teniendo en cuenta la pregunta de Deming: ¿con qué método?

La meta de Moore era «establecer una estructura para orientar a los directores de las empresas públicas hacia un razonamiento práctico», dando una respuesta general a la pregunta sobre lo que "los directores públicos deben pensar y hacer para aprovechar las circunstancias especiales en las que se encuentran para crear valor público».

Moore estaba y está insatisfecho con la manera en que la administración pública ha sido considerada por los académicos, que tratan a los gestores del sector público como una figura independiente de los políticos, actuando simplemente como ejecutores de sus jefes políticos. Él defiende la integración de la política y de la administración, una idea poderosa y central en el argumento de este libro. En mi lenguaje, se trata de poner un diseño en el proceso, algo que Ohno fue capaz de hacer por primera vez en Toyota. Si la política gobierna la administración, los directores del sector público no son más que agentes burocráticos de las decisiones políticas. Moore defendía que esta visión estrecha de la administración no refleja la realidad de los gestores modernos del sector público. Con frecuencia, ciertamente, tienen una mayor experiencia en el campo que sus jefes políticos y pueden ofrecer un equilibrio valioso y una coherencia en el servicio en un ambiente político que puede ser inestable.

---

3 Fuente: James Crabtree, *The revolution that started in a library*, New Statesman, 27 de septiembre, 2004.

Moore argumenta que, llevando a cabo esta función, los gestores públicos necesitan ser más emprendedores. La cuestión esencial que él aborda es: ¿cómo deciden estos funcionarios emprendedores lo que deben hacer? Si, previamente, los gestores del sector público hicieron solo aquello que mandaban los políticos, ¿qué es lo que debería guiarles si tuvieran un margen mayor de elección? Moore propone un ejemplo paralelo con el sector privado. En este sector, la dirección se guía por el valor del accionista; de una manera similar, apunta, los gestores públicos deberían guiarse por el «valor público», puesto que el público representa al «accionariado» de los servicios.

En uno de los ejemplos, Moore ilustra su concepto: una bibliotecaria, responsable de una biblioteca para adultos con un horario de apertura limitado, se da cuenta de que muchos niños son enviados a la biblioteca tras el colegio porque sus padres trabajan todo el día. Su reacción inicial es de malestar frente a lo que ella ve como un cambio en la función de la biblioteca (un reflejo de un estilo de respuesta característico de la *vieja* administración pública). Sin embargo, se da cuenta de que, obteniendo una financiación adicional y cambiando los horarios de apertura, se puede acoger la nueva demanda. La bibliotecaria desarrolla un plan, donde convence a los superiores, encuentra la financiación suplementaria, publicita este plan en los medios locales y lo pone en marcha. Al brindar un nuevo servicio que es del agrado del público, mejoran los niveles educativos y aumenta la confianza en la capacidad de los gobiernos municipales en responder a la necesidad de un servicio nuevo, ella ha creado valor público. En la jerga de este libro, se trata de un ejemplo sobre la organización que tiene en cuenta la demanda.

Moore propone, de una manera convincente, que los gestores públicos sean «exploradores». Deberían proponer nuevas soluciones y ser juzgados por sus resultados. Así como, en gran medida, los gerentes del sector privado pretenden crear valor privado para sus empresas maximizando la riqueza a largo plazo del accionista, el valor debe ser fijado según el criterio del público. Moore aboga por la construcción de un método equivalente para medir el éxito o, de otro modo, la actuación de los gestores del sector público, que serían liberados para actuar de una manera emprendedora sin tener que esperar al proceso lento y doloroso de la autorización política.

En apoyo al argumento de Moore, la Fundación para el Trabajo informa de que:

> Existe todavía una preocupación en el Reino Unido con el problema de la medición... una atención excesiva a este factor puede llevar a los gestores públicos y a los responsables de las políticas a infravalorar el más noble

potencial de la teoría y la práctica del valor público, que sirve para reforzar el sentido de conexión de la dirección pública con los ciudadanos a los que tienen que servir y, por tanto, contribuir a la restauración de la legitimidad y la receptividad de su organización.[4]

No es fácil idear un método fiable enfocado a medir el valor público. Moore sugiere que el cálculo implicará una reflexión sobre la relación calidad-precio (la forma en la que se invierte los impuestos), la calidad de los servicios recibidos y la calidad en la atención al cliente, entre muchas otras cosas. Moore no llega a una conclusión sobre la medición, afirmando que:

> Este consejo es demasiado general y abstracto para que los gestores públicos lo encuentren de utilidad. Les orienta para conseguir el objetivo general de gestión en el sector público y para ciertos problemas generales que deben ser abordados pero, sin embargo, no les aporta una indicación especial sobre cómo tienen que desarrollar una definición suficientemente concreta de valor público[5]

Moore esgrime una comparación con el accionista en el sector privado. La empresa Toyota toma un camino diferente de la norma occidental en el desarrollo del valor para el accionista; enfocándose en las necesidades del cliente, evita así los peligros del corto plazo y ha permitido que la empresa pueda centrarse en la calidad y el crecimiento a largo plazo. Como Deming nos enseñó: con una mejor calidad se reducen los precios, se consigue una mayor cuota de mercado y se produce un crecimiento, que se traduce así en más puestos de trabajo; un círculo virtuoso. El paralelismo debería asentarse sobre el hecho de que no deberíamos permitir actitudes basadas en el corto plazo que nos lleven a una nueva producción industrial de servicios, bajo la cuestionable promesa del ahorro de costes. Deberíamos centrarnos, en su lugar, en gestionar el valor y entender la manera de mejorar nuestros servicios. Unos mejores servicios producirán una eficiencia mayor y unos resultados más positivos para la comunidad. Al igual que Moore tiene razón al observar que el término de «accionista» público incluye a los que no son receptores del servicio, los contribuyentes están interesados en recibirlos de la manera más eficiente para que así se resuelvan sus problemas.

Para explotar estas circunstancias especiales y convertirse así en «exploradores», para ser emprendedores, los gestores del sector público deben responder a la

---

4 Horner, L., Lekhi, R. y Blaug R., Deliberative democracy and the role of public managers - *Final report of The Work Foundation's public value consortium*, 2006: http://www.theworkfoundation.com/products/publications/azpublications/publicvaluefinalreport.aspx

5 Moore, (*ibid*, P55)

siguiente pregunta: ¿con qué método? En nuestro trabajo con las administraciones municipales, hemos identificado actualmente tres tipos diferentes de trabajos: la prestación de servicios, la solución de problemas y lo que ahora se llama place-shaping o configuración local, una forma de determinar el futuro de una zona. Cuando reflexionamos sobre el problema del método, es decir, qué vamos a hacer, vemos que cada una es diferente en cuanto a su propósito y resultados, y cada una tiene unas características distintas

Prestación de servicios

El argumento de este libro defiende que la manera de mejorar los servicios públicos y, por tanto, también en su estatus y estima, pasa por diseñar un sistema adaptado a la demanda. Las consecuencias son una mayor satisfacción de los ciudadanos y una mayor eficiencia. Los requisitos principales del método son entender la demanda, medir el éxito obtenido desde la perspectiva del cliente, diseñar los servicios para satisfacer dicha demanda y, al hacer esto, eliminar todas las causas que provocan el derroche. La mejora que experimentan los clientes – es decir, menores tiempos "end to end" y mas problemas resueltos en el primer contacto– conduce a una reducción de costes. La gestión del valor los elimina.

Solución de problemas

Cuando surgen problemas en la comunidad , los ciudadanos normalmente están dispuestos a resolverlos. La *participación ciudadana* se ha convertido así en un mantra del régimen, el cuál establece guías de orientación para la resolución de problemas. Pero esto es un tipo distinto de actividad para prestar servicios y, si se quiere mejorar en este ámbito, hace falta poner en marcha distintos métodos.

Los requisitos principales del método son, en primer lugar, la participación de las personas correctas en la comprensión del problema (un primer paso primordial que se ignora normalmente o se da por hecho) y, en segundo lugar, el diseño de las soluciones. Para entender el problema y su solución, hemos de empezar estudiando el caso (cuántos jóvenes muestran una mala conducta, en qué momentos, en qué lugares, cuáles son los tipos de mal comportamiento, cómo responde el sistema ante ellos, cuál es el propósito y con qué grado de éxito lo estamos consiguiendo ahora mismo, cuál es el trabajo que añade valor, etc.). Trabajar conjuntamente para estudiar el problema antes de definir la solución favorece en gran medida la cooperación de todas las partes. También nos lleva a obtener soluciones que no se habrían estimado desde otra perspectiva. El conocimiento que se genera incrementa la calidad de la solución y acelera mucho el proceso

Trabajando en la resolución de problemas siguiendo una línea sistémica y sistemática lleva a que los ciudadanos entiendan que obtener resultados dependen de forma crítica de su involucración. Para muchos dirigentes de servicios públicos, este planteamiento supone el abandono del actual sistema de consultas, que consisten en mantener reuniones con representantes (generalmente las personas equivocadas), tomando decisiones basadas en la opinión pública y la política en lugar del conocimiento y, simplemente, «poniendo una cruz en la casilla» de las tareas de consulta.

Place-shaping o la "configuración local"

La investigación llevada a cabo por Sir Michael Lyon sobre el rol del gobierno local en el futuro, su función y su financiación[6], concluye que las administraciones municipales tienen un papel fundamental en la mejora del bienestar de un lugar y de aquellos que habitan en él:

> Creo que el gobierno local es una parte esencial de nuestro sistema actual de gobierno. La función de los municipios en la "configuración local" – utilizando sus poderes y su influencia de un modo creativo para promover el bienestar de una comunidad y de sus ciudadanos – es fundamental para contribuir al aumento de la satisfacción y la prosperidad mediante un abanico más amplio de opciones y de flexibilidad a nivel local.

El concepto de "configuración local" hace referencia a todas aquellas actividades emprendidas por los municipios con objeto de definir el futuro de un barrio o una comunidad. Ya existen estructuras y procesos para llevar a cabo esta configuración, como desarrollo de planes estructurales y consultas territoriales, procesos de planificación, apelaciones, etc. Las consultas son una característica del actual proceso democrático.

Cualquier revisión de los métodos de participación de los ciudadanos en la "configuración local" debe empezar con un debate sobre el propósito (¿cuál es el propósito de la participación ciudadana en esta configuración?), y posteriormente trabajar en las mediciones de los resultados con respecto al cumplimiento de éstos propósitos (incluida la experiencia del usuario en las consultas). De esta forma se estimulará la experimentación con el método que, a su vez, llevará a la mejora. Asimismo, muchos de los precursores del

---

6 Lyons, M. 'Place-shaping: a shared ambition for the future of local government,' marzo de 2007.

pensamiento sistémico en el sector público están descubriendo las conexiones entre la demanda y la estrategia o, usando un término de moda, la configuración local o *place-shaping*.

La estrategia en las operaciones: de la demanda a la configuración local (*place-shaping*)

El estudio de la demanda nos hace entender la verdadera naturaleza de lo que la ciudadanía espera de sus administraciones municipales y de otros servicios públicos:

- En la prestación de un servicio:
    - «¿Puedo pedir subvenciones?»
    - «¿Pueden arreglar mi tejado?»
    - «Me he mudado de casa; pueden recalcular mis impuestos municipales?»
    - «Donde tengo que reciclar la basura»
- En la solución de problemas:
    - «Han tirado basura en medio de la calle»
    - «¿Pueden acabar con las conductas antisociales?»
    - «Hay un socavón en la calle»

Estudiando la demanda muy a menudo identificamos ciertos patrones y prioridades en los servicios y, si actuamos sobre ellos, el barrio experimentará una mejoría. Por ejemplo:

- ¿Existen grupos de ciudadanos que pueden identificarse basándonos en las consultas que realizan? y ¿podemos diseñar un sistema que absorba esta variedad de consultas de una manera más sistemática?
- ¿Qué información podemos sacar de los patrones de problemas en una zona?
- ¿Existen consultas que provienen de un único ciudadano y que, en realidad, están ligadas entre sí o, si tomamos la perspectiva de un ciudadano, nos llevaría a desarrollar servicios más integrados?

Grupos de clientes

Diseñando contra demanda nos lleva a prescindir de las clasificaciones demográficas predeterminadas (tales como las herramientas de *segmentación* como Mosaic), y nos garantiza que diseñamos teniendo en cuenta la demanda real, los ciudadanos reales y lugares reales. Por ejemplo:

- Las empresas de nueva creación realizan consultas sobre distintos servicios: permisos de obras, impacto ambiental, permisos de apertura, impuestos sobre los bienes inmuebles de uso comercial, la renta, etc. Un conocimiento de la demanda de estos servicios puede ayudar a las administraciones municipales a prestar servicios mucho mejor adaptados a las necesidades de las nuevas empresas. Cuando se trabaja con este colectivo para entender sus necesidades, los municipios no solo pueden suministrar mejores servicios, sino también promocionarlos activamente entre las empresas que consideren establecerse en la zona.

- A los visitantes minusválidos de una ciudad turística les ponen un número desproporcionado de multas de aparcamiento porque las normas varían de una ciudad a otra – ¿Qué otros tipos de demanda genera este colectivo? ¿cómo podemos utilizar esta información para anticiparnos a sus necesidades, cómo podemos utilizar esto para experimentar con la demanda que se genera?

Patrones locales

- Los patrones de comportamientos como vandalismo, arrojo ilegal de basuras, reciclaje, delincuencia y disturbios y otros problemas, deben ser utilizados para organizar servicios que sean apropiados a la situación específica de cada zona; el diseño, basado en la experiencia adquirida, se basa entonces en patrones de demanda reales. Los residentes pueden participar activamente con los funcionarios y los responsables del sector público en el proceso de resolución de problemas a nivel local, compartiendo la información entre todas las partes que interactúan en el sistema.

- La comprensión de los patrones de demanda local también nos lleva a una adaptación mas dinámica de la planificación urbana: ¿cuántos problemas podrían abordarse mas eficazmente con una mejor organización del entorno físico?

Consultas relacionadas

- Un ciudadano que comunica un cambio de domicilio y quiere empadronarse puede volver en los próximos días o en las próximas semanas con otras preguntas y peticiones relacionadas con ese cambio: subvenciones, acceso a servicios comunitarios, recogida de basuras, educación, tiempo libre, salud, permisos de aparcamiento en zona azul, etc. La clave está en identificar qué importa a cada ciudadano que se cambia y en diseñar el servicio que pueda absorber la variabilidad de la demanda, en vez de *empujar* una misma información estandarizada para todos los ciudadanos independiente de sus necesidades reales o de *vender los servicios* municipales.

- El diseño basado en la demanda garantizará que las administraciones municipales no creen marcos locales o nacionales para gestionar peticiones como un cambio de domicilio basados en complicadas soluciones informáticas

- Como hemos podido ver, el estudio de la demanda en los sistemas de asistencia a las personas mayores (asistencia social y sanitaria) conlleva una reorganización fundamental del servicio, en sustitución del "outsourcing", que solo ocasionan derroche

La mejora y el espíritu emprendedor

El argumento de este libro es que cualquier mejora empieza con la adquisición de conocimientos. La prioridad del sector público es entender las transacciones con los ciudadanos y mejorar sus experiencias. Los usuarios y ciudadanos se forman una opinión de los servicios públicos a raíz de las transacciones que han realizado con ellos. Si las personas reciben servicios que funcionan, el trabajo de los funcionarios estará bien valorado y divulgarán esa valoración. Entender la demanda del consumidor y aprender cómo diseñar un servicio adaptado a ésta no solo lleva a una mejora en el servicio, sino también un enfoque estratégico para el desarrollo de los servicios en distintos momentos y zonas geográficas: un proceso que relaciona, estrechamente y de manera sistémica, estrategias con operaciones.

En su obra sobre el valor público, Moore sostiene que los gestores públicos deben tener la libertad de emprender, de tal manera que puedan *explorar* vías por las que los servicios puedan reflejar mejor las necesidades de las comunidades a las que sirven. Como he podido demostrar, libertad significa libertad para elegir el método, lo que exige un cambio fundamental de mentalidad en el régimen de la Administración Pública. Expondré lo que se necesita para cambiarla en el capítulo 15. Sin embargo, para reforzar la necesidad de hacerlo, debemos tener en cuenta dos cuestiones: la moda actual de la «participación ciudadana» y la incapacidad del régimen de poder hacer lo correcto.

Capítulo 13: ¿La «participación ciudadana» es la respuesta?

La transición hacia un modelo de prestación de servicios regido por las demandas de los ciudadanos, que ha marcado el final de la ciencia de los resultados o *deliverology*, supone en realidad un intento de evitar el traspaso del control a las autoridades municipales. David Miliband, el entonces ministro responsable de las autoridades locales, tildó esta estrategia de «delegación doble», pues pasaba por alto los municipios y, en cierto modo, otorgaba el control a las asociaciones de los barrios. El actual ministro, Hazel Blears, la defiende como un modo de devolver la gobernanza al poder local. No obstante, esta idea falta a la verdad. El régimen desea transferir el *control* a las asociaciones de barrios, pasando por encima de los gestores municipales porque no se fían de ellos. Si los gestores públicos no van a estar controlados por el gobierno central, lo estarán por sus comunidades.

En el «Plan de acción de capacitación de la comunidad», se nos cuenta que debemos esperar que los vecinos tengan más capacidad de decisión sobre el modo en que se diseñan y se prestan los servicios municipales. Con ayuntamientos sometidos a la nueva obligación de «informar, consultar, involucrar y delegar», los ciudadanos dispondrán de más y mejor información sobre el rendimiento de sus servicios municipales. También tendrán el derecho a obtener una respuesta cuando formulen preguntas a sus ayuntamientos o pidan que se tomen cartas en un asunto por el bien de sus comunidades. Habrá más oportunidades de que las asociaciones vecinales se encarguen de la gestión de los activos e instalaciones municipales, a la vez que habrá más oportunidades para obtener viviendas de protección oficial. Un nuevo *poder de bienestar* significa que los denominados consejos de *calidad* de los distrito podrán responder mejor a las necesidades de sus municipios y los estatutos locales permitirán a éstos y a sus ayuntamientos acordar los servicios que deban prestarse. También se nos promete un apoyo más coordinado a los ciudadanos y colectivos, con vistas a ayudarles a aprovechar las *oportunidades de participación*.

Se están gastando un total de 35 millones de libras esterlinas en 18 programas *piloto* –en los cuales las autoridades municipales actuarán como *promotores*, o lo que es lo mismo, su tarea será probar cosas nuevas. El ministro espera que hagan renacer la democracia en el ámbito local combinando diferentes programas y organizando exposiciones regionales itinerantes sobre modelos de participación ciudadana. Se promete un paquete legislativo, que será un requisito obligatorio para *involucrar* a los vecinos en *nuevas formas modernas de participación*, asimismo se ha desarrollado un sitio web para comunicar ideas, *mejores* prácticas y demás.

Esto me lleva a mencionar las ideas de Ohno sobre las *mejores prácticas*. Consideraba que este concepto era peligroso e inducía a equivocaciones. El calificativo «mejores» tiene una connotación estática, es decir, se trata de algo *bueno* que debería ser copiado. Ohno afirmaba que, cuando alguien escucha el término «las mejores», debería pensar en «mejores que», porque todo puede mejorarse. En segundo lugar, todo lo que uno necesita saber para mejorar lo encontrará en su propio sistema. Si busca en otro lugar, estará buscando en el lugar equivocado.

Llegados a este punto, el lector se habrá dado cuenta de que estas propuestas reinciden en el eterno error del sistema: legislar para un cambio sin conocimientos. Los gestores públicos tendrán la obligación legal de regirse por ideas basadas en opiniones que no ha sido probadas. Podemos esperar que se dedicará un enorme esfuerzo en ejercicios de consulta prefabricados, persuasión, asesoramiento, burocracia para el diseño y control de nuevas políticas, actividades y procedimientos para alentar la participación; y lo mismo en inspecciones en las asociaciones de vecinos. Todo ello genera una actividad costosa y poco relevante para el propósito del sistema. Como siempre, lo único que se conseguirá será dedicar la inteligencia de las personas a las cosas equivocadas

Ya hemos examinado los problemas que propuestas similares han causado en otros ámbitos. Preguntar a las personas qué querían de la policía condujo a un sinsentido llamado la *visibilidad* de la policía, que sólo consiguió desmoralizar a los agentes y empeorar la prestación de este servicio –precisamente el elemento que sirve para juzgar a este cuerpo.

Es frecuente el caso de instituciones públicas que han obtenido buenos resultados en términos de *compromiso ciudadano* pero a los que *bajan la nota* tras las inspecciones. Lo que ha ocurrido es que los problemas en cuya resolución se implicaban los ciudadanos ya han sido resueltos; los ciudadanos no saldrán de su casa una fría noche de Diciembre si no hay nada que esté realmente muy mal. Tanto los inspectores como el gobierno pasan por alto la naturaleza de este tipo especial de *compromiso ciudadano* y se ocupan de medir las actividades en vez de medir la consecución del propósito. De esta manera, los gestores públicos tienen que intentar encontrar otras maneras de *sacar buena nota*.

A finales de 2007, estábamos trabajando con una organización del sector público que había conseguido puntuaciones máximas, a pesar de que los servicios eran muy deficientes. Consiguió estas calificaciones por tener eventos semanales de *comunicación* con los trabajadores, entre otras actividades bien vistas por el gobierno. Imaginemos cómo se debe sentir un encargado de mantenimiento al tener una sesión de brainstorming, en un *taller de diversidad*, sobre cómo demostrar un mayor reconocimiento por la diversidad en su trabajo. Los encargados de mantenimiento reconocen que su trabajo es «arreglar cosas», con independencia del color del inquilino. Pero expresarse con sinceridad no forma parte del "juego". Lo importante es que la actividad y que sus resultados puedan documentarse; todo para alimentar el sistema de inspecciones y calificaciones.

Cada tres años, las autoridades municipales están sometidas a una encuesta de satisfacción del ciudadano, llevada a cabo por la empresa MORI y la Comisión de Fiscalización de las Corporaciones Locales. Los ciudadanos encuestados pueden ser o no ser usuarios del servicio, y puede que ni siquiera hayan utilizado los servicios recientemente. La encuesta no es específica para cada servicio y, por lo tanto, las opiniones de los encuestados estarán condicionadas por experiencias con otras instituciones públicas (los ciudadanos a menudo no saben quién administra los servicios, si el distrito, la administración municipal o incluso la administración sanitaria de atención primaria). Los gestores municipales sospechan con razón de la validez de las encuestas. Pero éstas tienen un efecto en la puntuación final de una inspección municipal; de hecho, tienen un efecto determinante en la evaluación.

La encuesta de satisfacción ciudadana es un método a partir del cual es imposible aprender algo útil. Peor todavía, sus resultados provocan un comportamiento disfuncional. Con el ánimo de guardarse las espaldas (con razón o sin ella), los gestores se inventan programas de trabajo que satisfagan la necesidad política de aparentar que *están haciendo algo*. Con frecuencia, consisten en *programas de comunicación*, que sirven para convencer al público de lo buenos que son, o en *campañas* internas en su organización para hacer lo propio. Dichas actividades solamente consumen recursos. Ninguna de ellas se centra en mejorar el servicio.

Jurados ciudadanos

El buque insignia de esta nueva iniciativa por la *participación* ciudadana son los jurados ciudadanos. Durante el primer año, estaba previsto que los jurados ciudadanos tuvieran un coste de 3 millones de libras esterlinas.[1] Se supone

---

[1] Jo Revill, *The Observer*, 30 de septiembre de 2007

que su propósito es el de volver a comprometer al público con la democracia, revitalizar el interés en la política y dar voz a los residentes de zonas marginadas. A la luz de los tres tipos diferentes de actividades en las que participan los gestores del ayuntamiento, ¿deberíamos pensar que los jurados contribuyen potencialmente a la configuración local, quizás en su sentido más amplio, o a la resolución de problemas? Los jurados ciudadanos deberían entenderse como meras pruebas, pruebas metodológicas. No deberían ser una estrategia.

¿Cuál es el método empleado por los jurados ciudadanos? El régimen describe al jurado como *deliberativo*. El método consiste en involucrar a un grupo de ciudadanos para que compartan la lógica del gobierno. No es sorprendente que en lugar de ello haya sido el foco de críticas por «adoctrinamiento» y «falsa consulta», por ser un debate controlado en el que se llega a conclusiones predeterminadas. ¿Quién va a argumentar en contra de más reciclaje? ¿Quién no querría hospitales más limpios o menos violencia? ¿Pero qué saben los ciudadanos acerca del método? ¿Hasta qué punto pueden los ciudadanos entender el problema sobre el que les hacen deliberar? ¿Las sugerencias recogidas de la *deliberación* van a mejorar la comprensión o simplemente sirven para inculcar una opinión o un punto de vista que carece de pruebas? Si la intención básica es la de otorgar legitimidad a las políticas del gobierno y si esto constituye la experiencia de los participantes, el esfuerzo conseguirá un golpe contra la participación democrática en vez de su salvación.

Probablemente los jurados ciudadanos no nos dirán gran cosa a parte de que los ciudadanos quieren servicios que funcionen (y no necesitamos jurados para saberlo). Es más probable que se les pida a los jurados que elijan entre alternativas que no son elecciones reales como, por ejemplo, ¿queremos más policía o más enfermeras? Y no puedo imaginarme cómo las actividades de relaciones públicas que acompañan a estos jurados pueden convencer a todos lo que no participan en ellos de que son algo beneficioso. Los concejales, que, al fin y al cabo, son elegidos por los ciudadanos, pueden sentirse desautorizados por este proceso. Los responsables de la prestación de servicios pueden tener una opinión distinta de los jurados sobre lo que es erróneo o sobre la manera de mejorarlos. Dudo de que los jurados ciudadanos sean fructíferos. Si la idea fuera tratada como una prueba, como debería ser, alentaría a una mayor innovación en vez de lo contrario. Tratarla como una estrategia es hacer que esté *condenada al éxito*.

Se aprendería más si los gestores públicos tuvieran la libertad de estudiar cómo funcionan sus actuales métodos y que resultados obtienen para potenciar la participación ciudadana. Necesitan entender hasta qué punto funcionan bien los tres tipos distintos de actividades –prestación de servicios, resolución de problemas y configuración del ámbito local– y, si han podido mejorar sus conocimientos, podrían experimentar con la confianza de que sus pruebas facilitarían un mayor aprendizaje y mas mejoras. Es mejor que invertir en experimentos que tienen un valor dudoso como estrategia.

Capítulo 14: El gobierno: la incapacidad sistémica de hacer lo correcto

Cuando me reúno con ministros, funcionarios, inspectores, responsables de especificaciones y otros actores de la administración pública, es sorprendente el hecho de que la mayoría de ellos son inteligentes, tienen vocación profesional y buenas intenciones. Pero, a pesar de su entusiasmo por aprender, a pesar de su apertura a los retos que ofrece el pensamiento sistémico y, a pesar de su ilusión por hacer algo con éste, están maniatados por el sistema. El régimen para el que trabajan hace que sea difícil para ellos emprender alguna acción.

Incapacidad para actuar

Cuando me entrevisté con un ministro para discutir sobre la necesidad de eliminar o ignorar la normativa (que estaba causando derroche) con el fin de conseguir diseñar un nuevo el sistema de asistencia a las personas mayores, un funcionario apuntó que sería ilegal; la normativa tenía un carácter reglamentario. Estaban en una posición realmente absurda; la mejora basada en el conocimiento podía ser ilegal. Comenzando por el Concurso Público Obligatorio, pasando por el Valor Óptimo y una cadena de normas que rigen el sector público, lo que forma un grupo de ideas fijas y prejuicios sobre gestión se ha materializado en la ley, esto es, las responsabilidades reglamentarias impuestas a las administraciones locales y a otros proveedores de servicios. Si están equivocadas, es necesario enmendar la ley (como, de hecho, ha ocurrido con el Valor Óptimo, que fue eliminado del código sin hacer mucho ruido).

Si el ministro hubiera sido el director ejecutivo de una empresa privada, podría haber dicho fácilmente: «vamos a hacerlo y vemos». Sin embargo, el ministro no puede hacer un cambio sin que varios actores hayan dado su opinión. Es cierto que la consulta es la opción preferida del régimen para definir las políticas. El ministro puede decir que todos han sido consultados y que se ha llegado a un consenso, de tal manera que, si algo va mal, los consultados serán los culpables.

En 2003, el Gabinete del Viceprimer Ministro (el actual Departamento de Comunidades y Gobierno Local) me pidió que enviara el trabajo de Vanguard sobre el pensamiento sistémico en las vivienda de protección oficial, para poder llevar a cabo una evaluación formal. Aceptando esta petición de buena gana, ofrecí enviar representantes a los lugares donde habíamos trabajado en temas de vivienda. Me dijeron que esta no era la forma de hacer las cosas en el gobierno. En su lugar, su idea era la de crear una junta de evaluación, encontrar nuevos trabajos en el ámbito de la vivienda y hacer que la junta se reuniera durante el transcurso del trabajo. La junta estaba compuesta por los jefes de vivienda y de inspección del Tribunal de Cuentas. Como parte de su preparación, me solicitaron que explicara el pensamiento sistémico. Así lo hice empleando las subvenciones a la vivienda como caso de estudio. (He aprendido que, si queremos hacer una presentación sobre el pensamiento sistémico a un director, lo mejor es no hablar de un tema que ellos conocen desde una perspectiva errónea; es más fácil que ellos capten la idea hablando de otros sistemas). Al igual que todos los managers, se rieron de la «estupidez» evidente de la organización del Ministerio de Trabajo y Pensiones, se burlaron de la absurdidad generada por los objetivos y el trabajo estandarizado; no podían creer las conclusiones a las que habían llegado con un enfoque sistémico.

Les dije que encontraríamos lo mismo en la vivienda. Ellos se cruzaron de brazos negándose a aceptarlo. Creí que valía la pena probar con un ejemplo. Les dije que el objetivo de poner un 70 por ciento del volumen de trabajo relativo a las reparaciones en la categoría «planificado», y el 30 por ciento restante en la categoría «reactiva», siempre causaría problemas. Les expliqué que, al realizar *"check"* en las obras de reforma, siempre encontrábamos casos donde se les había dicho a los ocupantes que tenían que esperar para cambiar los cuartos de baño, incluso cuando éstos estaban en un estado deplorable, mientras que, con el programa planificado, existían cuartos de baño que estaban en buenas condiciones y se cambiaban aun cuando los ocupantes no lo querían.

«Bueno, eso se debe a una mala gestión», fue la respuesta. «No», les contesté, «se debe a una norma equivocada»; porque, como toda la normativa, impide que el sistema pueda absorber la variabilidad de la demanda. Les pregunté de dónde salían los objetivos de «planificación» y de « reactiva» que a mi me parecían extraordinariamente arbitrarios y absurdos.

Tuvieron que pensarlo durante un rato. Finalmente, me dijeron que todo comenzó en 1982, cuando Margaret Thatcher era la Primera Ministra. El stock inmobiliario era gestionado por las administraciones municipales y la mayoría de administraciones se encargaban de las reparaciones. Con el objeto de hacer que las cosas se movieran, se estableció un objetivo con fin de promover las reparaciones planificadas, lo que presumiblemente repercutiría en un menor coste por unidad, sin embargo aunque al comprar al por mayor se abarataban los costes, aumentan los gastos de almacenamiento. Así pues, la respuesta fue que una medida que había sido relevante en 1982 se había convertido en un requisito 20 años más tarde.

Uno de los miembros de la junta de evaluación era un director ejecutivo de la vivienda cuyo stock de viviendas era completamente nuevo. Se unió a la conversación para resaltar que obviamente su organización no necesitaba tener un mantenimiento planificado. ¿Qué le parece? Tenía garantizado el incumplimiento de un requisito reglamentario.

Probablemente, tenía que haberlo pensado mejor, pero empecé a explicar cómo las organizaciones de vivienda social pueden completar todas las reparaciones previsiblemente entre cuatro o cinco días, un plazo mucho mas corto que el establecido por los objetivos, lo cual no quedaba muy bien a la vistas de los objetivos conseguidos según sus informes. Pregunté cómo deberían estas organizaciones hacer sus informes. Los representantes del Tribunal de Cuentas contestaron que debían registrar la verdad. «Pero eso», discutió el director ejecutivo, «querría decir no conseguir los objetivos lo cual, perjudicaría la oportunidad de la organización de conseguir inversiones para obras nuevas».

La parálisis del régimen es palpable cuando se enfrenta a este tipo de situaciones. El problema está en la incapacidad de acción de los actores. El camino obvio a seguir hubiera sido que el Tribunal de Cuentas divulgara sus conclusiones y declarase que hacer lo correcto no era lo que esperaban las inspecciones en las organizaciones de vivienda social. Sin embargo, no funciona así. La única vía para cambiar la situación es a través de un consenso lento, engorroso y muy reglamentado, y así es muy difícil hacer lo correcto. En cualquier ejercicio donde se precisa llegar a un consenso, el conocimiento no se tiene mas en cuenta que la opinión.

De mucha mayor trascendencia y mayor coste es el problema tratado en el capítulo 3: El fracaso en el procesamiento de las subvenciones a la vivienda produce un enorme volumen de consultas por errores en otros sistemas como la vivienda, la policía y los servicios jurídicos. El coste de ello es de cientos de millones de libras esterlinas, sin estimar el coste del impacto humano y social. He explicado el problema a todos los funcionarios y ministros que he conocido personalmente en los últimos dos años. No se ha hecho nada. Nadie puede hacer nada. Nadie es responsable. La incapacidad para actuar es una característica del sistema.

Información obvia que no se acepta

Es muy difícil para un pensador sistémico explicar todo esto. En todas las reuniones o presentaciones, a pesar de que se explica de una forma clara, parece que las palabras tienen significados distintos; lo poco intuitivo se percibe como divertido o preocupante. Normalmente, sin ningún resultado.

Un concejal me recordó que se habían hecho constar todas las pruebas presentadas al Comité Selecto de Cuentas Públicas para la revisión de objetivos en el sector público[1], pero, por algún motivo las mías no habían sido incluidas. Solo puedo presuponer que parecieron un tanto excéntricas, puesto que mi postura era la necesidad de eliminar todos los objetivos. Mantuve dos reuniones con un secretario de Estado para explicarle lo mismo, pero en el acta de la reunión constaba que yo había recomendado que los objetivos fueran fijados por aquellos que los utilizan. Y era una persona inteligente, pero su reacción refleja la dificultad de confrontar a alguien con lo que considera una verdad axiomática. El acta fue la única conclusión aceptable para la filosofía dominante.

Cuando leí las pruebas presentadas al Comité sobre los objetivos, me sorprendió la diferencia entre dos perspectivas: los líderes seniors aceptaban el hecho de que los objetivos planteaban problemas, pero que debían utilizarse, mientras que, por otro lado, todos los trabajadores de primera línea hablaban de cómo los objetivos constituían un obstáculo y proporcionaban pruebas de manipulación, irrelevancia y de burocracia innecesaria. Pero estas opiniones «desautorizadas» no podían influir en el juicio del comité.

El día en que, finalmente, presenté mis pruebas ante el Comité, estaba sentado al lado de un jefe de la policía. Tuvo la decencia de admitir que la práctica de su cuerpo de revisar todo lo que registraba cada agente era, dicho en mis términos, derroche, pero que él no podía dejar de hacerlo. Al igual que otros directores seniors, dijo que los problemas con los objetivos eran ocasionales y anormales, en vez de generales, y que creía que solo unos pocos podían estar haciendo trampas. El día siguiente en el gimnasio me encontré con un adiestrador de perros y le conté mi reunión. El adiestrador me preguntó si el jefe me había contado todas las trampas que se hacían en los registros. Cuando alguien que está pendiente de los números registra un asunto *doméstico* – una discusión entre marido y mujer – como dos agresiones, de tal manera permite registrar la detección y resolución de dos delitos. El jefe de policía en cuestión posteriormente fue nombrado jefe de una agencia para mejorar la policía. Fue sincero sobre el hecho de que los objetivos obligan a los agentes a perseguir una falta o un disturbio leve para poder cumplir los objetivos, en vez de perseguir

---

1 Public Administration Select Committee – Acta de pruebas de 23/01/2003 http://www.publications.parliament.uk/pa/cm200203/cmselect/cmpubadm/62-viii/3012305.htm Publicado el 27 de febrero de 2003.

delitos de mayor gravedad[2]. Un agente de menor grado en el escalafón hablando en estos términos podría haberse arriesgado a ser acusado de dañar la reputación del cuerpo. El hecho que los problemas de la policía estén saliendo a la luz es muy positivo pero, por desgracia, no hay ninguna garantía de que se vaya a hacer algo sensato

Haciendo menos lo erróneo

Los ministros afirman que la reducción de los objetivos por los que serán juzgadas las administraciones municipales de 1.200 a 198 es una prueba de mejoría. Sin embargo, hacer menos lo malo no es hacer lo correcto. Los ministros prometen que éstas serán las únicas medidas con las que los municipios serán juzgados. Sin embargo, mientras los directores meditan sobre esto, se verán inundados con exigencias de otras instancias de la Administración. Muchos departamentos creerán que son incapaces de funcionar sin los reportes de las administraciones municipales y de otros servicios. Además del personal en los organismos centrales responsable de las especificaciones, tenemos a los creadores de estándares: los nuevos estándares norma de los call centers municipales cuentan, como mínimo, con 57 medidas con los que los centros pueden ser evaluados. Cualquier organismo normalizador, regulador o que se encargue de medir la mejora tendrá una opinión similar de lo que quieren que se vea. Están simplemente haciendo su trabajo, en tanto que piezas de engranaje de la Administración.

La ministra actual ha dicho que espera que las administraciones municipales mantengan sus propios objetivos locales, mientras que prometía que la opinión del gobierno solo se ceñirá a los resultados en los 198 objetivos nuevos. Ya lo veremos.

«Evidencia» como cumplimiento en vez de eficacia

Hace algunos años, escuché a un antiguo ministro laborista de gobierno local presentar una larga lista de programas de cambio en un congreso del sector público. Habló del dinero que el gobierno estaba invirtiendo en las políticas de «Inversores en Ciudadanos», en el «Modelo de Excelencia» o *Charter Mark*, la *«Marca de los Estatutos» y otras iniciativas escogidas (y erróneas) que fomentaban el cambio.* Se me ocurrió preguntarle cuánto estaba invirtiendo en saber lo que funciona. La respuesta fue la que cabe esperar de un político,

---

2 *Targets let dangerous criminals escape net*, The Times, 13 de noviembre, 2007.

muchas palabras rebuscadas para no decir nada: o no estábamos invirtiendo nada en saber lo que funciona o el ministro no tenía ni idea.

Todos asumimos que el sector público en su totalidad se preocupa de saber *lo que funciona.* Pero, en realidad, nadie lo hace. Se promulgan ideas plausibles, como los call centers y los sistemas informáticos para los municipios con la *presunción* de que son lo correcto, aunque no se haya probado. Muchos de los ayuntamientos que han conseguido un estatus de «modelo» son justamente lo contrario; puros ejemplos de cumplimiento que esperan la evaluación de eficiencia y de efectividad desde la perspectiva del gobierno y no la del cliente. Están llenos de derroche y tienen un amplio margen de mejora. Algunas administraciones modelo afirman haber conseguido ahorros sustanciales, pero no puedo encontrar datos de referencia; las *mejoras* se basan en los costes de las actividades. Algunas veces, las cifras son simplemente inventadas, normalmente por el «socio» del sector privado que espera generar más beneficios. ¿Por qué estos *socios* privados están en el mercado de prestación de servicios? La Administración pública lo fomenta.

El sector privado vende a los gobiernos municipales de la siguiente manera: promete hacerse cargo del personal del ayuntamiento que gestiona una serie de servicios, introducen nuevos equipos informáticos *gratis* y reducen los gastos de operación del servicio en un 10 por ciento durante la vigencia del contrato. De esta manera, los servicios que le cuestan al ayuntamiento, por ejemplo, 2 millones de libras al año, son subcontratados con la promesa de que el coste será de 18 millones en 10 años en vez de 20 millones de libras. Sin embargo, lo que ocurre en el transcurso de ese tiempo es que suben los costes básicos. Aparecen problemas con la informática en el momento que se definen las especificaciones, los cambios (que al proveedor le interesan) generan cargos adicionales. Normalmente el volumen de operaciones aumenta debido al incremento de las consultas motivadas por errores en el servicio a consecuencias de una mala organización y diseño del trabajo, provocando los «cambios en el volumen» en las cláusulas del contrato. Cualquier *ahorro* conseguido en la externalización o centralización del personal administrativo se pierde, ya que los departamentos tiene que contratar personal para sacar el trabajo acumulado y así resolver los problemas creados al reducir personal. Cuando esto se hace evidente, si el Ayuntamiento se arrepiente y desea rescindir el contrato, la única manera de hacerlo es pagando.

¿Por qué suponemos que el sector privado puede hacer un mejor trabajo gestionando el sector público? El sector privado tiene exactamente de la misma mezcla de gestión deficiente y gestión excelente, tal y como encontramos en el sector público; en efecto, muchos gestores pasan de un sector al otro. El Management, la gestión, se basa primordialmente en el método, y el método no entiende de sectores. Si puede hacerse mejor, ¿acaso no es interesante, a efectos de crear *valor público*, que el sector público mejore y repercuta los beneficios al contribuyente?

Una obsesión con el coste

La preocupación de la Administración pública por la gestión de costes proviene directamente del sector privado. Sin embargo, es un error que se comete en ambos sectores. Fiel a esta obsesión, las pautas actuales del gobierno animan a los responsables de las administraciones municipales a utilizar prácticas como los sistemas de costes basados en actividades, gestión de canales de acceso y la unificación de servicios, asumiendo que son estrategias útiles para reducir costes. Veamos si es cierto.

Costes basados en actividades

El coste basado en las actividades (CBA) estimula a los gestores a identificar el coste de todas las actividades relacionadas con la provisión de un producto o un servicio. En términos simples, el enfoque es esquematizar el proceso como una serie de actividades y así sumar sus costes.

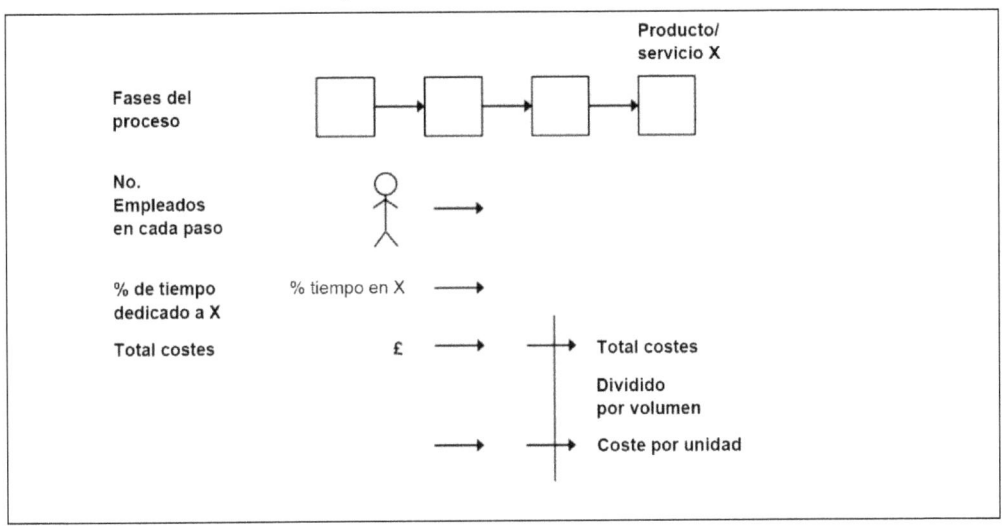

Figura 14.1: La lógica del coste basado en actividades

Según este método, se pregunta a los trabajadores que participan en un determinado proceso cuánto tiempo tarda cada actividad y se saca el porcentaje de su tiempo dedicado a cada actividad. Cada trabajador tiene asignada una *mochila* de gastos generales relacionados con la infraestructura (por ejemplo, el alquiler de una oficina, equipos informáticos). El resultado del cálculo es el coste de la actividad.

Dejando a un lado la cuestión de que obtener la información preguntando al trabajador en lugar de estudiar el trabajo pueda ser poco fiable, refleja lo que Ohno enseñó. Ohno demostró que lo importante no es maximizar la producción de cada máquina, sino *tener la máquina a punto para cuando llegue el flujo de trabajo*. También recuerdo a mi profesor de física mencionar que un hombre que descansa en una excavadora puede que esté trabajando al máximo de eficiencia. El error está en la suposición de que estar activo quiere decir ser productivo. Los pensadores del mando y control automáticamente presuponen que el personal debe estar ocupado un 100 por cien del tiempo, puede trabajar al mismo ritmo todo el día y no está sometido a ninguna forma de variabilidad. La conjetura fundamental es que las personas son máquinas, activos que se utilizan.

Incluso si creyéramos que es así, ¿hasta que punto nos vale la información del coste basado en actividades (CBA)? Los medios y las fuentes de mejora están siempre en el trabajo, en la forma de gestionar la demanda-fallo producida por errores, los "inputs erróneos", el trabajo duplicado, la duplicidad de esfuerzos, los errores, la burocracia innecesaria y los informes, etc. Es en el trabajo, en este tipo de cosas, donde los directores consiguen identificar potenciales mejoras. Por tanto, si el coste basado en las actividades (CBA) muestra un coste alto en una parte del servicio, los managers necesitan entender la naturaleza y las razones por las que se produce el derroche antes de hacer nada o corren el riesgo de empeorar la situación. Prestar atención a las partes de un proceso en función de los costes no nos dice nada del valor de las partes respecto al propósito. Es fácil ver cómo el CBA puede llevarnos a alcanzar los objetivos de reducción de costes sin conocer las consecuencias. Pero es la reducción de costes lo que la Administración persigue sin importar sus consecuencias. El CBA es, en el mejor de los casos, una actividad redundante y, en el peor, nos induce al error.

Thomas Johnson, el contable que inventó el coste basado en las actividades (en 1987), cambió sus ideas sobre los beneficios de esta técnica. Había pasado siete años estudiando una de las plantas estadounidenses de Toyota en Georgetown, donde aprendió que intentar gestionar a través de los costes es un disparate. Es hora de que el Gobierno haga lo propio.

Gestión de canales

La prestación de servicios por Internet (e-servicios) es menos costosa que por teléfono que, a su vez, resulta menos costoso que prestarlos personalmente. De esta manera, otra idea plausible de reducir costes puede ser el traspasar los servicios (o migrarlos) a canales más económicos. Esta idea simple fue acogida rápidamente por los gestores que redactan las especificaciones. La «gestión de canales» es actualmente un mantra del régimen, en el que se define la siguiente meta:

> aumentar la proporción de clientes que usen canales de distribución más eficientes.

De esta manera, los responsables de las especificaciones ordenan a los gestores públicos buscar oportunidades donde se pueda migrar los servicios al teléfono o a Internet. Se les exige tener un plan, preparar informes y asignar un responsable. El inspector hará un seguimiento a este tipo de cuestiones cuando llame. Pero, ¿están haciendo lo correcto?

Cuando apareció la fiebre de los servicios electrónicos en el sector privado, muchos «e-servicios» ocasionaron más llamadas a los call centers. La pasión por la reducción de costes mediante canales más baratos produjo un aumento de los costes totales. En lugar de ser prudentes, las instituciones públicas se han visto obligadas a emprender inversiones cuantiosas en sitios web, publicando una cantidad ingente de información y ofreciendo servicios electrónicos a los ciudadanos. ¿Estos nuevos canales han servido a las intereses y necesidades de los ciudadanos o simplemente han generado más demanda en otros canales? ¿Han sido utilizados? Lo que las escasas pruebas nos indican es que no se accede a una gran parte de la información electrónica, allí donde se han desarrollado nuevos servicios electrónicos el impacto ha sido muy reducido, y por otro lado un acceso facil a los e-servicios beneficia a los "tramposos" al aumentar las oportunidades de fraude. Como siempre, la única evidencia de los nuevos servicios electrónicos se basa en el cumplimiento de las especificaciones en vez de la efectividad. Se especula mucho sobre lo que puede o no funcionar, pero nadie responde a esa pregunta. Tenemos la necesidad urgente de recabar conocimiento sobre la eficacia de las inversiones en e-servicios.

Es seguro predecir que la obligación de cumplir con los costes, obligará a las agencias municipales a ofrecer servicios en la web o a través de call centers, cuyo efecto principal será el de provocar consultas generadas por errores en otros puntos del sistema. Los informes indicarán una mejora en los costes operativos, lo cual será cierto; pero por otro lado, nadie sabrá las implicaciones en el coste del servicio en su conjunto. Estarán ocultas, pero serán enormes.

Unificación de servicios (servicios compartidos) (shared services)

La obsesión con los costes favorece la unificación de servicios. Las administraciones municipales, incluso los consejos de investigación, están obligados a desarrollar planes para compartir servicios administrativos, bajo el supuesto de que la unificación equivale a conseguir economías de escala que reducirán así los costes operativos. Pude advertir anteriormente cómo las subvenciones a la vivienda se convirtieron en el objetivo número 1 de la política de unificación, incluso si se trata de un servicio que, en términos generales, no debería ser compartido. Aquellas autoridades que han establecido centros unificados de procesamiento de subvenciones con empresas subcontratadas están, efectivamente, pagando a estas empresas por tragarse su derroche. Una gran parte de las consultas que se registran en el centro se produce a raíz de los fallos cometidos en el servicio, lo que la empresa subcontratada no tiene interés alguno en reducir, sino justo al contrario. El contrato, que se basa en los costes operativos, bloquea estos costes.

Algunos servicios pueden ser compartidos, pero la forma en que las administraciones proceden a la unificación – generalmente guiados por las consultoras que defienden el mando y control – hace que empeoren las cosas. Por ejemplo, en una administración municipal, los managers que realizaban Check en la nueva función unificada de recursos humanos, establecida bajo la orientación de una consultora grande, descubrieron que nadie sabía de cuántos trabajadores se componía la plantilla de RR.HH. Como medida de eficiencia, la función se había separado entre un dispositivo unificado (central) y uno local (directorios). Se suponía que el centro era operacional, el cual actuaba como apoyo administrativo para el personal más experto de RR.HH. en los directorios. Resultó que la mayoría de su trabajo consistía en procesar el papeleo "sucio" (con errores) enviado por los managers del directorio que no sabían "navegar" por los procesos complicados y funcionales y, de esta manera, enviaban constantemente consultas por fallos producidos en todas las funciones de recursos humanos, y se culpaban unos a otros por los problemas. El problema empezó con la división del trabajo entre simple y complejo (transaccional). Pensar de esta forma impide que los managers hagan lo correcto y diseñen el trabajo de acuerdo con la demanda. Debido a ello el sistema era incapaz de absorber la variabilidad de la demanda. De ahí el creciente derroche.

La mejor manera de unificar los servicios es haciendo "check" en el sitio en que se llevan a cabo los servicios que son susceptibles de unificarse, mejorarlos sin moverlos y, en función del conocimiento obtenido, determinar si es conveniente unificarlos y cómo. De esta manera, al reducir los costes y mejorar los servicios, el margen de mejora que se pretende conseguir con la unificación y el plan para traspasar el trabajo puede estudiarse de una manera más exacta.

En su lugar, el régimen promueve un proceso al revés, primero se unifica y luego se solucionan los problemas. Algunos de estos problemas, tales como los explicados en los servicios jurídicos o en Consumer Direct, nos costarán mucho dinero público. Lo que resultará desastroso es que la Administración pública promueve la Tecnología de la Información (I.T.) como un catalizador de los servicios unificados, y le da la máxima importancia. Todo esto funciona completamente al revés; si no se quiere que el I.T. sea una limitación y ocasione problemas debe tenerse en cuenta lo último, cuando el resto de los elementos del servicio están mejorados.

La obsesión con la Tecnología de la Información

A pesar de tantos fallos bien conocidos y de los que se ha dejado constancia, la Administración pública continua siendo fiel a la Tecnología de la Información . En 2005, la Oficina del Gabinete publicó un informe llamado Gobierno de transformación posibilitada por la tecnología . Establecía tres transformaciones clave:

1) Servicios posibilitados por I.T diseñados para el ciudadano.

El informe da por hecho que la informática es fundamental para el diseño de los servicios. Presupone que los sitios web, la tecnología móvil, etc. son elementos fundamentales en esta organización. Sin embargo, no son más que ideas, de las que existen pocas pruebas y evidencias. Incluso en aplicaciones que son sólidas, tenemos el peligro de una excesiva generalización.

2) Una cultura creciente de servicios unificados

La Tecnología de la Información (I.T.) es un requisito previo a la unificación de servicios; es un acto de fe pensar que, el uso de la informática para conectar las oficinas administrativas (back-offices) con las de atención al público (front-offices), es la forma de "economizar" y conseguir eficiencia. No existe ninguna prueba sólida de que, compartiendo los servicios, "economicemos" excepto en los costes por transacción (unitarios), mientras que sí hay muchas pruebas de que impide la reducción de los costes y empeora el servicio.

3) La expansión y profundización del gobierno en la informática como herramienta profesional

¿Qué quiere decir con esto? Según un informe: «[La profesionalidad] requiere: liderazgo y gobernanza coherente y conjunta; la gestión del "portofolio" de programas tecnológicos; desarrollo de habilidades y la profesionalidad en Tecnología de la Información; fortalezas en los controles y apoyo para garantizar los resultados de los proyectos; mejoras en la gestión de proveedores y un enfoque sistemático en la innovación». ¿Lo entiende mejor ahora? Creo que significa mejorar la Tecnología de la Información, pero no nos dice realmente cómo. Como es habitual, la Administración Pública trata de resolver los problemas equivocados, haciendo mejor las cosas erróneas. El problema generalmente está en la forma en que se introduce la Tecnología de la Información

Lo que actualmente ocurre es lo siguiente: Los directores escriben las especificaciones y los proveedores informáticos pujan. Las especificaciones después se discuten y generalmente se añade nuevas características. Una vez que se firma el contrato, se mapean los procesos (tal como son ahora) y se rediseñan, y de acuerdo con ello se compran ordenadores y el software necesario, se escriben programas, se forma al personal. Cuando, juntando todos los elementos, no funciona nada (como suele ocurrir), los culpables son los directores, puesto que fueron los que redactaron las especificaciones iniciales. Lo que es curioso es que el proveedor informático consigue trabajo adicional (y lo factura) tratando de resolver los problemas qué el mismo ha creado.

El error mas clamoroso en este planteamiento es que nadie entiende cómo funciona el trabajo. Ambas partes utilizan el modelo de mando y control y, por lo tanto la solución, abocada al fracaso, es la consecuencia directa de sus suposiciones sobre el diseño de la organización y sus requisitos de información.

La mejor manera de introducir la informática es mediante la comprensión del trabajo como un sistema, mejorando su funcionamiento sin cambiar el sistema informático (que es tratado como una limitación o se desconecta en esta fase) y, cuando el nuevo diseño se estabilice, entonces tiramos (pull) de los recursos informáticos necesarios en el nuevo diseño. El resultado se traduce en un mayor rendimiento a un menor coste. La solución I.T. promulgada por la Administración Pública solo hace que garantizar costoso fallos con los que ya estamos familiarizados.

Las ideas correctas mal entendidas

Como advertí anteriormente, la demanda-fallo, consultas por errores, como un factor importante y fácil de entender, han llegado a oídos de la Administración pública. No me sorprendió saber que la reducción de este tipo de demanda, expresado como el número de operaciones necesarias para que un cliente obtenga un servicio, se ha convertido en uno de los nuevos 198 objetivos. La demanda producida por errores (demanda-fallo) es una idea atractiva para la Administración pública porque piensa que, al eliminarla, se podrá reducir costes. Por desgracia, fijar objetivos para luego eliminarlos es una pura contradicción. El resultado será burocracia: informes y números, en vez de una comprensión de las causas. Las administraciones municipales son alentadas por las directrices de la Administración Pública central para utilizar sus sistemas CRM – depósitos de derroche en sí – y contabilizar las operaciones. El efecto será el aumento y consiguiente gasto innecesario en compras de sistemas de CRM, con todos los problemas asociados que conlleva y se han tratado en capítulos anteriores: engaños, definición de lo que es valor y lo que no lo es, etc... Y, por encima de todo, el objetivo hará que los directores y líderes dediquen sus esfuerzos en una dirección equivocada

Aportar soluciones ideológicas en lugar de entender los problemas

Hemos visto muchos ejemplos a lo largo de este libro. Aquí tenemos más.

El proceso de concesión de subvenciones a la vivienda, tal como está diseñado, está expuesto al fraude. El defraudador aprende a engañar a la persona que le atiende por teléfono, sabiendo que, al poder presentar la información en formato electrónico al back-office, podrá conseguir las subvenciones. La respuesta del régimen es probar un programa informático que es sensible a las voces para detectar a los defraudadores durante las llamadas de teléfono. A menudo recibo propaganda de ex agentes de policía que ofrecen formación en detección de fraude para el personal que trabaja en subvenciones municipales. Todos ponen de relieve que los servicios de front-office separados se exponen al fraude. Pero saben que, si lo dicen a sus clientes, perderían sus contratos de formación. Los directores se preocupan del cumplimiento de objetivos en vez de entender la causa del problema.

En el área de cuidado a las personas mayores, el régimen se ha obsesionado con que los ancianos reciban los pagos directamente y que ellos gestionen su propia asistencia. Se trata de uno de los nuevos objetivos. El régimen cree que los pagos directos (dinero en vez de la provisión de servicios sociales) podrá:

crear más flexibilidad en la prestación de los servicios sociales. Dar dinero en lugar de asistencia social significa que las personas tienen un abanico más amplio de opciones y de control sobre sus vidas, pues son capaces de tomar sus propias decisiones sobre la manera en la que reciben asistencia .

Los pagos directos descarga a los departamentos de servicios sociales de la obligación de tener que tratar a las personas individualmente y convierten a los receptores de la ayuda en jefes, con todas las responsabilidades que conlleva encontrar, contratar y pagar al personal, a la vez que, quizás también, deberán encontrar un sustituto cuando el empleado caiga enfermo o esté de vacaciones. A pesar de establecerse el objetivo (BVPI 201) que trataba de «alentar» a los ayuntamientos a conseguir que los ciudadanos se apuntaran al pago directo, la aceptación ha sido lenta (pues la gente no la quería). Entonces, el Ministerio de Sanidad decidió obligarlo:

> Estamos dando cada vez más oportunidades para que los ciudadanos elijan y controlen los servicios: durante mucho tiempo los pagos directos han estado disponibles. Ahora es el deber de los ayuntamientos ofrecerlos como primera opción .

Las administraciones municipales han tenido, por tanto, que desarrollar los medios para decidir las cantidades a pagar. Como siempre, la Administración Pública central marca las pautas de orientación, recomendando los métodos de cálculo por puntos que luego serán traducidos en pagos. ¿Piensa realmente que este método llevará a conceder pagos que coincidan con las necesidades? Es otro ejemplo de una norma que provocará la incapacidad del sistema de responder ante una demanda variada. No nos llevará a la comprensión o a la mejora

Muchos de los ejemplos recogidos en esta obra tienen bases de datos electrónicas como centro de los planes de mejora. Hemos comprobado cómo los requisitos diseñados en los sistemas informáticos de la policía o de la asistencia a las personas mayores, limitan la organización del trabajo, haciendo difícil el poder mejorar los servicios. La visión ideológica de que la informática traerá la modernización de los servicios está detrás del plan de carnés de identidad, de la base de datos del servicio de salud (NHS) y en las nuevas bases de datos para los niños.

Todos éstos son simples ejemplos de formas de pensar equivocadas, que es probable que produzcan una pérdida de control en lugar de incrementarlo. La información que se necesita para prestar un servicio debería ser entendida de acuerdo con la manera en que funciona dicho servicio o, siguiendo la jerga de este libro: qué información es necesaria para ayudar a tratar una demanda a través de un flujo de servicio. Por ejemplo, en el caso del sistema informático implantado en el servicio nacional de salud (NHS), los ministros ponen el ejemplo, convincente en apariencia, de que en el caso de un residente de Bolton que se pone enfermo en Birmingham, el tener su historial disponible electrónicamente contribuirá a mejorar su tratamiento. ¿Pero sabemos con qué frecuencia una ausencia del historial obstaculiza un tratamiento en esos casos? ¿Nos hemos hecho esa pregunta alguna vez?

«Cada niño es importante» es una iniciativa gubernamental que obliga a que todos los responsables de servicios que traten con la infancia informen sobre las actividades asociadas con la consecución del propósito (que cada niño debería importar). Cuando leemos el marco de trabajo que la Administración pública ha producido, uno se pregunta cómo una cuestión tan importante como el desarrollo de la infancia se ha convertido en un conjunto de actividades y objetivos sin sentido.

Le recomiendo que lea el marco de trabajo en Internet, siguiendo el siguiente enlace:

http://www.everychildmatters.gov.uk/_content/documents/Outcomes%20 Framework.pdf

¿Puede imaginarse a un grupo de personas sentadas en una habitación haciendo un "brainstorming" para saber cómo hacer que «Cada niño es importante» fuera una realidad y lo que la gente tiene que hacer?. Deben haberse planteado cosas de tipo: ¿cómo podemos garantizar que nuestros niños estén sanos y seguros, disfruten de la vida, contribuyan positivamente a la sociedad y alcancen el bienestar económico? Las conclusiones a partir de las respuestas generaron una serie de aspiraciones generales como una buena salud sexual, seguridad frente a acciones intimidatorias, un nivel satisfactorio de asistencia a la escuela, una conducta conforme a la ley, así como una preparación para el mundo laboral. Estas aspiraciones, a su vez, generan sus objetivos, es decir, acciones que puedan ser medibles, seguidas de especificaciones detalladas sobre la manera en que se recabarán las pruebas y cuáles serán los dictámenes para las inspecciones. Es el sueño de un redactor de especificaciones y la pesadilla de una cuidadora de niños.

El miedo imbuido por el régimen de la Administración Pública implica que todos aquellos que traten con la infancia deben estar seguros de que consiguen poner «la cruz en las casillas» de los informes para cuando llegue el inspector. El camino más seguro entonces es centrarse en las «actividades» necesarias para alcanzar los resultados estipulados. Como me informó un padre y director de escuela, esto es lo que pasa en el terreno:

La inspección dicta: Se promueve los estilos de vida saludables entre los niños.

Acción: Provisión de tazones de fruta en los recreos

Resultado: Cruz en la casilla

Realidad: Samuel (el niño gordo) continúa comiéndose su almuerzo, lleno de patatas fritas y de barritas Mars (¡Lo sé porque Alice me lo contó! ella se comió la manzana de Samuel).

Implicaciones: Samuel no es importante

Lo más importante:

La inspección dicta: Porcentaje de niños de siete años que hayan conseguido el nivel 2+ de matemáticas en la segunda prueba de primaria «Key Stage 2»

Acción: Atención puesta en formar a los niños para que sean buenos respondiendo a las preguntas del examen de matemáticas

Resultado: Cruz en la casilla

Realidad: Carla perdió sus clases de arte porque tenía que estudiar más matemáticas. Carla era excelente en arte pero ahora ha perdido el interés en esta asignatura (y también en las matemáticas)

Implicaciones: Carla no es importante

La estructura de «Cada niño es importante» ocasiona diferentes respuestas entre aquellos que trabajan con los niños, desde pasar de las especificaciones a intentar hacer lo correcto, tratando de hacer "encajar" lo mejor posible lo que hacen con las descripciones en los informes.

La perversa consecuencia de la campaña «Cada niño es importante» es que tendremos menos posibilidades de hacer lo correcto. Ilustra los problemas causados por tratar una «causa especial», lo impredecible, como si fuera una «causa ordinaria» o predecible. La campaña «Cada niño es importante» se desarrolló en respuesta al asunto Victoria Climbié, una niña que trágicamente «escapó al control». A pesar de que la fragmentación de los servicios públicos está abocada al fracaso, el hecho de hacer cumplir un programa de acciones iguales para todos los niños demuestra la incapacidad de comprender y prever la naturaleza de este tipo de fracaso. Significa tratar a todos los niños como si no importaran y aumentar el riesgo de descuidar aquellos que «importan». Supone también una afrenta a los profesores, a los asistentes sociales y a los padres que, con razón, creerán que constituye una crítica implícita a la forma en que están cuidando al niño. Esta estructura de trabajo produce acciones para satisfacer los deseos del régimen de la Administración Pública y no los de la infancia; socava el verdadero propósito que persigue.

¿A quién culpar?

Los gestores (managers) públicos no pueden ser culpados por hacer lo que se les dice; los responsables de las especificaciones no pueden ser culpados por hacer su trabajo, que consiste en crear especificaciones dictadas por los ministros; éstos últimos se justifican apuntando a las consultas llevadas a cabo y al consejo de los consultores que, a su vez, culparán a los que se encargan de la implantación. Es un sistema que se asegura de que nadie sea responsable. Necesita una reforma radical.

El actual régimen de la Administración Pública es sistémicamente incapaz. No puede aprender. Hacen lo incorrecto porque la forma en que deciden lo que debe hacerse no se basa en el conocimiento y cuando llegan los problemas los agravan al tratar de corregirlos. Incluso si el régimen de la Administración Pública supiera lo que hay que hacer correctamente, cometería el error de promulgarlo como "la solución", y trataría nuevamente de obligar a un cumplimiento, poniendo la responsabilidad en un sitio equivocado. Necesita responsabilizar a alguien.

Capítulo 15: La reforma de la Administración Pública

La reforma del sector público más necesaria es una de la que nunca se habla: la del sistema en sí, esa enorme pirámide con cientos de miles de personas dedicadas a la creación de regulaciones y especificaciones, a la realización de inspecciones, enseñando y coaccionando a otros, los que hacen el trabajo, para que cumplan con lo que se les manda. Este capítulo es breve porque en este caso, al menos, la reforma sorprende por su simpleza. Deshacernos de todo. Cerrarlo, simplemente pararlo. Cuando le dice usted esto a la gente, en el actual sistema, su reacción instintiva es considerarlo una locura, una idea disparatada: puede que la organización actual deje algo que desear, pero la alternativa que propone es la anarquía y el descontrol completo del sistema. Lo que no pueden ver es que, lejos de ejercer un control, el actual sistema está colocando a los servicios públicos en una situación fuera de control. Con el sistema actual, que es anárquico e inestable, la Administración Pública no tiene el control de nada, está perjudicando los servicios y la moral al hacer que los servicios sean todavía más inestables.

Con frecuencia les cuento a ministros y funcionarios que si presenciaran todo lo que mis colegas, mis clientes y yo hemos visto, no dudarían en desmantelar el actual sistema con la confianza y tranquilidad que surge del conocimiento obtenido y dejarían de forzar a la gente a hacer lo incorrecto. Me doy cuenta de que los ministros odian tener que admitir que se han equivocado, en especial cuando los resultados de las elecciones pueden verse afectados por ello; sin embargo, es exactamente lo que hacen los buenos líderes cuando aprenden que algo está mal. Para ser justos, quizá es igualmente paralizadora, incluso desesperada, la convicción de que no hay otra alternativa. Resulta irónico pero, su insistencia en la libre elección para residentes, consumidores y ciudadanos, ha sido consecuencia de haberse dejado convencer por un vasto ejército de asesores, consultores y proveedores interesados en mantener dicha idea, de que no hay otra alternativa que no sea persistir en las desastrosas acciones actuales, lo cual intensifica su gravedad. Esto explica el crecimiento inexorable de las especificaciones coercitivas y de la industria que garantiza su cumplimiento. Por ambas razones, la inercia provocada por el sistema convencional del mando y control es realmente embrutecedora.

En este contexto, cambiar el actual sistema de la Administración Pública podría romper el atolladero en el que estamos, tanto a nivel político como operativo. Ayudaría a ir en la dirección del objetivo político de localismo y, lo que es igual de importante, eliminaría un volumen masivo de derroche, liberando mucha más capacidad para los empleados de atención al ciudadano que la que pudiera soñar cualquier programa de eficiencia. Quizá el mayor logro de todos es que podría llevar a la innovación que los ministros, según sus palabras, necesitan urgentemente y que los servicios públicos necesitan desesperadamente. Volveré al asunto de la innovación más adelante. En primer lugar, consideremos el derroche que podrá ser eliminado:

Existen cinco tipos de derroche ligados al sistema público actual:

1) El coste de las personas que invierten su tiempo escribiendo especificaciones

Una razón del crecimiento inexorable del empleo público – más de 800.000 puestos de trabajos adicionales desde 1997 – es el creciente número de personas ocupadas en el desarrollo de especificaciones, escribiendo las orientaciones, redactando normas, fijando objetivos, notificando programas y otras tareas similares. Las especificaciones están, como he indicado, basadas en la opinión y la ideología en vez del conocimiento, a la vez que nos llevan a realizar las actividades y conductas equivocadas. Este hecho es cierto, sin excepción, para cualquier tipo de servicio del sector público que hemos estudiado. La "industria" de especificaciones no añaden valor alguno; al deshacernos de ella, liberaremos recursos y evitaremos otros tipos de derroche.

2) El coste de las inspecciones

Las inspecciones que se realizan tomando como base las especificaciones resultan costosas e inapropiadas. Implican la confección de protocolos y listas de comprobación, así como una gran dosis de formación para inspectores. Este esfuerzo supone una inversión masiva en evaluaciones poco fiables. Se trata del motor para conseguir el cumplimiento, el medio por el que el régimen sofoca cualquier tentativa de innovación y progreso. Conforme ha crecido la industria de las inspecciones, que evalúan desde la integridad de las personas hasta la gestión y la organización, se han ido convirtiendo en un instrumento del régimen de las Administraciones Públicas. Reducir el volumen de las inspecciones para situarlas de nuevo en su planteamiento original, eliminando así el poder de los inspectores de dictar el método, el valor de dichas inspecciones será mayor al mismo tiempo que liberan recursos. Retomaré el futuro de las inspecciones más adelante.

3) El coste de prepararse para las inspecciones

Las administraciones municipales, las escuelas, universidades y muchas otras organizaciones del sector público invierten una cantidad excesiva de tiempo y dinero preparándose para las inspecciones. El proceso de inspección se inicia con los métodos de autoevaluación que carecen de validez. Muchos aprenden a "maquillar" la labor realizada por su organización para contentar al inspector. Los expertos se dedican a escribir las autoevaluaciones; lo que queda escrito se utiliza para instruir a los directores y al personal, quienes reciben formación sobre cómo comportarse durante la visita de un inspector, mientras que las actividades que encajan con las aspiraciones del régimen de la Administración Pública están planificadas, son ejecutadas y se documentan, puesto que es la documentación, sobre todo, lo que mantiene un inspector a raya. Las consultoras especializadas han crecido para entrenar a las instituciones en su necesidad de pasar las inspecciones. No es un asunto de la dirección si estas actividades tienen alguna relación con el rendimiento desde la perspectiva del cliente. Es usual encontrarnos con 20 o más empleados en un servicio público dedicados exclusivamente a satisfacer los requisitos y la preparación de cara a una inspección. Para colmo, el tiempo de todo el equipo está ocupado los meses previos al gran día. Todas estas acciones suponen un derroche.

4) *El coste de las especificaciones incorrectas*

Quizás éste sea el coste más alto: el cumplimiento de las especificaciones del régimen deriva, en realidad, en un rendimiento inferior, un servicio deficiente a un coste alto. Para cada servicio en el que tenemos experiencia, sin excepciones, hemos identificado que el cumplimiento de las especificaciones está en el centro de la problemática. Todas las especificaciones están basadas en ideas plausibles basadas en las opiniones de moda en las que los principios de mando y control forman su esencia. Estos diseños deficientes han causado enormes costes para los servicios públicos. Eliminar el privilegio del régimen de las Administraciones Públicas de promulgar requisitos arbitrarios, basados en la opinión, al menos detendrá la obligación de los trabajadores de emprender acciones incorrectas.

5) *El coste de la desmoralización*

La desmoralización puede ser el coste más pernicioso e insidioso de todos. Si la bondad o la maldad se juzgan según la observancia de las especificaciones, el personal está destinado a desmoralizarse, especialmente cuando todos sus instintos les dicen que las especificaciones y sus inspecciones asociadas les están llevando por el mal camino. Hable con las personas que se han visto sometidas a una inspección y se sorprenderá de su sensación de vacío; toda esa preparación, la preocupación, toda la burocracia inútil y el estrés, simplemente para ser entrevistados brevemente por una persona que se sienta delante de ellos siguiendo una evaluación aparentemente arbitraria. El cumplimiento se ha convertido en su propósito. ¿Cómo no puede ser esto desmoralizador?

Facilitar una plataforma para la innovación

La energía, la innovación y, en efecto, la eficiencia conseguidas al eliminar el régimen actual de las Administraciones Públicas son incalculables. El aspecto positivo de esto – la mejora que le sucederá – resulta incluso más prometedor.

Cambiar el foco en el control

Para poder cambiar el régimen de las Administraciones Públicas, se requiere primeramente un cambio de filosofía. En vez de cumplimiento, necesitamos innovación y, para poder promoverla, libertad. Las personas necesitamos sentirnos libres para hacer lo mejor posible lo que interesa a todos; en los términos de Moore, hacer lo mejor en cuanto a sus circunstancias específicas. Para conseguirlo, tenemos que responsabilizar a los directores públicos. Ellos deben tener la posibilidad de elegir lo que hacer, libres de la obligación que les impone el cumplimiento de especificaciones. La manera de promover la innovación se consigue transfiriendo el foco en el control del régimen central de las Administraciones Públicas, aquél que exige ese cumplimiento, al director público, la persona que en realidad necesita cambiar.

En vez de ser medidas por su grado de cumplimiento, las personas deberían ser evaluadas según demuestren que trabajan para entender y mejorar la labor que están realizando. Supone un cambio de la motivación extrínseca (el palo y las zanahorias) a una motivación intrínseca (orgullo), una fuente mucho más poderosa de motivación.

La inspección como una pregunta

La inspección del rendimiento debería ocuparse de preguntar solo una cuestión a los directores del sector público:

¿Qué mediciones está utilizando para ayudarle a entender y mejorar el trabajo?

La elección de las mediciones a tomar es una cuestión que incumbe al director responsable y los requisitos de las mismas deben ser que se usan para entender y mejorar el trabajo. Según estos criterios, la única forma fiable de inspección será la realizada en el lugar de trabajo y la investigación de las medidas en uso de acuerdo con los requisitos expuestos. Una inspección de esta índole expondría lo que se está aprendiendo de la medición, haciendo los análisis más fiables y aumentando la concentración de todas las partes en la validez de las mediciones; ¿estamos midiendo los factores acertados?

Se trata de una solución inteligente porque elimina todo el derroche que ocasiona la preparación para las inspecciones. Solo debería inspeccionarse lo que está sucediendo en el trabajo: nada debería crearse o prepararse para cumplir con el régimen de las Administraciones Públicas o de sus inspectores. No se perdería tiempo preparando planes e informes para recibir una inspección. Todo el trabajo de comprensión y de mejora debería ser una parte integrante del trabajo en sí, en vez de constituir una actividad suplementaria.

Aprender de lo que funciona

Los esfuerzos del gobierno central deberían enfocarse en comprender lo que funciona y facilitar información sobre el método, dando libertad a los directores para que decidan el método o los métodos que mejor se adapten a su situación particular. El control, de esta manera, se sitúa donde necesita estar si queremos que el sector público mejore.

Una mejor visión de la naturaleza humana

Finalmente y quizás éste sea el asunto de mayor fondo, la nueva arquitectura libera a los funcionarios de esa prisión de sospechas y desconfianza en la que el régimen de las Administraciones Públicas los mantiene encerrados, menospreciando su profesionalidad con objetivos simplistas y proyectándolos como parte del problema en tanto que trabajadores sólo interesados en sí mismos, en vez de considerarlos parte de la solución. En contraposición, las suposiciones que empleamos no son menos racionales, pero son positivas en vez de centrarse en lo negativo; las nuevas estructuras suponen que las personas se sienten más motivadas por el orgullo en el trabajo que por el dinero; las personas trabajan por vocación – quieren servir – y son capaces de utilizar el ingenio y la iniciativa. Se debe también inferir que, al prestar servicios a los consumidores y ciudadanos, la cooperación servirá mejor que la competición para alcanzar los propósitos. La conducta de las personas es un producto del sistema; solo cambiando el sistema podemos esperar un cambio de conducta.

Apéndice

¿Qué beneficios aporta el pensamiento sistémico?

Cuando leyeron el manuscrito de esta obra antes de su publicación, algunos querían saber los beneficios cuantificables que se obtenían del enfoque sistémico; ¿cuánto se ahorra?, ¿cuáles son las eficiencias obtenidas?

Mi primera preocupación es que reportar las mejoras en la eficiencia podría atraer algunas personas al pensamiento sistémico por motivos equivocados. Este es un libro de pensamiento; no se trata de un libro de recetas, ni tampoco promete cosas que no pueden prometerse. Me solicitan con frecuencia que formule propuestas para clientes potenciales, donde incluya una previsión de los resultados a conseguir. Siempre me niego. Después de todo, a pesar de que este método puede conseguir que todas las flechas vayan a la diana, el trabajo de los líderes es el de liderar, es decir, lanzar las flechas a la diana. En segundo lugar, es su deber – el de los líderes – estudiar su propio sistema, no el de aprender el pensamiento sistémico, sino establecer ellos mismos el margen y ámbito de mejora y retar su pensamiento para conseguir las mejoras. Además, el pensamiento sistémico se ocupa del aumento de capacidades. Como nos enseñó Deming: una mejor calidad reduce el precio, a la vez que produce una cuota mayor de mercado, un crecimiento y, por tanto, más puestos de trabajo. Aquellos que buscan la reducción de costes fracasarán; sin embargo y lo que es paradójico, las reducciones de costes son una consecuencia, un subproducto, del diseño sistémico.

Dicho esto, los ahorros obtenidos por las instituciones públicas gracias a la eficiencia del enfoque sistémico son muy significativos. Los servicios de normas comerciales muestran entre un 5 y un 9 por ciento de ahorro en costes durante el primer año; los servicios simples, como los distintivos de aparcamiento para los discapacitados, pueden registrar un ahorro del 10 al 20 por ciento; algunos servicios más complejos como la planificación urbana y las obras de mantenimiento de carreteras han registrado entre un 20 y un 40 por ciento. Los ahorros en las subvenciones a la vivienda comienzan cuando se termina con la dependencia del sector privado como desatascador y se amplían cuando se consiguen pagos puntuales y sin errores de tal manera que atraiga una recompensa financiera (puesto que el servicio mejora, necesita menos recursos). Pero, sobre todo, los avances en las prestaciones a la vivienda son del orden del 20 al 40 por ciento. Los servicios de asistencia tienen una capacidad mayor (normalmente del 30 al 40 por ciento), permitiéndoles cuidar (mejor) a mas personas con los mismos recursos.

Los servicios de vivienda presentan un panorama interesante. Al mismo tiempo que la mejora en viviendas vacantes genera un gran flujo de ingresos por las rentas (el tiempo en el que la vivienda queda vacante se reduce a unos días en vez de meses), las asignaciones se realizan de una manera más eficiente y se enfocan al consumidor; la mejora en las obras de mantenimiento aumenta la capacidad del sistema – se pueden hacer más reparaciones –, por tanto, el gasto en reparaciones puede aumentar rápidamente, especialmente si el stock de viviendas necesita reparaciones. Si una parte de las obras de mantenimiento es llevada a cabo por una empresa privada, las eficiencias pueden pronto materializarse si se asignan todas las obras a trabajadores internos. En un caso, por ejemplo, los ingresos obtenidos por la renta del alquiler aumentaron en 500.000 libras esterlinas, los plazos en las obras de mantenimiento se redujeron a días y, sin embargo, los presupuestos de mantenimiento tenían todavía un remanente disponible de 750.000 libras. Se pudo ahorrar 200.000 libras esterlinas por no sustituir a los trabajadores que se jubilaban. Descendieron sustancialmente los costes de comunicación con los inquilinos (imprenta, papelería y franqueo) y éstos últimos estaban más contentos. Las mejoras en la eficiencia fueron del 30 por ciento en las reparaciones al 40 por ciento en las viviendas vacantes, con un 40 por ciento en la gestión administrativa.

Todas estas mejoras en la eficiencia hacen que los objetivos de eficiencia fijados por el gobierno se vean como muy poco ambiciosos.

Además, los ahorros que prosiguen a la reforma del sistema eclipsarán los actuales objetivos de eficiencia. Mientras que los departamentos a cargo de los servicios gastan entre 20.000 y 50.000 libras (en torno al 2 o 3 por ciento de sus presupuestos) en el proceso de inspección, las instituciones grandes como, por ejemplo, los gobiernos regionales, pueden incurrir en costes de más de 2 millones de libras durante el proceso de inspección, en torno a 500.000 libras en honorarios por la inspección, más de 1 millón de libras en costes de preparación (ninguna de estas acciones aportan valor a su trabajo) y otros costes por el tiempo consumido durante esta inspección. Tal es el miedo al fracaso, que muchas instituciones públicas contratan a consultoras para que hagan inspecciones simuladas, lo que cuesta hasta 50.000 libras por cada sesión.

Como señalarán muchos de los líderes en estas instituciones, se trata de costes previstos por el propio sistema de objetivos, de su cumplimiento y de las inspecciones. La observancia de los requisitos del inspector se traducirá normalmente en la creación de costes (acciones que empeoran el rendimiento), mientras que el gran coste potencial escondido es el impacto de la inspección en la moral de los trabajadores. Al terminar con la práctica de que el régimen dicte lo que debe hacerse, obtendremos ahorros que superarán los objetivos de eficiencia actualmente establecidos. Servicios como la asistencia social o la policía se han visto sometidos a una normativa tan rigurosa que no pueden mejorar sin renunciar a las prescripciones actuales. Deshacerse de éstas prescripciones abriría las puertas a grandes posibilidades para mejorar.

En cada intento, descubrimos consecuencias no intencionadas. Mientras escribo este libro, aprendemos que diseñar los servicios con el uso de principios sistémicos tiene un impacto involuntario en los ciudadanos, pero en un sentido positivo. No me refiero a una mayor satisfacción, pues es una consecuencia significativa, sino que también aprendemos una lección bastante novedosa: el mejor diseño de un servicio provoca una mayor implicación de las comunidades con sus servicios locales. Por ejemplo, si el trabajo del basurero incluye también el hablar con los ciudadanos para indicarles cómo reciclar, comienza a generarse una relación entre los basureros y los ciudadanos que vacían sus cubos. El régimen, por contra, rompe el contacto permanente entre el ciudadano y el proveedor del servicio; al perseguir unas economías de escala, retirando los servicios de los proveedores locales y agrupándolos en fábricas de producción en masa garantiza la existencia de una relación mínima entre ciudadano y proveedor. Para continuar con el ejemplo de la recogida de basuras, no es extraño encontrar agencias cuya misión es la de contarles a los ciudadanos cómo se debe reciclar y controlar su conducta, de tal manera que los ciudadanos son tratados como si todos fueran iguales; solo el basurero puede ver quién necesita ayuda y quién no (siguiendo el léxico de este libro, solo el basurero puede entender el valor nominal de cada ciudadano).

Cuando los servicios públicos dejan de funcionar (como suele ocurrir), los ciudadanos se rinden o se tornan indiferentes; se aguantan con lo que se les ofrece. Cuando los servicios se organizan para adaptarse a la demanda, garantizando que los ciudadanos consigan lo que quieren, la confianza de los mismos en el servicio mejora a la par que la relación entre ciudadano y proveedor. Los cimientos se asientan sobre una mayor participación democrática.Una consecuencia involuntaria y fascinante, de la que pronto volveré a hablar.

Sobre el autor

John Seddon, psicólogo ocupacional, es conocido en todo el mundo por su trabajo pionero en el cambio en organizaciones tanto públicas como privadas.

Ha trasladado y adaptado el Sistema de Producción Toyota a una metodología llamada El método Vanguard para organizaciones de servicios. También es conocido como un informado y controvertido crítico de las modas del management y la mayoría de teorías en que se basa la reforma del sector público.

Es el Director Ejecutivo de Vanguard Consulting LTD., una consultoría que ayuda a las organizaciones de servicios a cambiar desde diseños basado en el ordeno y control (commnad and control) a diseños sistémicos. Es profesor visitante de las Universidades de Derby y Hull y miembro del Think-tank ResPublica.

Otros títulos sobre el método Vanguard:

Delivering Public Services that Work Volume 1 - *Peter Middleton*
Delivering Public Services that Work Volume 2 - *Charlotte Pell*
The Need for Change - *Stuart Corrigan*

Véalos en www.triarchypress.com/thevanguardmethod

www.triarchypress.com

www.ingramcontent.com/pod-product-compliance
Ingram Content Group UK Ltd.
Pitfield, Milton Keynes, MK11 3LW, UK
UKHW061050100426
469834UK00013B/256